中國學術思想
研究輯刊

十一編

林慶彰 主編

第2冊

皮錫瑞《易》學述論

高志成 著

花木蘭文化出版社

國家圖書館出版品預行編目資料

皮錫瑞《易》學述論／高志成 著 -- 初版 -- 新北市：花木蘭
文化出版社，2011〔民 100〕
目 4+234 面：19×26 公分
（中國學術思想研究輯刊 十一編：第 2 冊）
ISBN：978-986-254-449-5（精裝）
1.（清）皮錫瑞 2.易經 3.易學 4.研究考訂
030.8   100000685

ISBN-978-986-254-449-5

9 789862 544495

中國學術思想研究輯刊
十一編 第 二 冊   ISBN：978-986-254-449-5

皮錫瑞《易》學述論

作　　者　高志成
主　　編　林慶彰
總 編 輯　杜潔祥
出　　版　花木蘭文化出版社
發 行 所　花木蘭文化出版社
發 行 人　高小娟
聯絡地址　新北市永和區中正路五九五號七樓之三
　　　　　電話：02-2923-1455／傳眞：02-2923-1452
網　　址　http://www.huamulan.tw 信箱 sut81518@ms59.hinet.net
印　　刷　普羅文化出版廣告事業
封面設計　劉開工作室
初　　版　2011 年 3 月
定　　價　十一編 40 冊（精裝）新台幣 62,000 元

皮錫瑞《易》學述論

高志成　著

作者簡介

高志成，1963 年出生於彰化縣，國立彰化師範大學國文研究所博士班畢，現任職於國立臺中技術學院附設高商國文教師、國立臺中技術學院應用中文系兼任助理教授。研究專長為《易》學、中國古典小說。

提　　要

　　清末皮錫瑞，著《易學通論》計有三十章，其內容大抵為介紹《易》學史上學者主張之概論性質，以及皮氏個人之論點；而皮氏學術論點又與其所處之政治環境息息相關。本研究旨趣有二：其一、對皮氏《易》學之敘述，其二、透過皮氏之論點，得以對《易》學史上之重要論點，有一通盤認識；是為初學者得窺《易》學門檻之入門書。至於題旨言「述論」者，蓋「述」者，明析其說，補其觀點；「論」者，評判得失，糾舉是非。

目次

第一章　緒　論

第一節　研究旨趣

　　皮錫瑞，晚清今文學派推動者；蓋今文學派之主旨，本「通經致用」，其目的在面對惡劣的政治情勢、以及社會環境提出一改革指導方針；皮錫瑞尤是此中最力行者之一，其理論說明，散見於其諸多著作，而集大成於《經學通論》。拙文即由其《易學通論》入門，一者研究皮氏對《易》學理解之敘述，二者以此對中國經學史中之易學史尋求通盤認識，以便作再研究之訓練。

　　《四庫提要》嘗云《易》學有「兩派六宗」，又云：「《易》道廣大，無所不包，旁及天文、地理、樂律、兵法、韻學、算術，以逮方外之爐火，皆可援《易》以為說，而好異者又援以入《易》，故易說愈繁。」（〈易類總敘〉）《四庫提要》所云，即是歷代學者對「易」之理解，所呈是非現象；然而皮錫瑞云：「論說《易》之書取多可取者少」（二十八章），即就《四庫提要》之語作一精要描述；皮錫瑞又云：「經學有正傳有別傳」（十一章），又云：「論易說多依託不當崇信偽書」（二十六章），是知歷代《易》學混亂多途，實難以全識；然亦不需全識也！簡師博賢嘗昭示，云：

　　　夫象數易學，旨在推象通辭；而通辭之所趨，其別有二：以驗易辭
　　　之義，實卦所本有者一也；以牽附五行、干支、而占驗災異者二也。
　　（今存《三國兩晉經學遺籍考》）

又云：

　　　蓋推象通辭者，所以驗易辭之義，實卦所本有者：以明此卦之必有

　　此辭，而此辭之義必蘊於此卦；因以證成卦與卦辭之必然綰合，而
　　卦辭之所陳，遂為一理義自明而無須驗證明者。其說立而易道定，
　　蓋實研易之本也。（《魏晉四家易研究》）

今由此指示出發，作一俯瞰《易》學，「執柯伐柯，其道不遠。」南針在抱，
津途不誤矣。而皮錫瑞《易學通論》，蓋即汎論易學，是以拙文由此入門，以
窺學術門檻。

　　「皮錫瑞《易》學述論」此題目由簡師博賢所授；「述」者、明析其說，
廣其不足，務求對《易》學史有整體之認識；「論」者、評判得失，明其是非，
以為進學之基。兩者相輔相成，足對後學蒙昧之我，期能掌握學問之途，以
求獨立治學之能；斯乃簡師博賢所諄諄教誨之用意也。

　　皮錫瑞《易學通論》計有三十章，皮氏均在其章前自訂大旨，以指示後
學者。拙文在引用說明，為方便計，只稱章數，不稱題目名，即：

論變易不易皆易之大義	第一章
論伏羲作易垂教在正君臣父子夫婦之義	第二章
論重卦之人當從史遷揚雄班固王充以為文王	第三章
論連山歸藏	第四章
論卦辭文王作爻辭周公作皆無明據當為孔子作	第五章
論易至孔子始著於是學士大夫尊信其書	第六章
論卦辭爻辭即是繫辭十翼之說於古無徵	第七章
論孔子作卦辭爻辭又作彖象文言是自作自解	第八章
論傳經之人惟易最詳經義之亡為易最早	第九章
論漢初說易皆主義理切人事不言陰陽術數	第十章
論陰陽災變為易之別傳	十一章
論孟氏為京氏所託虞氏傳孟學亦間出道家	十二章
論鄭荀虞三家之義鄭據禮以證易學者可以推補不必推補爻辰	十三章
論費氏易傳於馬鄭荀王而其說不同王弼以十篇說經頗得費氏之旨	十四章
論王弼多清言而能一掃術數瑕瑜不掩是其定評	十五章
論以傳附經始於費直不始於王弼亦非本於鄭君	十六章
論宋人圖書之學亦出於漢人而不足據	十七章
論先天圖不可信朱子答袁機仲書乃未定之說	十八章
論胡渭之辨甚確若知易皆孔子所作更不待辨而明	十九章

論黃宗羲論易取王注與程傳漢之焦京宋之陳邵皆所不取說極平允近人復理焦京之緒又生一障	二十章
論近人說易張惠言爲顓門焦循爲通學學者當先觀二家之書	二十一章
論象數已具於易求象數者不當求象於易之外更不當求數之易之先	二十二章
論焦循易學深於王弼故論王弼得失極允	二十三章
論焦循以假借說易本於韓詩發前人所未發	二十四章
論假借說易並非穿鑿學者當援例推補	二十五章
論易說多依託不當崇信僞書	二十六章
論易爲卜筮作實爲義理作孔子作卦爻辭純以理言實即羲文本意	二十七章
論說易之書最多可取者少	二十八章
論漢人古義多不傳漢碑可以引證	二十九章
論筮易之法今人以錢代蓍亦古法之遺	三十章

第二節　內容述要

　　皮錫瑞《易學通論》一文，乃概論性敘述；是論述在其時代之前，治《易》學者各項主張，及皮氏個人對《易》之見解，並從其見解，衡量歷代學者之得失；文章篇幅雖小，然接觸面甚廣。拙文在分析其說之際，進一步得知，皮氏之學術主張，實與整個政治環境，息息相扣。以下作大概述要。

　　第二章「皮錫瑞傳略」。第一節先從其生平及其學術著作，先作點之介紹；從中可獲知，皮氏之著作以經今文學爲主。

　　第二節探索其所處大環境，從學術及政治兩方面進行。在學術影響方面：清初學者，反省明朝國勢一厥不振，而淪爲異族統治，主要原因乃——宋明學者之空談心性；故清初多位學者之學術共識，均反對宋儒心性之學，而以徵實學求之。至乾嘉時期，徵實之風愈盛，務求言必有徵，故小學訓詁之學獨盛。乾嘉以後，清廷國勢日漸衰敗，尤其「鴉片戰爭」之開啓，西風東進，不平等條約接踵而至，至中日「甲午戰爭」，國勢一厥不振之態，更見顯露；至此學風遽變，以經今文學派爲盛，其目的在「通經致用」，以挽頹喪之國勢；此乃皮錫瑞所處之學術環境。拙文以三綱目：「譏宋學」、「崇漢學——以小學求證」、「通經致用——以經今文學爲主」敘述之，以明識皮氏易學，知皮氏易學所以用心之處。

　　在政治對其影響層面：皮錫瑞身處清末之時，內憂外患接踵而至，清廷國

勢，岌岌可危，對於圖救之道，有保皇派與革命黨等兩大政治團體之主張；皮氏反對革命黨欲推翻皇室，認爲其違反中國歷代傳統；然而皮氏亦非一昧贊同保皇派。皮氏之主張，則本《易經》變與不變之精神，以面對世局，其曰：

> 不變者道也，當變者法也，亦即《易》以變易爲義，而有不變者在也。今之學者，不知窮變通久之義，一聞變法，群起而爭，反其說者，又不知變易之中有不易者在，舉天地君臣父子不可變者亦欲變之，又豈可訓乎！（〈論變易不易皆易之大義〉）

此語可作其學術指導政治之用心。然後由此再理解其學術著作，當可明晰其大概也；蓋學術之旨在能「致用」，變與不變之取捨，由此衡量以用也。

第三節求其經學立場。蓋兩漢爭論不休之經今古文學，雖至魏晉時，暫告停息，然而箇中問題並未形成共識。至清嘉慶以後，因緣際會，此問題又再度提出抬面。皮錫瑞作《經學歷史》，以其經今文學派立場，暢談經學史；學者雖譏其謬論之處甚多，然此中可理解皮氏《易學通論》某些觀點，故設此節討論之。

第三章「易學主張」。從其汎論中，釐清皮氏易學主張，幾點基本立場。第一節易學淵源，從其《經學歷史》中得知，皮氏重視漢學，故漢易學家之解易，是其論述重點。其說本於紀昀，及參與編撰《四庫全書》之學者，說者稱其爲漢學家之大本營，當亦無誤；皮氏漢易學主張，實源自此間。

經學史自宋以來，漢宋兩學派即相互較勁；皮氏崇漢學，故貶宋學，是可得而知；然宋儒圖書學本有可議之處，其託之於伏羲、文王、孔子而言《易》，致使當時學者聞風而信之，不疑其有內在矛盾與附會之處；直至清儒學者黃宗羲、黃宗炎兄弟、胡渭、張惠言等人之指正，當知圖書學實與孔門儒學無關，更與《易經》無關，所謂「離則雙美，合則兩傷」（胡渭語）；皮氏論宋圖書學，實取以上清儒之說。

皮氏易學最駭人聽聞者，莫過於「孔子作卦爻辭」說，後人譏其易學，亦從此角度論述批評之；然而「孔子作卦爻辭」說，皮氏實有所承，非其一人獨說之。考此說之最初者應爲康有爲；康氏生辰比皮氏晚，然康氏《新學僞經考》書在皮氏《易學通論》成書之前；故拙文言皮氏乃承康氏之說，然皮氏稍有改變，非一昧承襲。

皮氏易學最標榜焦循里堂。觀其《易學通論》，凡易學史上之重要觀點，均引里堂之說爲證，可知里堂《易學三書》是皮氏易學之主要參考來源。以

上四段討論皮氏易學淵源。

第二節「《周易》之基本精神」。此節討論皮氏對周易之主要觀點，以「變易不易皆易之大旨」作爲學術指導政治之心態；然《易經》精神，不僅皮氏所言「變易、不易」而已，亦有其他重要精神，是以拙文間補《周易》其他精神；蓋《周易》精神影響國人甚巨，實有深切體會之必要。

「《易》爲指導人生義理作」此爲皮氏《易》學「通經致用」之實行，以求學術指導政治，而其學術要能簡明適用，合乎「簡易」精義。

第三節「易說多依託不當崇信僞書」。蓋注《易》、說《易》之書，看似繁盛，然而僞書及附易立說，用以炫耀才學之作，不無竄入；皮氏立「《易》爲指導人生義理」爲標準，衡量歷代注《易》、說《易》者，實可排除所謂依托之僞書，還《易》學眞面目。

第四節「解《易》之途逕」。《周易》本爲卜筮而作，然依皮氏之意，應是卦內兼具象數與義理，而義理是作卦者之主要用心，故皮氏主張《易》爲義理作非爲卜筮作，以證朱子之誤；且象數之研究，不得超出《周易》十翼之外，所謂「象數已具於《易》，求象數者，不當求象於易之外，更不當求數於易之先」。皮氏之說，雖已言及象數之學，然簡師博賢明指皮氏有不足之處；故拙文引簡師之說，以證皮氏不識象數之學也。

乾嘉考據學風，從小學訓詁著手，以求對群經有正確之解釋；此爲問學之必要條件。皮錫瑞有取焦里堂由假借轉注訓詁《周易》，期使《周易》文字之本形本意，能豁然明焉；言之有據，是皮氏治學用心。

第五節「皮錫瑞對卜筮之觀點」。《周易》本爲卜筮之用，學者均無異言；依皮氏之意，雖爲卜筮，求助於鬼神，然在此一動作，亦有卜筮者心靈主體之掌握，所謂「用心誠敬，亦足以占吉凶」（三十章）；是知皮氏談卜筮，仍扣緊「人生義理」，而非迷信。

第四章、第五章「歷代《易》學闡述」。皮氏《易學通論》，最明顯之敘述，即是對歷代《易》學家之說辭作討論。拙文所用心鑒識者在此，是以篇幅所佔比例較多。

第四章第一節「先秦《易》學」。從《連山》、《歸藏》、《周易》等三易，伏羲作易、文王重卦、至孔子作易卦爻辭，雖說「人更三聖，世歷三古」，此言學者均曾論及，然皮氏用意不在純粹描述，而是在價值判斷；其述辭均在證明「通經致用」之可能；特別是「孔子作卦爻辭，並作彖、象、文言乃自作自解」之

說，尤具皮氏主觀價值之附與；皮氏之謬亦在此也。故拙文嘗試論之。皮氏又言「十翼之說於古無徵」，不信十翼爲孔子所作。傳統說辭，均以十翼爲孔子之作，然皮氏疏通證明，漢人無言孔子作十翼者。此說經近代學者求證，已成定論；由此可知，皮氏述易學，亦有客觀之處，不受先儒誤導。

第二節「漢魏易學」附戰國時期易學。戰國時期易學，本應置於「先秦易學」述及，以合題旨；然拙文以爲，戰國至漢初易學家之引易，皮氏認爲均與孔子所重視之「人生義理」相符，此時之易學，在皮氏心目中是「易學正傳」，即有別於其後孟喜、焦延壽、京房等人之「易學別傳」（簡師博賢稱之爲「附易立說」），故拙文合併述之，較能明識皮氏對「孔子易學」之衍傳。

皮氏著作中有《補評鄭志疏證》、《鄭記考證》等書，可見鄭玄在皮氏心目中之學術地位。然皮氏論鄭易學亦有褒有貶，不取其爻辰說，而稱其以禮注易；不因欣賞鄭玄，而強作解人。亦爲皮氏論學客觀之另一證明。

虞翻注易，堪稱漢易之集大成者；漢易至清多以亡佚不全，清儒從輯佚中求虞氏學之全貌，以其爲孤家專學，是明識漢易之途逕；然虞氏條例繁多，時有不詳之處，是以清儒多加非議；且虞氏納甲之說，取自道教參同契，又自言夢道士云云，故皮氏斷其間出道家，非儒門之學。簡師博賢作《虞翻易學研究》，申虞氏易學本義，使後學者得知清儒之議亦有可辨之處；拙文才識淺薄，是以多引簡師之說，以爲印證，蓋簡師之說雖爲虞氏辨，實爲易學辨也。

王弼易注，堪爲奇書，唐作正義以之爲本，是以歷代學者學易多有取之；然毀譽參半，難有定論。皮錫瑞取《四庫提要》之語，以「瑕瑜不掩」爲其結論。今考王弼不注繫辭以下諸傳，學者甚少論述之，拙文擬作蠡測，判斷王弼不注繫辭以下諸傳，或許有其主觀價值判斷；而皮氏言「孔子作彖、象、文言」、又言「十翼之說於古無徵」，竟與王弼不注繫辭以下諸傳相合，故拙文提及二家相近之處。然才疏學淺，謬論難免，尚請方家指點糾正。

古本周易經、傳有分，而現今經、傳已合，不知出於何人之手。學者有說費直者，有云康成者，有曰輔嗣者；各有所論，各有所據。皮錫瑞雖參與討論，並主張始於費直；然其說非欲提一結論，使人信服，而是借此討論經今古文之爭之優劣；皮氏以今文有師承有訓詁，勝古文家只重訓詁，而導致言人人殊矣！是知皮氏乃借題發揮。

第五章第一節「唐代易學」。首先述及《周易正義》，蓋此書爲官定之科舉用書，皮氏多加引述；然而皮氏有其立場，而非全盤照收，諸如「論重卦

之人」、「論三易」、「論卦辭爻辭誰作」等問題，皮氏即提出不同見解，不因其爲官定而信之，由此可知，皮氏之問學精神，相當有主見。

李鼎祚撰《周易集解》，收有漢魏以來三十一家解易之作；在古書亡佚過程中，此書更見可貴。清儒重視漢學，能由此書以上窺漢易之大概，雖非全貌，然吉光片羽，彌足珍貴。皮氏對此書有所肯定也。

第二節，宋儒言易，創「圖書學」，言《易》有先天、後天之學，學者聞之、信之、取之，蔚然成風。程頤處此時代，獨能不取圖書，而采孔子儒家精義，以「理」解易學，暢談人生義理；是以皮氏頗持肯定與讚賞，認爲其能上通孔子易學精神。

圖書學經清儒研究，發現其源始乃從漢儒讖緯而來。讖緯既不可信，則宋圖書學亦不足取。蓋圖書學之源，本道士煉丹養生之術，而創以圖解；宋易學者，思神妙之旨，不惜引異端，而貶斥孔子精義，更言此說亦來自羲文孔子。經清儒之長期研究，是知圖書學實不可信，並應與易學區分，所謂「離之則雙美，合之則兩害」（胡渭語）。

朱子作《周易本義》，至元時，已成爲官訂科舉之書，學者多加研讀。然其書前，附有圖書學九圖，至使學者誤爲羲文孔子之意。經皮氏研究，獲知此九圖，非朱子置之，且朱子言圖書學乃早年之事，晚年亦知其不可信，欲改正之；故皮氏言其爲朱子早年之說，尙爲未定之論，籲後學者，當多注意。

第三節「清儒易學」。以三單元處理之。皮氏最稱道清儒易學者四人，即駁圖書學之黃宗羲與胡渭兩功臣，使後學者，得以不誤於迷信之說。再者，致力於漢易研究之張惠言，其上承惠棟易學基礎，而使漢易面目得以重視於學術上，特別是虞氏易，更是上承田何，求孔子易學之關鍵；是以張惠言多加推崇虞氏易。皮氏稱許張氏，實乃稱許虞氏易學、漢代易學，以更求孔子易學也。焦循以其畢生精力，致力於易學研究，創立條例，使經、傳文辭，合爲一體；自詡可解千年來，易學之困惑。尤有進者，以六書轉注、假借、訓詁於卦爻辭經、傳之文，而解開難解之字；因此皮氏備加讚賞，極力推薦，以焦循易學乃初學者所應急治者，而皮氏某些易學重要觀念，亦取之於焦循。然焦循以卦爻辭爲文王作，十翼爲孔子作，並言孔子作十翼能體現文王之意；此說與皮氏立場明顯衝突，皮錫瑞即評曰：

> 焦氏之說極通，惜猶拘於舊說，以爲伏羲重卦，文王周公作卦爻辭。
> 若更定之，於重爲六十四加上文王二字，文王周公以辭明之，改爲

　　　　孔子以辭明之，文王周公孔子之辭，去文王周公四字，則更合矣。（二
　　　　十七章）
是以拙文認為，皮氏亦非真識焦循也。

　　清儒復漢易之貌，功不可沒，然而以古即好，不加過濾，均予以合理解
釋，致使漢易中某些陰陽災變、附會之學，又復出於易學上。皮氏對此，提
出批評，以為又生一障，應予以適當之剃除，以正易學之範圍。

　　第六章結論。蓋有皮錫瑞之學術立場，方有其觀點；皮氏之易學史，即
是由其經今文學派所主導，而重要之時代背景，亦是提供其學術主張重要關
鍵；今考其學術用心，「通經致用」乃皮氏畢生職志，以此衡視皮氏易學，實
不離「致用之學」也！

第二章　皮錫瑞傳略

第一節　略述生平及其著作

　　皮錫瑞字鹿門，一字麓雲，湖南善化人。生於道光三十年（西元 1850 年），卒於清光緒三十四年（西元 1908 年），享年五十有九。

　　皮氏之先，本宋時龍榮公後裔，由襄陽遷江西。清乾隆年間，先祖皮以琇，乃由贛遷湘。錫瑞曾祖皮登樂，始占籍湖南長沙府善化縣，並以貨殖起家，財雄府邑。父皮樹棠，同治元年舉人，以儒術飾吏治，為浙江宣平知縣，母瞿氏，為同邑處士瞿惠軒之女。

　　皮錫瑞幼承庭訓，好學覃思；六歲就外傅，八歲能詩文。年十四應童子試，補善化縣學生員，越年食廩餼。年二十四，舉同治癸酉科拔貢；翌年，部試報罷。年三十三，舉光緒壬午科順天鄉試，復扼於禮闈；試內閣中書引見不記名。爾後三應禮部試，皆報罷。

　　皮錫瑞既困於甲科，遂潛心講學著書。光緒十六年，主湖南桂陽州龍潭書院講席。後二年，移主江西南昌經訓書院。江右故宗宋學，偏重性理，或流禪釋；皮氏以西京微言大義教詔學者，說經當守家法，詞章必宗家數，一時高才雋秀，咸集其門，先後七年，學風丕變。

　　光緒初葉，四境多虞，俄人既窺新疆，琉球、安南亦漸脫藩屬；皮氏憫亂憂時，倡屯田固邊及救藩備圉諸議。甲午戰後，朝野倡言變法，皮氏獨以為：「宜先清內亂，嚴懲賄略，刻繩贓吏，實事求是，且必先改宋明陋習，不必皆從西俗。」時湖南設時務學堂及湘報館。戊戌，復創南學會於長沙，皮

氏被聘爲學長，主講「學派」一科。開講之日，官紳士民集者三百餘人；皮氏闡明學會宗旨，略謂：「學非一端所能盡，亦非一說所能該，先在讀書窮理，務其大者遠者，將聖賢義蘊，瞭然於心中，古今事變，中外形勢，亦須講明切究，方爲有體有用之學。」學會開講計三月，皮氏講演共十二次，所講內容皆貫穿漢宋，融合中西；聞者莫不動容。是年秋，變法事敗，六君子殉難於京師，皮氏有詩哭之；復以參與學會，爲忌者所誣奏，奉廷寄，革舉人，交地方官管束。皮氏以布衣罹黨禁，杜門著述，三年，始得開復。

皮氏以經學名於時，光緒五年，年三十，乃治經，研精覃思，更三十年，著書百卷，成一家言。光緒十三年，始爲《尚書大傳箋》，後更名《尚書大傳疏證》越十年始成。皮氏平生學問實萃於此書，自序謂：「殫精數年，易稾三次，既竭駑鈍，粗得端倪，原注引鄭，必析異同，輯本據陳，間加釐定，所載名物，亦詳引徵，冀以扶孔門之微言，具伏學之梗概。」蓋皮氏治尚書，服膺伏生，宗今文說。然嘗謂：「解經當實事求是，不黨同妒真。」故其疏證，於曲直離合之間，類有發明。〔註1〕

概言之，皮氏生當清末變動之際，此變動之際，非歷代可比擬；西風東進，亦非僅船堅炮利，甚至其文化思想，亦有駕臨本土之優勢。此乃歷史上，無可並比。皮氏處此，毅然以傳統經學家自居，企圖以孔門精義與之相抗衡；服膺經今文學派「通經致用」之原則，皮氏言：「知孔子以萬世師表之尊，正以其有萬世不易之經，經之大義微言亦甚易明，治經者，當先去其支離瑣細，而用漢人存大體，玩經文之法，勉爲通經致用之材，斯不至博而寡要，迂而無用矣。」(〈經學通論序〉)蓋傳統儒學足以應付世局之變動也。是以皮氏著作多與經學有關，而以發揚聖學自居。其著作如下：

（一）研治尚書

1. 《尚書大傳疏證》七卷
2. 《古文尚書冤詞平議》二卷
3. 《今文尚書考證》三十卷
4. 《尚書中候疏證》一卷（蓋皮氏治《尚書》，服膺伏生，學者因稱師伏先生。）

〔註1〕參閱《清皮鹿門先生錫瑞年譜》，皮名振編。以及政大碩士論文許英才所著《皮錫瑞經學史觀及其經學問題之探討》一文之第二章。

（二）疏通鄭學

1. 《孝經鄭注疏》二卷
2. 《鄭志疏證》八卷
3. 《鄭記考證》一卷
4. 《聖證論補評》二卷（《聖證論》，本王肅譏短鄭玄之作，皮氏唯究其責，乃崇鄭而抑王。）
5. 《六藝論疏證》一卷
6. 《魯禮禘祫義疏證》一卷
7. 《駁五經異義疏證》十卷

案、鄭玄兼融今古文經說，就今文家之立場而言，實汨亂今古文家法。然皮氏所以致力疏通鄭學者，蓋以鄭學既存漢經學梗概，由其遺著實可得西漢今文家之大旨也。皮氏《經學歷史》云：「鄭君生當漢末，未雜玄虛之習、僞撰之書，箋注流傳，完全無缺，欲治漢學，舍鄭莫由。」（〈經學分立時代〉）故皮氏疏通鄭學，實未自失立場。〔註2〕

（三）其他重要著作

1. 《漢碑引經考》六卷
2. 《引緯考》一卷
3. 《經學歷史》一卷
4. 《經學通論》五卷
5. 《王制箋》一卷
6. 《九經淺說》（亡佚）
7. 發墨守、箴膏肓、釋廢疾疏證三卷

上爲皮氏有關經學著作，至於非經學者，拙文不贅舉。

今拙文則以其皮氏易學爲說，《續四庫提要》云：「（皮氏）治經宗今文，頗持孔子改制之說，著述甚富，晚年教於鄉校。初爲《經學歷史》以授諸生，猶恐語焉不詳，學者未能窺治經門徑，更纂《經學通論》。自序署光緒丁未，爲其卒之前一年，是爲晚年定本。《易經通論》，即其一也。是書分三十章，自三易名義，畫卦重卦，文周繫辭，孔子作傳，漢宋家法，古今宗派，以迄

〔註2〕皮氏經學標榜鄭玄，特別在易學方面，云：「鄭君兼通今古文之學，其解易之名義，皆兼變易不易之說，鄭（玄）引易尤確實。」見《易學通論》第一章「論變易不易皆易之大義」。皮氏亦知鄭學兼通今古文之學。

清代各家，皆能考其流別，辨其中失，斷之己意，以示學人治易之術。」此簡介可爲皮氏易學大旨矣！

第二節　清代學術風潮及時代背景對皮氏之影響

一、清代學術風潮

　　論及清代學術，實與清代政治息息相關；皮錫瑞乃清末人，其學術具有清代環境學術背景，以及當時變動之特殊因素，二者交織，乃有皮氏論學之主張；是以明悉清代學術及政治環境，有助辨識皮氏經學特色。

　　蓋清儒治學理趣，隨清代國勢之盛衰而有所轉移，梁任公嘗云，有清學術之發展，可用「以復古爲解放」一言蔽之。〔註3〕爲求孔孟眞精神，從明學著手，至宋學、至漢學，並從中得識，宋明心性之學不得據，而服膺兩漢治學態度。故拙文依此線索，立三段略述之：（一）譏宋學、（二）、崇漢學——以小學求證、（三）、通經致用——以經今文學爲說。

（一）譏宋學

　　蓋明代王學所衍承之精神，本屬補宋儒窮理說之不足，而倡「知行合一」；其「至良知」者，體物同源，心物俱應，其所得，皆由積累而來，並非專主虛靈明覺。然內在精神難習，而外在形式易效；至其末流，學者束書不觀，游談無根，猖狂自肆，以冥索頓悟爲上達，不獨學術空疏，即崇踐履者易寡；此風蔚爲風氣，不獨無濟於安定人心，且亦無救於日愈敗壞之國事；闖王一起，吳三桂引清兵入關，明代終亡於異族之手。

　　王學末流，不僅無助於人心，進而亡國滅家。此一結局，促使學術之思考重心，有一切入之轉換：即深感國運之頹，胎於學術之窳，遂毅然改途，研治通經致用之實學，而以堅忍刻苦爲教旨，經世致用爲學統，尚武任俠爲精神，科學實驗爲憑。〔註4〕代表者諸如顧炎武、黃宗羲、王夫之、顏元，其

〔註3〕梁啓超《清代學術概論》言：「綜觀二百年之學史，其影響及於全思想界者，一言以蔽之，曰：『以復古爲解放』。第一步，復宋之古，對於王學而解放。第二步，復漢唐之古，對於程朱而得解放。第三步，復西漢之古，對於許鄭而得解放。第四步，復先秦之古，對於一切傳注而得解放。夫既已復先秦之古，則非至對於孔孟而得解放焉不止矣。」（二）拙文即依此自立綱目略述。

〔註4〕梁啓超語，見《中國學術思想變遷之大勢》，頁81，中華書局。

特色在一反浮虛之習，首倡經世實用之道，遂立清代學術徵實之基。〔註5〕所謂徵實者，林尹《中國學術思想大綱》言：

> 徵實者，徵之於今，求事實於當時；徵之於古，求實證於典籍也。(〈清代徵實學〉)

此風潮實與宋明以來之理學，有一完全的改變。再者，滿清政府，以宋學爲科舉依據，以統一天下學子之口，致使有志之士，既不能對統治者作正面之攻擊，乃轉而排斥程朱，指責宋學，更加速學者對宋學之不滿。其餘如文字獄之壓迫，四庫之開館，如此軟硬兼施，亦是使學者，走向樸學之另一關鍵。〔註6〕

（二）崇漢學──以小學求證

宋儒之精神，本是用六經孔孟學理，以對抗佛老；以顯現中國「內聖外王」之圓融本不待他求。然宋儒所理解之六經孔孟，至清儒有一普遍之共識，即宋儒「自由心證」，毫無根據，誤解了六經孔孟原意，近代學者勞思光《新編中國哲學史》嘗云：

> 倘宋儒只建立哲學理論，而不訴於孔孟，不言及道統，則可以不受歷史標準之裁判。但宋儒既自以爲所講乃孔孟之學，又依傳說及常識塑造道統。此二者皆涉及歷史，卻不能置歷史標準於不問矣。故若有重客觀研究之學興起，而只取宋儒學說在歷史標準之下種種缺點爲批評對象，則將只見宋儒一無是處，而不見其理論方面之意義。
> 此即乾嘉學人所以皆力排宋學也。(三下第八章)

依勞先生之意，宋儒所言六經孔孟精義，乃宋儒塑造心目中之道統，若單獨視之，亦有精義，然而置於歷史事實觀之，則將見宋儒所言，無所論據，是故清儒學術大家均欲捨棄宋儒之學，而上歸漢儒根柢之學；蓋漢儒離先秦年代較近，有家法、師法承傳，漢儒說經，均有根據也；戴震《與段玉裁書》說：

> 宋儒譏訓詁之學，輕語言文字，是猶渡江河而棄舟楫，欲望高而無階梯也。

訓詁求經義，乃問學基本學養，有此學養，方能言及思想精義，宋儒無端輕

〔註5〕李新霖先生《清代經今文學述》，稱此時爲清學醞釀期──經世致用之學。見台北師大國研所碩士論文，民國66年，頁35。拙文本節多加參考。

〔註6〕李新霖先生稱此一階段爲成長期──訓詁考證之學。並以「反宋崇漢之風」「威逼利導之效」，兩標題作討論。同上註引。

視，致使所言絕非六經孔孟原意；是以清儒用心，在還學術眞象，戴震《戴東原集》云：

> 以六經孔孟之惘，還之六經孔孟，以程朱之惘還之程朱，以陸王佛氏之惘，還之陸王佛氏，俾陸王不得冒程，釋氏不得冒孔孟。(〈年譜〉)

即言宋儒之說絕非六經孔孟之旨，必須予以釐清，各還原本面目。此說幾已成清儒之共識，如焦循《家訓》亦云：

> 學經之法，不可以注爲經，不可疏爲注；孔穎達、賈公彥之流，所釋毛、鄭、孔安國、王弼、杜預之注，未必即得其本義。執疏以說注，豈遂得乎！必細推注者之本意，不啻入其肺腑，而探其神液。

焦循之言，以注疏之文，未必即爲經書本意，故只爲參考之用，而非群經本意，務必仔細斟酌，以探求經意。而探求之途徑，則在證據之尋求，《小學》，正是入門第一要素。戴震〈古經解鉤沉序〉：

> 經之至者，道也。所以明道者，其詞也。所以成詞者，未能外小學文字者也。由文字以通乎語言，由語言以通乎古聖賢之心志，譬之適堂壇之必循其階，而不可以躐等。

經書眞意，須由文字表現，然文字有時空限制，宋儒敝病，即以當時詞意誤爲先秦經書本意；戴震能識此中原由，故主張以訓詁之法，考證先秦群經本旨，此乃治學之階，不可不知也。錢大昕〈經籍纂詁序〉亦云：

> 有文字而後有詁訓，有詁訓而後有義理。訓詁者，義理之所從出，非別有義理出乎訓詁之外者也。

魏源《古微堂外集》：

> 今日復古之要，申訓詁聲音以進於東京典章制度，此齊一變至魯也。由典章制度以進於西漢微言大義，貫經術故事文章於一，此魯一變至道也。(卷一)

由詁訓字義，以知經書義理，此爲乾嘉時期學者之共識，而此一共識，至清末仍爲皮錫瑞所稱許，皮氏《易學通論》曰：

> 各隨其文以相貫，而聲近則以借而通；蓋本無此字而假借者，作六書之法；本有此字而假借者，用六書之法也。古者命名辨物，近其聲即通其義。(二十四章)

以六書之法，訓詁經書文辭，以求正解，此乃根柢之學。蓋戴震爲皖派之鼻

祖，其說具有普遍共識，是知回歸漢學，乃清儒治學態度，皮錫瑞亦循此大原則也。〔註7〕

「漢學」雖爲清儒用以論斷「宋學」，然而漢儒說經，當時即具今古文之別，何者爲先秦六經正解？或均足以顯現先秦六經眞精神？此一疑問，不待後人評論，已有學者思考矣！焦循《雕菰集》：

> 學者訽於人，輒曰：「吾述乎爾。」問其何爲乎述？則曰：「學孔子
> 也。」……然則所述奈何？則曰：「漢學也。」嗚呼！漢之去孔子幾
> 何歲矣！漢之去今，又幾何歲矣！學者學孔子者也，學漢人之學，
> 以漢人能述孔子也，乃舍孔子而述漢儒，漢儒之學果即孔子否
> 邪？……學者述孔子而持漢人之言，惟漢是求，而不求其是，於是
> 拘於傳注，往往扞格於經文，是所述者，漢儒也，非孔子也。而究
> 之漢人之言亦晦而不明，則亦第持其言而未通其義也，則亦未足爲
> 述也。且夫唐宋以後之人乎？學者或以其言之足徵而取之，又必深
> 諱其姓名，以爲唐宋以後之人，似稱其名，遂有礙乎其爲漢學也者。
> 噫！吾惑矣！（卷七）

焦循之意，蓋漢儒用心在以理解先秦六經，然唐宋學者之注疏，亦在釐清先秦六經；雖漢儒距先秦孔子之時稍近，然漢儒所據理論果眞能等同六經本意乎？，而唐宋儒者因時代較遠，則確定未能求六經本意乎？此乃「五十步笑百步」也！是以焦循譏同時學者「是所述者，漢儒也，非孔子也」，是漢儒之經，非先秦之經也！章學誠《文史通義》亦說：

> 傳曰：「禮時爲大」。又曰：「書同文。」蓋言貴時王之制度也。學者
> 但誦先聖遺言而不達時王之制度，是以文爲鬐悅絺繡之玩，而學爲
> 鬥奇射覆之資，不復計其實用也。故道隱而難知，士大夫之學問文
> 章，未必足備國家之用也；法顯而易守，書吏所存之掌故，實國家
> 之制度所存，亦即堯舜以來因革損益之實跡也。故無志於學則已；
> 君子苟有志於學，則必求當代典章以切於人倫日用，必求官司掌故

〔註7〕 又如吳派惠棟，三世傳經，博聞強記，錢大昕稱其：「惠氏世守古學，而先生
所得尤深，擬諸漢儒曾在何邵公、服子愼之間，馬融、趙歧等輩，不能及也。」
（《潛研堂文集》卷三十九）大抵此派精神，篤信漢儒，以「漢學」自詡；王
引之譏其「考古雖勤，而識不高、心不細，見異於今者從之，大都不論是非。」
（手札）梁啓超更簡而稱之：「凡古必眞，凡漢皆好。」（《清代學術概論》）
均說明了清儒蔚爲學風，在以明漢學而離宋學。

而通於經術精微，則學爲實事而文非空言，所謂有體必有用也。不知當代而言好古，不通掌故而言經術，則鑿悅之文，射覆之學，雖極精能，其無當於實用也審矣。（〈內篇五史釋〉）

所謂「禮，時爲大」蓋「經」之本質在切於人倫，合以實用；若如學者只知言好古，而不知求經術精微之旨，則亦屬無用之學矣。焦循、章學誠二家均以時間上之考量，論漢學之不足恃，概言之，無非一家之言，而非群經本旨。事實上，焦、章二家所評之學，乃針對「吳派」惠棟主張之途逕也。梁啓超《清代學術概論》評惠棟一派之學，曰：

篤守家法，令所謂「漢學」者壁壘森固，旗幟鮮明，此其功也。膠固、盲從、褊狹、好排斥異己，以致啓蒙時代之懷疑的精神，批評的態度，幾天閼焉，此其罪也。清代學術，論者多稱爲「漢學」，其實前此顧黃王顏諸家所治，並非「漢學」，後此戴段二王諸家所治，亦並非「漢學」，其「純粹的漢學」，則惠氏一派，洵足當之矣。夫不問「眞不眞」，惟問「漢不漢」，以此治學，安能通方，況漢儒經說，派別正繁，其兩說絕對不相容者甚多，欲盲從其一，則不得不駁斥其他，棟固以尊漢爲標幟者也，其釋「箕子之明夷」之義，因欲揚孟喜說而抑施讎、梁邱賀說，乃云「謬種流傳，肇於西漢」（《周易述》卷五），致方東樹摭之以反唇（《漢學商兌》卷下），然則所謂「凡漢皆好」之旗幟，亦終見其不貫澈而已。（十）

蓋漢學有今文、古文之分，二派理解之經學，南轅北轍；以易學而論，孟喜之說與施讎、梁邱賀，同出一師門，然解說彼此不同，不知惠棟所謂「漢學」以誰爲說？若以孟喜爲是，則其根據何在？是以焦、章二人，有所反唇，而「漢學」之說不足取矣！（皮錫瑞在標榜漢人之學時，因而能提出「漢學亦有辨」之補充限制。）乾嘉以後，學者之所以不走此學術路線，其原因在此，再者時局愈加糜濫，學術重心遂轉至「致用之學」矣。

（三）通經致用——以經今文學爲說

清儒乾嘉漢學家之流蔽，正如曾國藩云：

嘉道之際，學者承乾隆季年之流風，襲爲破碎之學。辨物析名，梳文櫛字，刺經典一二字，解說繁稱，雜引流行，而不知所歸。張己伐物，專抵古人之隙。或取孔孟書中心仁義之文，一切變易故訓，而別創一義，群流附和，堅不可易。（《曾文正集》卷一）

所謂襲習者，不過依循前輩大家，「然而前人開闢既盡，所餘者不過糟粕，後出者難為功，惟枝葉是窮，則義鮮宗極，語乏歸宿，是不得不就其範圍另謀出路也。」〔註8〕梁啓超《清代學術概論》：

> 顧炎武、惠士奇輩，專提倡注疏學，則復於六朝唐，自閻若璩攻僞古文尚書，後證明作僞者王肅，學者乃重提南北朝鄭、王公案，絀王申鄭，則復於東漢。乾嘉以來，家家許鄭，人人賈馬，東漢學爛然如日中天矣，懸崖轉石，非達於地不止，則西漢今古文舊案，終必須翻騰一度，勢則然矣。(二十一)

是知清儒既以復古為職志，則必不以許、鄭、賈、馬為自足，而西漢不僅比東漢更古，且西漢今文又有師法、家法可依循，更令清儒讚許；是以經今文學之復盛，良有以也。焦循、章學誠之說（前述），發酵至此，而蔚為風氣矣。再者，清廷國勢，自「鴉片戰爭」起內憂外患，接踵相繼，朝廷權貴，無力應對，至使學者用心，轉而思及救亡圖存之道，西漢儒者所言「通經致用」，故能引清儒青睞。

經今文學之所以突起於嘉慶道光之世，全盛於清末者，蓋有數端焉：

> 惠戴之學，治經必先識字，而六書音韻之學，非盡畢生之精力，不能得其要領，不若微言大義之學，可以涉獵口耳而得，其故一。
>
> 義瑰瑋，蕩逸華妙，為文士所怠，故治今文者無不工文辭。如申受（劉逢祿）于庭（宋翔鳳）定庵（龔自珍）默深（魏源）其最也。其故二。
>
> 道咸時，海內漸多故，漢學方以破碎無用，見識于時，而今文則出自西漢諸儒，類能通經致用，學者得藉以訕言經世，其故三。
>
> 本朝學風，以說經為最高尚，諸文士挾其詩歌詞賦之長，不習經典，則以為大恥。而今文則上追七十子微言大義，視許鄭之學尤高，依附其說，足以自矜，其故四。(《國粹學報社說》第四、五期〈鄧實國學今議〉)

至此，知學術界，翻騰如彼；皮錫瑞身處此背景，自不離此學術共識，其《易學通論》，反宋學，不取宋儒之《河圖洛書》，取黃宗羲《易學象數論》、黃宗炎《圖書辨惑》兄弟之論，及胡渭《易圖明辨》等說，斥宋儒之謬。取小

〔註8〕同註5文，頁43。

學六書聲韻訓詁之法，以論周易文字之正解，是東漢學者之所長，亦即乾嘉學風之所重。「通經致用」，以學術指導政治，化育萬民，爲西漢今文家之通識，是知皮錫瑞身處清末，雖以經今文家自居，然其學識根據，並不局限一家；《易學通論》第一章，開宗明義即言：「論變易不易皆是易之大義」。此論正是皮氏論學之活潑性。李新霖稱皮氏爲「清代今文集大成者」，〔註 9〕是知皮氏之用心不離「通經致用」，而其目的在面對政治時局之混亂，而激起學者憂世之憫情；因此皮氏所處內憂外患之時局，正是其學術理論之主要用心。

二、皮氏所處之時代背景

（一）政治與外交背景

道光二十年，中英爆發「鴉片戰爭」，斯役不但揭開了中國近代史的序幕，將中國由傳統的封閉社會帶進飽受外力摧迫的半殖民地社會，更象徵了清帝國的即將瓦解，暴露滿清政府在內政與外交上的重重危機。斯時西方殖民帝國勢力爲求擴展其商品及原料市場，自道光以來便頻頻以武力爲後盾，脅迫中國開放門戶，以利其通商。自一八四○年至一九一一年民國成立爲止，外國勢力對中國發動的主要戰爭便有五起，脅迫簽訂之不平等條約則多達十數項。

這些不平等條約對中國之影響可謂至深且遠：領土的割讓使中國喪失了對東北（西伯利亞）、西南（越南）、沿海（台、澎、香港）等地之主權，民族自信心亦隨之喪失幾盡。沿岸通商口之開放更使中國海防盡失，外國勢力進出自如，不但左右中國商業及原料市場，破壞中國商務體制，造成階級矛盾，更陰謀干預內政，「北京政變」即西方帝國主義者爲一己利益干涉中國內政的最顯著例子。而條約賠款金額益使中國白銀損失嚴重，銀價飛漲，對國計民生傷害至大。此外，伴隨西方武力而來的西方文化更在中國文化及學術上造成嚴重的衝突，中國故有思想傳統在此面臨極大之考驗，這在政治、經濟、文化與社會方面造成的衝擊雖不全然爲負面影響，然實暴露滿清政府之無能與中國社會，民生之岌岌可危。

清末外患已如此嚴重，幾達被瓜分的亡國地步，而滿清皇室內部的權力鬥爭卻亦衝突不斷。咸豐以後，滿清皇朝發生了兩次政變：「北京政變」與「戊

〔註 9〕同註 5 文，頁 128。

戌政變」。前者發生於第二次「鴉片戰爭」後一年，文宗（成豐）病死於熱河，其子穆宗策立，慈禧太后在英法帝國主義者的支持下奪取政權，號稱「垂廉聽政」，怡親王戴垣、端華、肅順等反對者遭處死。後者則爆發於「百日維新」之後。當時康有爲、梁啓超在德宗（光緒）的支持下進行「變法圖強」，此舉無疑危及慈禧太后等保守份子的既得權力，結果維新失敗，光緒皇帝被囚瀛臺，康、梁逃亡日本，譚嗣同、林旭、楊銳、劉光第、楊深秀、康廣仁等六人同日被戮，史稱「戊戌六君子」。此二次政變最後皆由苟且偷生的保守派勢力得勝，更見清末國勢的紛亂與不可爲。

（二）社會情勢

清高宗（乾隆）號稱盛世，然清帝國之衰，實亦自乾隆起。乾隆時由於長年對邊疆擴土用兵，財政支出龐大，相對民生賦稅亦連帶加重。嘉道以後，國計民生不見改善，復因殖民帝國勢力的強奪掠取，社會動盪日益擴充，民怨沸騰，人心思變。據不完全的統計，從道光二十三年至道光三十年間，規模較大的群眾起義事件，便有七十多起，幾乎遍及內地各省，其中尤以受「鴉片戰爭」影響最鉅的兩廣、湖南一帶最形激烈。

道光三十年十二月，洪秀全「太平天國」在廣西金田村起事，十三年間轉戰各省，幾使清帝室爲之覆亡，此爲孫中山領導革命前最大的民眾起義事件。而伴隨太平軍而起的「捻亂」與「回變」，更使清政府疲於奔命，元氣大傷，最後，太平軍與捻、回雖相繼被弭平，然革命風潮既起，滿清皇朝已無力抗拒，終於一九一一年被孫中山領導的武昌起義推翻，統治中國二百多年的清帝國，宣告瓦解。

激進的革命運動之外，較溫和的變法鼓吹亦在民間踴躍展開。遠在道光年間，知識份子見國勢危阨日甚，便已蘊釀變法圖強之觀念，如龔自珍時引「公羊」大義以譏切時政，魏源承林則徐之囑撰成《海國圖志》，即揭「以夷攻夷，師夷長技以制夷」之革新思想。中法戰爭以後，原被寄與厚望的官方「洋務運動」（由曾國藩、李鴻章、張之洞等領導）徹底失敗，更激發知識分子「革政」的決心。乃至中日「甲午戰爭」，中國戰敗，康有爲聯合各省應試舉人一千三百餘人聯名上書，請求拒和，遷都、練兵、變法之「公事上書」，（後演成「百日維新」）更將民間變法呼聲推至最高潮。此後各地議政成風，報館紛立，變法圖強之思想逐漸具體化，即以皮錫瑞所處的湖南省爲例，梁啓超《戊戌政變記》附錄二「湖南廣東情形」即云：

> 自甲午之役以後，湖南學政以新學課士，於是風氣漸開，而譚嗣同
> 輩倡大義於下，全省沾波，議論一變。

足見當時新思想推行之力。而據謝應芬〈清末湖南新政運動述略〉一文的統計，當時湖南在前後二任巡撫陳寶箴、黃遵憲與學政江標、徐仁鑄的支持下，由譚嗣同、唐才常、梁啟超、熊希齡、皮錫瑞、畢永年等人籌擘的主要新政共有十二項：1. 保衛局，類似現今之警察機關。2. 遷善守，容納與教導失業及犯罪人口職業技能的場所。3. 整頓刑獄。4. 課吏館，類似今之公務人員訓練機構。5. 時務學堂，教導學生習中西致用之學。6. 南學會：梁啟超稱其乃湖南新政之命脈，具有反應輿情之議會規模（《戊戌政變記》附錄二）。7. 湘報館，為闡揚新學思想而設。8. 武備學堂：訓練軍事人才。9. 團練：編練民兵。10. 礦務。11. 輪船。12. 鐵路。其內容之完善，堪為清季地方新政之楷模，湖南於焉亦成當時氣象最新之省分。

　　然而，滿清皇朝既極保守，地方官紳亦多附從（如張之洞、葉德輝等即痛詆康、梁為「悖聖道」，詆皮錫瑞為「附異端」），遂成變法運動推行之最大阻力。最後，湖南新政雖亦隨「戊戌政變」歸於失敗，然其展現的朝氣卻正反應出當時人心思變，急欲圖強的社會情勢。〔註10〕

　　綜合上述學術背景，及時代壓力，可以理解出，清末何以今文家會復盛！皮氏之學問用心，何以主今文家！其表現在《易學通論》中之主張，則在面對，清末局勢，動盪不安，人心思變之際，而特標舉《易》義，告諸世人，此一變動時局，應重新會，並釐清何者應變，何者不可變；「通經致用」，正為皮氏經今文家之用心。皮錫瑞說：

> 不變者道也，當變者法也，亦即易以變易為義，而有不變者在也。
> 今之學者，不知窮變通久之義，一聞變法，群起而爭，反其說者，
> 又不知變易之中有不易者在，舉天地君臣子不可變者亦欲變之，又
> 豈可訓乎！（第一章）

一者評朝中執事者，過於保守，不知權變；再者論革命黨員，太過激進，竟要改變天地君臣之義，是變之太過，不合先聖立教精神；其云「論伏羲作易垂教在正君臣父子夫婦之義」，即是極力反對革命黨之意。另外其他易學之重要主張，則隨文討論，然均可理解出皮氏以易學關懷社會之用心。

〔註10〕參閱許英才《皮錫瑞經學史及其經學問題之探討》第二章「皮錫瑞所處之時代背景」頁10～13。政大中研所81年碩士論文。

第三節　經學立場

　　皮錫瑞之經學既屬經今文學派，而以其立場理識經學史，則有其特殊見解；試以其《經學歷史》及《經學通論》之序文爲說，以證其理論。

　　皮錫瑞《經學通論》序嘗云：

> 一當知經爲孔子所定，孔子以前不得有經。二當知漢初去古未遠，以爲孔子作經，說必有據。三當知後漢古文說出，乃尊周公，以抑孔子。四當知晉宋以下，專信古文尚書、毛詩、周官、左傳。而大義微言不彰。五當知宋元經學雖衰，而不信古文諸書，亦有特見。六當知國朝經學復盛，乾嘉以後，治今文尤能窺見聖經微旨。

又說：

> 執此六義，以治諸經，乃知孔子以萬世師表之尊，正以其有萬世不易之經，經之大義微言亦甚易明。

依皮氏意，「經」書爲孔子所定，其中所函藏微言大義甚精；西漢學者頗能識孔子作「經」之旨；然而，東漢之後，學者卻取經古文學之說，以「經」爲周公所定，置孔子經學大義於周公之後，至使經學「微言大義」不顯，直至清儒，方能體察西漢經今文學用心；而宋元學者，治學雖不嚴謹（前述），然不取古文學之說，是有其特識；蓋唯有明經書之「微言大義」方能眞識孔子治世用心也。皮氏此說，其詳細理論，更鋪述於《經學歷史》一書中。今觀《經學歷史》，足以顯現出皮氏心目中的經學史觀。

　　何謂「經」？皮錫瑞《經學歷史》：

> 孔子所定謂之經，弟子所釋謂之傳，或謂之記，弟子展轉相授謂之說。惟詩、書、禮、樂、易、春秋六藝乃孔子所手定，得稱爲經。（《經學流傳時代》）

孔子以周公爲其學習典範，〔註11〕必有取周公制禮作樂之旨，而予轉變，並進而賦予新精神，故皮錫瑞氏以孔子手訂之書，方稱爲「經」，皮錫瑞《經學通論》云：

> 當知經爲孔子所定，孔子以前不得有經。（〈序〉）

而稱「經」之書與其他書籍有不同之處，皮錫瑞《經學歷史》：

〔註11〕《論語・述而》：「子曰：『甚矣！吾衰也。久矣！吾不復夢見周公。』」〈八佾〉：「周監於二代，郁郁乎文哉！文從周。」可知孔子有取於周公學術精義。

> 易自伏羲畫卦，文王重卦，止有畫而無辭，亦如連山、歸藏止爲卜
> 筮之用而已。

> 易自孔子作卦爻辭、彖、象、文言、闡發羲文之旨，而後易不僅爲
> 占筮之用。

> 古詩三千篇，書三千二百四十篇，雖卷帙繁多，而未經刪定，未必
> 篇篇有義可爲法戒。

> 儀禮十七篇，雖周公之遺，然當時或不止此數而孔子刪定，或並不
> 及此數而孔子增補，皆未可知。

> 觀「孺悲學『士喪禮』於孔子，『士喪禮』於是乎書。」則十七篇亦
> 自孔子始定。

> 自孔子加筆削褒貶，爲後王立法，而後春秋不僅爲記事之書。(〈經
> 學開闢時代〉)

是知，詩、書、禮、易、春秋本亦與其他書籍類似，僅提供知識與典章制度
之記錄而已，然經孔子手訂之後，即具有「微言大義」，與其他書籍，不得相
提並論矣。馬宗霍《中國經學史》言：

> 未修訂以前，六藝但爲政典；已修訂以後，六義乃有義例。政典備，
> 可見一王之法；義例定，遂成一家之學。法僅效績于當時，學斯垂
> 教於萬。(《孔子之六經》)

「經」之內在涵義，在其具有可常行，不變之意；皮錫瑞《經學歷史》：

> 孔子出而有經名。……《莊子·天運》篇：「孔子謂老聃曰：『丘治
> 詩、書、禮、樂、易、春秋六經。』孔子始明言經，或當刪定六經
> 之時，以其道可常行，正名爲經。」(〈經學開闢時代〉)

《文心雕龍》發揮斯理，最爲明確：「經也者，恒久之至道，不刊之鴻教。」
(〈宗經〉)「微言大義」之涵藏，即是孔子之苦心用意；皮錫瑞《經學歷史》：

> 讀孔子所作之經，當知孔子作六經之旨。孔子有帝王之德而無帝王
> 之位，晚年之道不行，退而刪定六經，以教萬世，其微言大義實可
> 爲萬世之準則。……孔子之教何在？即在所作六經內。(〈經學開闢
> 時代〉)

皮錫瑞《經學通論》又說：

> 經學不明，則孔子不尊。孔子不得位，無功業表見，晚定六經以教

> 萬世，尊之者以爲萬世師表，自天子以至於士庶，莫不讀孔子之書，
> 奉孔子之教；天子得之以治天下，士庶得之以治一身，有舍此而無
> 以自立者；此孔子所以賢於堯舜，爲生民所未有，其功皆在刪定六
> 經。（〈序〉）

明經、尊孔在有助於治身、治國，因此，所謂「微言大義」即在切合人倫，
提供社會秩序建立之依據。

「經」之名起自孔子，因此論「經學」，亦得從孔子起；皮錫瑞《經學歷
史》：

> 經學開闢時代，斷自孔子刪定六經爲始。（〈經學開闢時代〉）

又云：

> 墨子之引《書傳》，每異孔門；呂氏之著《春秋》，本殊周制，其時
> 九流競勝，諸子爭鳴；雖有古籍留遺，並非尼山手訂。引《書》間
> 出百篇之外，引《詩》或在三千之中，但可臚爲異聞，不當執證經
> 義。（〈經學流傳時代〉）

至此，是知所謂之「經學」，乃是孔門之學術體系所發展，合乎此即是正統；
至於在孔子之前有所謂「經說」，乃傳說訛聞，不得採信。皮氏立「經」之定
義，其旨欲作歷代經學價值衡量，許英才云：

> 錫瑞所謂「經名昉自孔子，經學傳於孔門」云云，表面上僅是一般
> 之現象敍述，然實爲此一價值判斷下極具深意之語，意謂著經學發
> 展必宗孔門，「尊孔」的觀念亦因此形成。〔註12〕

此說對皮氏之經學觀點，至爲貼切。皮氏由此價值意義，衡觀歷代經學，合
乎尊孔之微言大義者，方有正面肯定，反之則不然；試看《經學歷史》之章
目：

> 經學開闢時代
> 經學流傳時代
> 經學昌明時代
> 經學極盛時代
> 經學中衰時代
> 經學分立時代

〔註12〕參閱政大八十一年碩士論文：「皮錫瑞經學史觀及其經學問題之探討」，第四
　　　　章。頁138。

> 經學統一時代
>
> 經學變古時代
>
> 經學積衰時代
>
> 經學復盛時代

所謂「開闢、流傳、昌明、極盛、中衰、分立、統一、變古、積衰、復盛」等等各類判斷語句，正是依皮氏心中價值而論定；而其中所謂〈經學昌明時代〉是指漢學中的今文學家，皮氏云：

> 唯漢人知孔子維世立教之義，故謂孔子爲漢定道，爲漢制作。當時儒者尊信六經之學可以治世，孔子之道可爲弘亮洪業，贊揚迪啓之用。朝廷議禮、議政、無不引經，公卿大夫士吏，無不通一藝以上。雖漢家制度，王霸雜用，未能盡行孔教；而通經致用，人才已爲後世之所莫逮。（〈經學開闢時代〉）

皮錫瑞又根據《史記》之記載，而言：「經學至漢武始昌明，而漢武時之經學爲最純正。」（〈經學開闢時代〉）蓋「太史公書成於漢武帝時經學初昌明，極純正時代，間及經學，皆可信據。」（〈經學昌明時代〉）皮錫瑞又云：

> 孔子道在六經，本以垂教萬世，惟漢專崇經術，猶能實行孔教。雖春秋太平之義，禮運大同之象，尚有未逮，而三代後政教之盛，風化之美，無有如兩漢者。降至唐、宋，皆不能及。尊經之效，已有明徵。（〈經學極盛時代〉）

漢代政教，皆爲各代之典範，皮錫瑞《經學通論》亦說：

> 治經者當先去其支離不足辨，及其瑣細無大關繫；而用漢人存大體玩經文之法，勉爲漢時通經致用之才，斯不至以博而寡要與迂而無用疑經矣。（〈序〉）

因此皮氏主張「治經必宗漢學」，惟有漢學方能明識孔子「微言大義」，並付之於施政治國，而得太平盛世，是漢學乃典範也。

然而兩漢經學，有今文學、古文學之別，兩派學問用心，明顯不同，故皮氏即提出「漢學實亦有辨」予以說明，皮氏曰：「前漢今文說，專明大義微言；後漢雜古文，多詳章句訓詁。」（〈經學昌明時代〉）是知前漢今文學說，方能符合孔學義。皮氏又說：

> 尊孔子者，必遵前漢最初之古義，勿惑於後起之歧說。與其信杜預之言，降孔子於配享周公之列；不如信孟子之言，尊孔子以繼禹、

周公之功也。（同上）

蓋孔子乃繼承周公制禮作樂之體制，而賦予展新之精神；非如古文學家所言，僅列於周公之後，傳抄體制而已。再者，今文學所以優，在於今文學有古文學之優點，而無古文之「分文析義，煩言碎辭」之缺失，皮氏說：「惟前漢今文學能兼通義理訓詁之長。」（同上）而皮氏用西漢經今文學家作爲典範，來衡量各代經學，而其最終目的，則在提供清末今文學家論學之歷史依據，許英才說：

> 《經學歷史》中所建立之理論模式，亦是在預存闡發清末今文學之用心上建構而成。此與皮錫瑞所處時代背景有甚大之關係。《經學歷史》成書年代正值西方文化衝擊本土文化最劇烈之期，此時全盤西化論者高唱「經學無用論」，主張焚去維繫中國二千多年思想、倫理之「儒家經典」，而完全效法西方「富國強兵」之計。皮錫瑞宿學孔教，自然對此種貯張深感憂懼，不得不起而維護傳統經學，申明經學並非無用，而是漢以後不知重用所致。若能效法「通經致用」，勉力於清季復盛之今文經學，則國家之盛必舉日可待。〔註13〕

故皮氏稱清代爲〈經學復盛時代〉，其用心即在此。是知，皮錫瑞之經學立場，與時代背景，有息息相關之脈動；亦見其學者憂患意識之苦心。

然而，皮錫瑞以漢學作爲理解孔子精神之代表，爲圖有實例可證，不惜引讖緯之說，給予合理化，皮氏《經學歷史》云：

> 漢有一種天人之學，而齊學尤勝，伏傳五行，齊詩五際，公羊春秋多言災異，皆齊學也。易有象數占驗，禮有明堂陰陽，不盡齊學，而其旨略同，當時儒者以爲人主至尊，無所畏憚，借天象以示撒，庶使其君有失德者猶如恐懼修省。此春秋以元統天、以天統君之義，亦易神道設教之旨。（〈經學極盛時代〉）

又說：

> 漢儒言災異，實有徵驗。……光武非愚闇妄信者，實以身試有驗之。故天人本不相遠，至誠可以前知。（同上）

以西漢今文學家所言，均提供學理之根據；一者，取天象以撒君王，再者，神奇經學之效用，目的即在發揚經學，提升孔子學術與政治地位，甚至救世

〔註13〕同上註，頁177。

主之身分；用心良苦，然方法不當矣，不能無議矣！〔註14〕

〔註14〕馬宗霍《中國經學史》所言：「晚世有皮錫瑞爲經學歷史，始自裁斷，與但事鈔疏者稍殊，惟持論既偏，取材復隘；其以經學開闢時代，斷自孔子，謂六經皆孔子作，尤一家之私言，通人蓋不能無議焉。」（〈序〉）皮氏謬論，不僅於此，諸如《易學通論》第十章題旨言：「漢初說易皆主義理切人事不言陰陽術數」，十一章題旨：「陰陽災變爲易之別傳」，既言陰陽災變是別傳，要學者明識，而本身卻引暢言陰陽術數之「讖緯」說，是矛盾所在。

第三章　易學主張

第一節　皮錫瑞易學淵源

　　皮錫瑞處在清末之時，反省傳統學術，汲其精華以抗衡西學之東進；取歷代先聖諸賢之說，企圖以學術指導政治，〔註1〕「通經致用」爲皮錫瑞學術之最大用心；而此一用心乃取之於對傳統的理解。今述其易學，分析其易學主張之淵源，以明其對傳統易學之取捨。雖個人或有其創見不得忽視；然創見資源，亦不離傳統經驗。本節討論其易學淵源，今分四節：一、主漢易之思想淵源，二、貶宋圖書學之思想淵源，三、「孔子作卦爻辭」說之根據，四、焦循易學對皮氏之啓發

一、主漢易之思想淵源

　　皮錫瑞《經學通論》云：

> 治經者當先去其支離不足辨，及其瑣細無大關繫；而用漢人存大體玩經文之法，勉爲漢時通經致用之才，斯不至以博而寡要與迂而無用疑經矣。（〈序〉）

蓋皮氏所謂「漢學」乃指西漢今文學家之說，而今文學家之說有古文學派文字、訓詁之優，無古文學派「分文析義，煩文碎辭」之敝，最主要是今文學家能「存大體玩經文之法，勉爲漢時通經致用之才。」此觀點在上章已述。

〔註 1〕 所謂「以學術指導政治」乃簡師博賢之說。逢甲中研所民國 81 年 10 月 5 日「中古學術史」上課所敘。

是知皮氏以此漢學標準，衡量歷代經學，作爲一種價值判斷。漢代經學既是皮錫瑞所稱道，則漢易自是其贊同之範圍。

清儒漢易研究最力者，首推惠棟；惠棟家世，三代傳經，尤其易學，正是所長；其所著《易漢學》，釐清歷漢易中，難以理解之觀念與條例，使之重識於當時，《四庫提要》稱其書，曰：

> 采輯遺聞，鉤稽考證，使學者得略見漢儒之門徑，於易不爲無功矣。
>
> （〈易類六〉）

漢代易學之得以重現，惠氏家學功不可沒；然而，惠棟過於崇拜漢易，至有迷信漢易，以爲均稱易學正統，故不惜爲之曲解、附會，而主張「凡漢皆好」。然據史遷所載，易學自商瞿六世傳至漢田何，田何再傳丁寬，丁寬傳田王孫，田王孫傳施讎、孟喜、梁邱賀，是漢易有施、孟、梁邱三家之學；然而惠棟《漢易學》，只取孟喜，而抑施、梁邱學，誠如梁啓超《清代學術概論》所云：

> 漢儒經說，派別正繁，其兩說絕對不相容者甚多，欲盲從其一，則不得不駁斥其他，棟固以尊漢爲標幟者也，其釋「箕子之明夷」之義，因欲揚孟喜說而抑施讎、梁邱賀說，乃云「謬種流傳，肇於西漢」（《周易述》卷五），致方東樹摭之以反唇（《商學商兌》卷下），
> 然則所謂「凡漢皆好」之旗幟，亦終見其不貫澈而已。（十）

漢儒解易之用心，已彼此不同，[註2] 梁公批評惠棟之原則難持，良有以也。而早在皮錫瑞之時，即已見出惠氏之謬；皮氏《易學通論》云：

> 惠棟爲東南漢學大宗，然生當漢學初興之時，多采慨而少會通，猶未能成一家之言。（二十一章）

是知惠棟雖爲漢易學大家，然皮錫瑞「崇漢易」之說，並非源自惠棟也。蓋皮氏之主張乃源自紀昀及戴震也。

紀昀《四庫提要》嘗曰：

> 聖人覺世牖民，大抵因事以寓教：詩寓於風謠，禮寓於節文，尚書春秋寓於史，而易則寓於卜筮。故易之爲書，推天道以明人事者也。左傳所記諸占，蓋猶太卜之遺法；漢儒去古未遠也，一變而爲京焦，入於機祥，再變而爲陳邵，務窮造化，易遂不切於民用；王弼盡黜

〔註2〕《漢書・儒林傳》曰：「孟喜好自稱譽，得易家候陰陽災變書，詐言師田生，且死時枕喜獨傳喜，諸儒以此耀之；博士缺，眾人薦喜，上聞喜改師法，遂不用喜。」是知孟喜之說已非田王孫之說矣。故言施孟梁邱之學各異。

象數，說以老莊，一變而胡瑗程子，始闡明儒理，再變而李光楊萬里，又參證史事，易遂日啓其論端，此兩派六宗，已互相攻駁。又易道廣大無所不包，旁乃天文地理樂律兵法韻學算術，以逮方外之爐火，皆可援易以爲說，而好易者又援以入易，故易說愈繁。夫六十四卦，大象皆有君子以字，其爻象多戒占者，聖人之情見乎詞矣。其餘皆易之一端，非其本也。今參校諸家，以因象立教者爲宗，而其他易外別傳者，亦兼收以盡其變。(《易類總敍》)

此論爲皮氏所認同，其《易學通論》第二十一章，曾據引爲說；皮氏論易大抵根據此文，以明《易經》之作用、流變情形、基本主張等。

今考紀昀論學，無偏重於漢學或宋學，並標揭「消融門戶之見，而各取所長」(〈經部總敍〉)，然觀其《閱微草堂筆記》有云：

夫漢儒以訓詁專門，宋儒以義理相尚，似漢學粗而宋學精。然不明訓詁，義理何自而知？概用詆誹，視猶土苴；未免既成大輅，追斥椎輪，得濟迷川，遽焚寶筏，於是攻宋儒者又紛紛而起。故余撰四庫全書詩序總部有曰：「宋儒之攻漢儒，非爲說經起見也，特不平宋儒之詆漢儒而已。」……平心而論：尚書三禮三傳毛詩爾雅諸注疏，皆根據古義，斷非宋儒可論；論語孟子，宋儒積一生精力，字斟句酌，亦斷非漢儒所及。蓋漢儒重師傳，淵源有自；宋儒尚心悟，研索易深。漢儒或執舊文，過於信傳；宋儒或憑臆斷，勇於改經。計其得失，亦復相當。惟漢儒之學，非讀書稽古，不能下一語。宋儒之學，則人人皆可以空談，其間蘭艾同生，誠有不盡饜人心者。(灤陽消夏錄一)

蓋宋儒暢談義理之學，似是能理解經學之大義，而漢儒計較於文字訓詁，只求經義，恐有「小學而大遺」之譏，然「漢儒之學，非讀書稽古，不能下一語；宋儒之學，則人人皆以空談，其間蘭艾同生，誠有不盡饜人心者。」是先生之論學，有側重漢學傾向。或云紀昀此說「受東原影響」[註3] 蓋時代風潮如此，身處此風，自有其共識。唯漢學宋學之涉及怪異徵驗者，則一律排斥，不加軒輊；「閱微草堂筆記」云：

余所見諸異，迄毫無徵驗也。故余於漢儒之學，最不信春秋陰陽，

〔註3〕程發軔先生語，見《國學概論》下冊，第十一章、二、曉嵐紀昀，頁272。正中書局民國73年11月初版第七次印刷。

洪範五行傳；於宋儒之學，最不信河圖洛書，皇極經世。(〈槐西雜
志一〉)

戴東原亦有此說。〔註4〕皮錫瑞有取於紀昀、戴震之說，其論易學部份，可得
是說：

1. 皮氏〈論伏羲作易垂教在正君臣父子夫婦之易〉，且〈漢初說易皆主義
   理切人事〉與紀昀云〈夫六十四卦，大象皆有君子以字，其爻象多戒
   占者，聖人之情見乎詞矣〉之精神相符。

2. 皮氏〈漢初說易不言陰陽災異〉，又說〈陰陽災異爲易之別傳〉，與紀
   昀、戴震不信「怪異徵驗」，同一卓識。

至於皮錫瑞所崇之漢學，非一般學者所謂「術數之學」，〔註5〕乃是西漢初，
以義理說易，傳續孔門精神之易學；是以程子作「易傳，雖非漢人，然其所
發揚之易學，亦是不偏離孔門；王弼注易雜以老莊，皮氏稱其「弼之注所以
可取者，在不取術數而明義理；其所以可議者，在不切人事而雜玄虛」(十五
章)；是以皮氏論二人「王注程傳，說易主理，固不失爲易之正傳。」(二十
二章)蓋「崇漢易」之說，乃依其精神內容所言，非其時空設限於漢；故「崇
漢易」此旨，乃皮氏衡量歷代易學所依據也。

二、貶宋圖書學之思想淵源

皮錫瑞既取清儒學風，尊漢學，貶宋學，是亦有據。論易學部份亦如是。
且宋易圖書學，本有誇張怪誕之處，皮氏貶之，乃因宋易圖書學，未能合乎
易道精神；皮錫瑞《易學通論》：

> 宋元明言易者，開卷即及先天後天，惟元陳應潤作「爻變義蘊」，始
> 指先天諸圖，爲道家借易理以爲修鍊之術。吳澄、歸有光亦不信圖
> 書，國朝毛奇齡作《圖書原舛篇》，黃宗羲作《易學象數論》，黃宗
> 炎作《圖書辨惑》，爭之尤力，胡渭《易圖明辨》引據舊文，足箝依
> 托之口，張惠言《易圖條辨》駁詰精審，足箴先儒之失。(十七章)

〔註4〕如戴君仁先生《談易》云：「漢代周易經師之說，在今日尚可看見的，幾乎都
是術數派；所謂漢易學，可以說是術數之總匯。」見《漢代易學概況》。

〔註5〕梁啟超《清代學術概論》：以爻辰納甲說易，以五行災異說書，以五際六情說
詩，其他諸經義，無不雜引讖緯，此漢儒通習也；戴派之清學，則芟汰此等，
不稍涉其藩，惟於訓詁名物制度，注全力焉。」(十二)頁45，臺灣商務印書
館，民國57年12月臺二版。

宋圖書學之興起，源自道士陳摶，經陳牧、邵雍之增刪，至朱子作《周易本義》，取之附於書前；其後，《周易本義》爲官定科舉之書，學子見《周易本義》書前置易圖九式，誤爲上古聖人作《易》本旨，而深信不疑，故時人言《易》，開口即言：「伏羲先天八卦」、閉口亦言：「文王後天八卦」；並深信昔者聖人作易乃觀圖以作易，書學爲易學之根據矣！論宋圖書學之言易，其根據乃《十翼‧繫辭傳》所說：「河出圖，洛出書，聖人則之。」當時歐陽修已察覺繫辭傳有「繁衍叢脞之言」與「自相乖戾之說」（《易童子問》），然而未能提出強有力之證，學者反譏歐陽修怪妄矣。〔註6〕至元朝陳應潤作《爻變義蘊》始指宋圖書學，雜取《參同契》爐火煉丹之說，實非《易》之本旨，毅然破除陳摶、邵雍等人之說，直指學術界所公認易圖書學，乃「附易立說」；至清儒更釐清圖書學之源流可推至漢儒讖緯，以及道教煉丹養生之術，畢竟與易學無關。皮錫瑞論宋圖書學有取諸家之說，且諸家之分辨，言之甚明，如胡渭《易圖明辨》，辨《周易本義》書前之易圖九式，曰：

> 按本義卷首，列九圖於前，而總爲之說，所謂天地自然之易，河圖洛書也；伏羲之易，先天八卦及六十四卦次序方位也；文王之易，後天八卦次序方位及六十四卦之卦變也；是皆著爲圖者。伏羲有畫而無辭，文王繫彖，周公繫爻，孔子作十翼，皆遞相發揮以盡其義。故曰，聖人之情見乎辭。辭者所以明象數之難明者也；而朱子顧以爲三聖人之易，專言義理，而象數闕焉，是何說與！且易之所謂象數，著卦焉而已；卦主象，著主數，二體六畫，剛柔雜居者，象也；大衍五十四營成易者，數也；經文粲然，不待圖而明。若朱子所列九圖，乃希夷康節劉牧之象數，非易之所謂象數也；三聖人之言，胡爲而此乎。伏羲之世，書契未興，故有畫而無辭；延及中古，情僞漸啓，憂患滋多，故文王繫彖，以發明伏羲未盡之意；周公又繫爻，以發明文王未盡之辭，一脈相承，若合符節；至於孔子，紹聞知之統，集群聖之大成，論者以爲生民所未有；使伏羲文王周公之意，而孔子有所不知，何以爲孔子；既已知之，而別自爲說，以求異於伏羲文王周公，非述而不作之旨也。然者伏羲之象，得辭而益彰，縱令深玩圖書，而得其精微，亦不外乎文王周公孔子所言之

〔註6〕黃宗羲《易學象數論》卷一嘗曰：「歐陽子言河圖、洛書『怪妄之尤甚者』，自朱子列之本義，家傳戶誦。今有見歐陽子之言者，且以歐陽子爲怪妄矣。」

理，豈百家眾技之說，所得而竄入其中哉！九圖雖妙，聽其為易外
別傳，勿以冠經首可也。（卷十）

蓋圖書學若單獨觀之，有其哲理見識，然「易」旨深雋，「經文粲然，不待圖
而明。」，且伏羲作易，文王、周公續其意，孔子作辭明其旨，實不需圖書佐
之以證，是所謂「先天之圖與聖人之易，離之則雙美，合之則兩傷」（〈易圖
明辨提辭〉），是知宋圖書學，所言之圖式，乃附易立說，無功於易學之道矣。

再者，皮氏論宋圖書學，亦用其「崇漢易」標準作衡量，觀其是否合乎
孔門精神，有無言及「人生義理」。然宋易言有「自然之易」「伏羲之易」「文
王之易」，在孔子作經之上，羅列其他聖人之作，與皮氏言「六經皆孔子之作」
之內容相違背，故在此定義之下，圖書學縱使有研究價值，亦應分別觀之，
怎可置於孔子之上，而與孔子之經，相提並論！皮錫瑞又說：

> 漢儒稱讖緯，宋人斥讖緯而稱圖書，其實皆主陰陽五行。如邵子曰：
> 卦氣始於中孚。蔡西山云：康節亦用六日七分。是孟京之說，不僅
> 漢儒宗之，宋儒亦宗之矣。（十二章）

蓋漢之讖緯，本為無法應證之說辭，其為漢儒誇飾之說，實不可依信，今宋
儒陽斥讖緯說而稱圖書學，然其本源來自漢儒讖緯之說，是亦為誇飾之論，
蓋本紀昀所說，是為易之別傳矣！由以上述之，宋圖書學無論就其來源、內
容，均與皮氏之易學不合，是以貶之，良有以也。

三、「孔子作卦爻辭」說之根據

皮錫瑞易學，最為人訴病者，莫如力主「孔子作卦爻辭」；以此觀點論學，
若與之不符，即極力指責。如胡渭《易圖明辨》，引據舊文，以證圖書學之謬，
為皮氏所讚，然胡氏仍取「三聖作易」則為皮氏所責；皮氏曰：

> 錫瑞案胡氏之辨甚明，以九圖為易外別傳，尤確。特猶誤沿前人之
> 說，以為文王作卦辭，周公作爻辭，孔子作十翼，故但以為孔子之
> 說，不異文王周公之意；不知卦爻辭亦孔子之說也。（十九章）

焦循亦采「三聖作易」之說，皮氏雖特別褒焦氏（詳下段文），然衝突之處，
仍亦點明；皮氏曰：

> 焦氏之說極通，惜猶拘於舊說，以為伏羲重卦，文王周公作卦爻辭。
> 若更定之，於重為六十四加上文王二字，文王周公以辭明之，改為
> 孔子以辭明之，文王周公孔子之辭，去文王周公四字，則更合矣。（二

十七章）

由此可知，皮氏對於「孔子作卦爻辭」之說，立場相當堅定。《續四庫提要》曰：

> （皮氏）雖然持論考事，違失人所時有，未爲大過；獨謂卦爻之辭
> 皆孔子所作，與文周無與，則響壁虛造，振古所無有也。（本書提要）

今考同時人康有爲，亦有類似說法，其說應在皮氏之先；〔註7〕康有爲作《新
學僞經考》曰：

> 據史記周本記，日者傳、法言問神篇、漢書藝文志、揚雄傳、論衡
> 對作篇，皆謂文王重卦爲六十四卦，三百八十四爻，無有以爲作卦
> 辭者。唯王輔嗣以六十四卦爲伏羲所自重。周易正義論卦爻辭誰作，
> 云：「一說並是文王所作……。」則影響附會，妄變楊何傳史公之眞
> 說，其可信乎？至周公作爻辭之說，西漢前無之。……則藝文志謂
> 「文王作上下篇」者，謬矣。三聖無周公，然則舍孔子誰作之哉？……
> 歆以上下二篇屬之演爻之文王，既不可通，因以己所僞作之序卦雜
> 卦附之河內女子所得之事，而以爲孔子作十篇爲十翼。奪孔子所作
> 而與之文王周公，以己作而冒之孔子，疇張爲幻，可笑可駭。（〈典
> 釋文糾謬第十〉）

康有爲氏以兩漢學者所傳之作，皆只謂文王重卦作爻，而均無明確言卦爻辭
爲文王所作，至漢書藝文志乃言及卦爻辭爲文王作，或與周公作，取東漢學
者之謬說，以證上古遙遠之事；康氏主張三聖之說，乃伏羲作八卦、文王重
卦，孔子作卦爻辭，而與周公無關焉！然至劉歆時，竄作古文經，並以己作
之「序卦、雜卦」編入所謂《十翼》之說，而言及爲孔子所作，並進而提高
周公在學術之地位，以卦爻辭爲文王周公作，孔子不過學術整理者。康有爲
氏以今文家之立場，不遺餘力抨擊劉歆古文學家，而其主要訴求乃在提高孔
子學術地位，並進而以「孔教救國」。皮錫瑞所持亦今文家學派，雖無康氏偏
激，然以「孔子作卦爻辭」說之立場則接近。

　　歷代諸家以「易歷三聖」說之根據，均從〈繫辭〉、《史記》所記載，崔
述作《考信錄》，或根據此說，指責諸家在根據上，並非有確論；崔述《考信
錄》云：

〔註7〕康有爲（咸豐八年至民國16年）雖晚於皮錫瑞（道光三十年至光緒三十四年），
　　　然《新學僞經考》刻於光緒十七年，《經學歷史》《經學通論》爲其晚年定論，
　　　且其《聖證論補評》序，論及《新學僞經考》，是知皮氏參考過康氏之說。

近世說周易者，皆以象詞爲文王作，爻詞爲周公作，朱子本義亦然，
余按傳前章云：「易之興也其於中古乎！作易者其有憂患乎？」初未
言中古爲何時，而憂患爲何事也，至此章始言其作於文王時，然未
嘗言爲文王所自作也，且曰「其當」曰「其有」曰「邪」曰「乎」
皆爲疑詞而不敢決，是則作傳者但就其文推度之，尚不敢決言其時
世，況能決知其爲何人之書乎？至司馬氏作史記因傳此文，遂附會
之以爲文王羑里所演，是以周本紀云：「西伯之囚羑里，蓋益易之八
卦爲六十四卦；」自序亦云「西伯拘羑里演周易；」自是遂以易卦
爲文王所重。及班氏作漢書，復因史記之言，遂斷以詞爲文王之所
繫，是以藝文志云：「文王重易六爻作上下篇。」又云：「人更三聖，
世歷三古；」自是遂以易象爻之詞爲文王所作矣。然其中有甚可疑
者：明夷之五稱箕子之明夷，升之四稱王用亨於岐山，皆文王以後
事，文王不應預知而預言之。史漢之說不復可通，於是馬融陸績之
徒不得已乃割爻辭謂爲周公所作，以曲全之。而鄭康成王弼復以卦
爲包羲神農所重，非文王之所演。然後後儒始獨以象詞屬之文王，
而分爻詞屬之周公。而是言之，謂文王作象詞，周公作爻詞者，乃
漢以後儒者因史記，漢志之文而展轉猜度之，非有信而可徵者也。

（《豐鎬考信錄》卷五）

崔述之證相當有力，指責前儒之謬，以疑辭作爲定論，展轉取之，遂信文王作
卦辭，周公作爻辭，實乃漢後學者之謬測，非爲確論。皮錫瑞有取於康有爲，
崔述之說，稍作轉變，而以之論「孔子作卦爻辭」，皮氏根據在此。〔註8〕

四、焦循易學對皮氏之啓發

皮錫瑞《易學通論》中之一章，言「論近人說易，張惠言爲顓門，焦循
爲通學；學者當先觀二家之書。」（二十一章標題）其曰：

近儒說易，惟焦循張惠言最善，其成書稍後，四庫未說，故提要亦
未及稱許，實皆學易者所宜急治。焦氏說易，獨闢畦町，以虞氏之
旁通，兼荀氏之升降，意在采漢儒之長而去其短；易通釋六通四闢
皆有據，依易圖略復演之爲圖，而於孟氏之卦氣，京氏之納甲，鄭

〔註8〕拙文「孔子易學及其衍傳之精神」一節，有進一步論及康有爲與皮錫瑞，二人
說法之差異處；以及崔述之論被皮氏誤用；其中說明，在論皮氏此說實不可取。

氏之爻辰，皆駁正之，以示後學；易章句簡明切當，亦與虞氏爲近；
學者先玩章句，再考之通釋圖略，則於易有從入之徑，無望洋之歎
矣。……張氏著周易虞氏義，復有虞氏消息虞事易禮易事易言易候，
篤守家法，用功至深，漢學顓門，存此一線。治顓門者，當治張氏
之書，以窺漢易之旨。

蓋張惠言爲治虞翻易學之顓家，然《續四庫提要》評皮氏曰：「張（惠言）則
專述虞氏，既以虞爲外道，復謂張氏所發明，得存漢學之什一於千百，視前
此所述，不無矛盾。」惟皮氏取於焦循易學爲說，明識歷代易學途轍，則無
此缺失，蓋焦循易學，甚有所識也，故皮錫瑞多有取之。敘述如下：

（一）皮錫瑞論伏羲作卦之旨，以明易學精神，即引焦循之說爲證，其
中甚有精彩處；皮錫瑞云：

> 焦循謂讀陸氏之言乃恍然悟伏羲所以設卦之故，更推闡其旨曰：學
> 易者必先知伏羲未作八卦之前，是何世界，伏羲作八卦重爲六十四，
> 何以能治天下：神農堯舜文王周公孔子，何奉此卦畫爲萬古修己治
> 人之道。孔子刪書始唐虞，治法至唐虞乃備也；贊易始伏羲，人道
> 自伏羲始定也。有夫婦然後有父子，有父子然後有君臣，伏羲設卦
> 觀象，定嫁娶以別男女，始有夫婦、有父子、有君臣，然則君臣自
> 伏羲始定也，故伏羲爲首出之君，前此無夫婦父子，即無君臣，凡
> 緯書所載天皇地皇人皇九頭五龍攝提合雒等紀，無容議矣。(第二章)

焦循此說，以伏羲作易之旨，意圖規畫社會秩序，明修己治人之道，定五倫
身份之別，使人類區別於萬物。皮氏即作案語附和之，曰：

> 錫瑞案焦氏發明伏羲畫卦之功尤暢，畫卦之功首在厚君民之別，故
> 曰：上天下澤，履，君子以辨上下，定民志。而地天爲泰，天地爲
> 否，似與此義相反，蓋泰之得在天地交，否之失在天地不交。履以
> 位言，泰否以情言；所謂言豈謂一端而已。後世尊卑闊絕，而上下
> 之情疏，禮節繁多，而君臣之義薄（〈四語本蘇子瞻〉），昧者欲矯其
> 敝，遂議盡去上下之分，豈知作易垂教所以理人倫而明王道之義乎！
> （第二章）

蓋社會秩序即首在厚君民之別，並進一步明識人倫，提供條理。皮錫瑞引焦
循此說，在反擊當時墨守不知權變者，亦抨擊革命黨欲廢君臣之理，變之過
當，不合《易》之本旨。

（二）皮氏論卦爻辭爲孔子所作；然有經古文學家，力主《左傳》前於孔子，已具引卦爻辭爲說，因此不得說卦爻辭作於孔子。而皮氏以今文家之立場，《左傳》乃古文家之說，以「左氏浮誇」，多爲後人竄入，不足採信。皮氏亦引焦循之說爲證，云：

> 左氏生孔子贊易之後，剌取易義以飾爲周史之言。（第三章）

蓋焦循亦主張「左氏」乃生當孔子後，故其說不可確信。

（三）漢易雖爲皮氏所崇，然易外別傳，在漢易部份又特別多，「漢學亦有辨」，則是皮氏所欲畫清其與正傳之界線，以明易學之眞正精神，皮錫瑞曰：

> 焦循曰：爻辰自爲鄭氏一家之學，非本之乾鑿度，亦不必本於月律也。然以離九三爲艮爻，位值丑，丑上值弁星，弁星似缶；坎上六爻辰在巳，蛇之潘蟠屈似徽纆；臨卦斗臨丑，爲殷之正月，以見周改殷正之數，謬悠非經義。至以焚如爲不孝之刑，女壯爲一女當五男，尤非聖人之義也，余於爻辰無取焉爾。（十三章）

又說：

> 惟焦循易圖略，偏斥納甲納音卦氣爻辰之失，曰：「納甲卦氣，皆易之外道，趙宋儒者闢卦氣用先天，近人知先天之非矣，而復理納甲卦氣之說，不亦唯之與阿哉！」（二十章）

據引焦氏之說，以證陰陽災變者，決非聖人之旨矣。

（四）唐孔穎達《周易正義》以王弼注爲本，並以政治力量，頒爲科舉必試之書，致使學子，只是背誦，而不敢指責其非，均以爲王弼盡掃漢象，雜以老莊，說易者以爲罪浮桀紂。然焦循深研之下，才知王弼易學，其家學淵源，亦爲漢學大家；是以其注，亦有取於漢人之說；焦循《周易補疏》敍曰：

> 易之有王弼，說者以爲罪浮桀紂，近之說漢易者屛之不論不議者也。歲壬申，余撰易學三書漸有成；夏月啓書塾北窗，與一二友人看竹中紅薇白菊，因言易及趙賓解箕子爲荄茲，或謬其說曰：「非王弼輩所能知也。」余笑而不答，或曰何也？余乃取王弼注示之曰：「弼之解箕子，正用趙賓說；孔穎達不能申明之也。」眾唯唯退，門人進曰：「正義者，奉王弼爲準繩者也，乃不能申弼如是乎！」余曰：「非特此也。如讀彭爲旁；借雍爲甕；通孚爲浮而訓爲務躁；解斯爲廝而釋之爲賤役；諸若此，非明乎聲音訓詁，何足以明之。東漢末，以易學名家者，稱荀劉馬鄭；荀謂慈明爽，劉謂景升表，表之學受於王暢，

暢爲燦之祖父，與表皆山陽高平人，燦族兄凱爲劉表女婿，凱生業，業生二子，長宏次弼，粲二子既誅，使業爲粲嗣，然則王弼者，劉表之外曾孫，而王粲之嗣孫，即暢之嗣元孫也。弼之學蓋淵原於劉，實根本於暢。宏字正宗，亦撰易義，王氏兄弟，皆以易名，可知其所受者遠矣。弼之易雖參以己見，而以六書通借，解經之法，尚未遠於馬鄭諸儒，特貌爲高簡，故疏者概視爲空論耳」。

故皮氏特爲取於此說，而言「論焦循易學深於王弼，故論王弼得失極允。」

皮錫瑞《易學通論》第二十三章俱引此文，蓋皮氏深識於王弼易學之明義理，而經焦里堂之辨證，王弼易學源自漢易，是皮氏「主漢易」說之範圍；且王弼說《易》，暢言義理，仍屬孔門易學精義，故皮氏稱道之。

（五）朱子以易爲卜筮作，非爲義理作；此說與皮氏不合，蓋皮氏用心在以易爲指導人生義理作，若易爲卜筮作，則純屬迷信，有何義理在？是以不取朱子之說，並引焦循之說爲證，其曰：

錫瑞案朱子以易爲卜筮作，非爲義理作，其說大誤，然其誤亦有所自來，伏羲畫卦，雖有占而無文，而亦寓有義理在內，繫辭傳謂包羲始作八卦，以通神明之德，以類萬物之情。所謂通神明類萬物者，必有義理，口授相傳。焦循曰：「伏羲畫八卦，重爲六十四，其旁通行動之法，當時必口授指示，久而不傳，文王周公以辭明之，即明其當日口授指示也，學者但觀其卦，則此三百八十四畫，遂成一板而不靈之物，如綦有車馬炮卒士相帥將，按圖排之，必求之於譜，乃知行動之法，其精微奇妙，存乎其中；若舍去譜而徒排所謂車馬炮卒士相帥將，不敢移動一步，又何用其爲綦也。六十四卦，車馬炮卒士相帥將；文王周公孔子之辭，譜也。不於辭中求其行動之用，是知有綦而不知有譜者也。」（此文即皮氏指焦氏不知「孔子作卦爻辭」）

伏羲作易，必涵藏萬理，從卦爻之排列中，即可體認義理之所在，是以《易》不僅爲卜筮而作，更是伏羲寓義理於其內，朱子以卜筮視之，實不知《易》也。

（六）清儒乾嘉學風，著重考據之風，而小學之訓，由此而盛，其目的在講求證據，以論經書之正解，摒除宋儒自由心證之陋。戴震《六書論序》說：

六書也者，文字之綱領，而治經之津涉也。戴書極傅，統之不外文字，文字雖廣，統之不越六書。綱領既違，僞謬日滋。

錢大昕亦有類似主張，〈經籍纂詁序〉：

> 有文字而後有詁訓，有詁訓而後有義理。訓詁者，義理之所從出，
> 非別有義理出乎訓詁之外者也。

焦循處此學風，亦為學術大家，以假借、轉注說易，特為皮氏所讚許，皮氏說：「論焦循以假借說易，本於韓詩，發前人所未發。」（二十四章標題）又說：「論假借說易，並非穿鑿，學者當援例推補。」（二十五章標題）雖說本於韓詩，然時代風潮所給予之啟發，亦不能漠視。皮氏以兩章之篇幅，討論轉注、假借，是知相當崇敬焦循之創獲。

由此六點之說明，足見皮錫瑞引焦循之說易，已包含易學史中，各類重要且關鍵之問題；是以拙文認為，皮錫瑞易學多延襲於焦循易學，而稍變之。

然卦爻辭誰作之問題，焦循依傳統之說，屬文王作卦辭、周公作爻辭；皮氏則堅決主張卦爻辭為孔子所作。焦循此說，發展為「周易經、傳之連貫性」，視為一完整單位；此點皮氏並非不知，致使二家之學在根本處，即已不合，雖在多處隨時引用，然皮氏亦不真識焦循也。〔註9〕

第二節　周易之基本精神

一、變易不易皆易之大義

（一）皮氏論《周易》大義及其用心之商榷

皮錫瑞《易學通論》，開宗明義，即言：「論易不易皆易之大義」。皮氏此論，或許延續前說，〔註10〕然亦有其用也。

論《易》之義最有系統者，首推「易緯」，其成書或流行之時，據大陸學者朱伯崑先生云，當在西漢末年，漢哀帝之後；〔註11〕而在《易緯》書中，以「乾鑿度」論《易》最為詳實，其云：

> 易一名而含三義，所謂易也、變易也、不易也。
>
> 易者其德也，光明四通，簡易立節，天以爛明，日月星辰，布設張

〔註9〕 詳見後文「清儒易學——焦循」，再作進一步討論。

〔註10〕 詳見孔穎達《周易正義》序「第一論易之三名」，羅列諸家之說，計有《易緯》《乾鑿度》、鄭玄《易贊》、周簡子、「張氏」、「何氏」及孔穎達等人；大抵其根據，均取《繫辭傳》之言，而有所說明。

〔註11〕 參閱《易學哲學史》卷一「易緯和象數之學」。

列，通精無門，藏神無穴，不煩不擾，澹泊不失，此其易也。

變易者，其氣也，天地不變，不能通氣，五行迭終，四時更廢，君臣取象，變節相移，能消者息，必專者敗，此其變易也。

不易者，其位也。天在上，地在下，君南面，臣北面，父坐子伏，此其不易也。

所謂「易一名而含三義」中，爲易也、變易也、不易也；因其文字意義之改變，而有各種不同之範疇，本屬中國文字之特殊表現。〔註12〕今考其根據，應來自《繫辭傳》之說。《繫辭傳》第一章《周易正義》云：

乾以易知，坤以簡能。……易則易知，簡則易從。……易簡而天下之理得矣。（上第一章）

孔穎達《周易本義》云：「此第一章，明天尊地卑及貴賤之位，剛柔動靜，寒暑往來，廣明乾坤簡易之德。」蓋《易》之基本德性在於「簡易」，以「二分法」來理解天地萬象之安排，分成尊卑、剛柔、寒暑，而以乾、坤二體表現之；人們可從此基本德性，體察天地萬象，此即《乾鑿度》所言「易者其德也」。《繫辭傳》又云：

易之爲書也不可遠，爲道也屢遷，變動不居，周流六虛，上下無常，剛柔相易，不可爲典要，唯變所適。（下第八章）

「唯變所適」者，韓康伯注曰：「變動貴於適時，趣舍存乎會也。」蓋宇內萬物，因變而生，因變而成；盈虛消息，吉凶悔吝，莫非變也（簡師博賢語），是以《乾鑿度》言：「變易者，其氣也，天地不變，不能通氣。」若專執者必敗也。《繫辭傳》又云：

天尊地卑，乾坤定矣。卑高以陳，貴賤位矣。動靜有常，剛柔斷矣。（上第一章）

是言自然界各有其序，而此其秩序，乃天地創始以來即具備。《周易本義》曰：「此言張設布列，不易者也。」天地既有其序，人類社會亦應倣效；故設君臣之位、父子之親，以合乎天地不易之序。是《乾鑿度》所言：

不易者，其位也。天在上，地在下，君南面，臣北面，父坐子伏，

〔註12〕王初慶《中國文字結構析論》曾言：「在文字仍在孳乳分化的時候，語言早已成熟，爲了紀錄語言，一個字在本義以外往往包含了好幾個由本義或引申義擴充出來的一連串寓義。」見書第十章，頁216。文史哲出版社，民國78年4月四版。

此其不易也。即順天地不變之序，而展現人類社會體制也。〔註13〕

「易」字本義，從許慎《說文解字》：「易，蜥蜴、蝘蜓、守宮也，象形。秘書說曰，日月爲易，象侌易也。一曰從勿。」許慎列舉三說，所謂《秘書》者即是緯書，依其順序應以第一說爲是，而其餘二則爲保存闕疑，故段玉裁注云：「許先言本義，而後引秘書說。云秘書者，明其未必然也。」是易緯所說三義，已是後起之說，而易緯所根據之繫辭傳亦非本義矣！近代學者因甲骨文之出土，而有新的看法，高鴻縉先生《中國字例》：

> 按此爲乍晴乍陰之意。倚「日」畫雲掩，及光線露出之形。由物形「易」生意，故爲乍晴乍陰之意。動詞。甲文有「易日」「不其易日」等語。用易如賜。近人郭氏讀易爲暘。說文：「暘，日覆雲暫見也。」是其意也。惟易原意爲乍晴乍陰，故引申爲變易、交易，等意。」
> （第二篇）

是「易」字本義，確有變動不居之意，因此周人以占筮，猜測未知情事，而名之「易」，是采用此「易」字之義矣。而《乾鑿度》之理解引申，亦由此出發。後世學者均根據此說，而多加說明應用；如鄭玄作《易贊》及《易論》云：

> 易一而含三義。易簡一也，變易二也，不易三也。故繫辭云：「乾坤其易之蘊邪！」又：「易之門戶邪！」又云：「夫乾確然示人易矣。夫坤隤然示人簡矣。」「易者易知，簡則易從。」此言其易簡之法則也。又云：「爲道也屢遷，變動不居，周流六虛，上下無常，剛柔相易，不可爲典要，唯變所適。」此言順時變易，出入移動者也又云：「天尊地卑，乾坤定矣：卑高以陳，貴賤位矣，動靜有常，剛柔斷矣。」此其張設布列，不易者也。（王應麟輯本）

《周易正義》亦引用此說，並加描述：

> 夫易變化之總名，改換之殊稱，自天地開闢，陰陽運行，寒暑迭來，日月更出，孚萌庶類，亭毒群品，新新不停，生生相續，莫非資變

〔註13〕西漢儒者董仲舒《春秋繁露·玉杯篇》言：「春秋之法，以人隨君，以君隨天：……故屈民而伸君，屈君而伸天，春秋之義也。」所曰民、君、天三者之關係，已認爲爲不易之永久定義矣，故《乾鑿度》所言乃續董子之說。然此乃「不當之比附」：蓋天地之間爲自然之表現，人群之間爲價值之體現，兩者範疇不同，不可作一比附；且君臣之關係爲人類社會尊尊之制，父子之關係爲人類社會親親之情，兩者範疇不同，實亦不適作比附。此觀念源自簡師博賢，見《今存三國兩晉經學遺籍考》序文。

化之力，換代之功。然變化運行在陰陽二氣，故聖人初畫八卦，設
剛柔兩畫，象二氣也；布以三位，象三才也。謂之爲易取變化之義，
既義總變化，而獨以易爲名者。（第一論易之三名）

《周易正義》爲官定科舉之書，既經公佈，學者研讀，均接受此說；《易》一
名而含三義，乃形成共識。皮錫瑞特別標榜此論：

錫瑞孔穎達引證詳明，乾鑿度爲說易最古之書；鄭君兼通今古文之
學，其解易之名義，兼變易不易之說，鄭引易尤切實，是易雖有窮
變通久之義，亦有不易者在。（第一章）〔註14〕

不易者，乃道之本體；變易者，乃道之運用；本體確立，運用則隨「時」應
變。皮氏取之，有所說明，云「是易雖有窮變通久之義，亦有不易者在」，均
爲道之一體兩面，權變應世而已。而此共識，顯現出中國人的特殊思考模式，
並表現在群經之中。皮氏又云：

斯義，非獨易言之，群經亦多言之，而莫著於禮記。（第一章）

今考《禮記》傳曰：

立權量，考文章，改正朔，易服色，殊徽號，異器械，別衣服，此
其所得與民變革者也，其不可得變革者則有矣，尊尊也，親親也，
長長也，男女有別，此其不可得與民變者也。

在變與不變之中，或從時間上考量，或從空間上斷定，取得一普遍共識，而
作爲行止標準；改朝換代，制度表現，隨之更易，乃配合時代也；然尊尊之
等，親親之殺，人倫之大序，乃永不可改變也。又如《禮記・喪服小記》：

親親尊尊、長長、男女有別，人道之大者也。

不同篇章一再談到不變之禮，是以有言：「禮本於太一」而直接指導著人生；
《禮記・深衣》：

袂以圓應規，曲袷如矩以應方，負繩及踝以應直，下齊如權衡以應
平。故規者行舉手以爲容，負繩抱方者以直其政，方其義也。故易
曰：「坤、六二之動，直以方也。」

取《禮記》與《易經》之言，混合運用，已見斯理於群經之相通性。今考群

〔註14〕程石泉作《「易」這個觀念》一文中，認爲鄭玄誤解《乾鑿度》的意思，把一
易而含三義中的第一個觀念，作爲簡易來解，而認爲是有「創化」意，且孔
穎達亦以鄭玄意爲主。詳見《易學新探》一書，頁 57～70。黎明文化公司，
民國 78 年 1 月初版。皮錫瑞縱有誤判，但其用心不在此，而是在作爲經世致
用。詳後。

經記載，亦有所見：

> 《詩·小雅·北山》：「溥天之下，莫非王土；率土之濱，莫非王臣。」

> 《書·皋陶謨》：「天敘有典，勑我五典五惇哉；天秩有禮，自我五禮有庸哉。」

> 《左傳·襄公二十四年》：「德，國家之基也，有基無壞，無亦是務乎；有德則樂，樂則能久。」

> 《左傳·昭公二十五年》：「禮，天地之經也，地之義也，民之行也。」

> 《大戴記·哀公問於孔子》：「夫婦別，父子親，君臣嚴，三者正，則民從之矣。」

按，此皆不變之道，而散見於群經。蓋均重視政治上君臣之禮，及親情上父子之序。又有時變之理：

> 《詩·小雅·十月之交》：「高岸爲谷，深谷爲陵。」

> 《左傳·公三十二年》：「社稷無常奉，君道無常位。」

變與不變全在對事件之判斷，《左傳》「君道無常位」，乃言君倒行逆施，違背天理，已非人君所應有之態度，孟子云：「聞誅一夫紂矣，未聞弒君矣。」（〈梁惠王下〉）故推翻變之，以合乎天理不變之道；〈繫辭〉云：「爲變所適」，即此精意矣。皮錫瑞在此一變與不變之觀點下，最爲稱讚漢儒董仲舒，皮氏云：

> 董仲舒漢初大儒，深得斯旨，其對策曰：「道之大，原出於天，天不變，道亦不變。」又云「爲政而不行，甚者必變而更化之，乃可理也。」後人讀之，議其前後矛盾，不知子對策之意，全在變法，以爲舜繼堯後，大治有道，故可無爲而治；漢繼秦後，大亂無道，而漢多襲秦舊，故謂當變更化。（第一章）

董仲舒立「道」爲原則，而時代不同，事件考量理應不同，故應隨時而更變之，以合乎潮流；皮錫瑞注解董子之說，蓋在於提供，變法乃爲時代需要，變與不變，絕無矛盾之處。今考先秦諸子中，普遍有此思潮：孟子之「此一時，彼一時。」荀子之「天行有常，不爲堯存，不爲桀亡。」韓非子之「世異則事，事變則備變。」諸如此類思想表現，不勝枚舉。而皮錫瑞取董子之言，主要用心，則在面對，清末局勢，動盪不安，人心思變之際，而特標舉「易」義，告諸世人，此一變動時局，應重新體會，不應墨守成規，應釐清何者應變，何者不可變；以「通經致用」之精神，正是皮氏經今文家之用心。皮錫瑞說：

> 不變者道也，當變者法也，亦即易以變易爲義，而有不變者在也。
> 今之學者，不知窮變通久之義，一聞變法，群起而爭，反其說者，
> 又不知變易之中有不易者在，舉天地君臣子不可變者亦欲變之，又
> 豈可訓乎！（第一章）

而以「論易不易皆易之大義」，作爲易學開宗明義篇旨。

　　皮錫瑞述易學「變易不易皆易之大義」，雖有取證，然實有商榷之處。所謂有不變者，爲「易」之本體，此本體即是人體察天理而立之，見日月，寒暑循環不變，故人效法而設「禮」，蓋「禮」即是天理之顯現，《禮記》曰：「禮本於太一」，以「禮」視爲恆久之定義，認爲不可更改，視爲「不變」之道，而曰：「不易者，其位也。天在上，地在下，君南面，臣北面，父坐子伏，此其不易也。」（《乾鑿度》）又云：「禮，天地之經也，地之義也，民之行也。」（《左傳‧昭公二十五年》），忽略所謂「禮」，本是歷經各代損益而來，非「禮」即是不變之天理。荀子〈禮論篇〉：

> 禮起於何也？曰：人生而有欲，欲而不得，則不能無求，求而無度
> 量分界，則不能不爭。爭則亂，亂則窮。先王惡其亂也，故制禮義
> 以分之，以養人之欲，給人之求。使欲必不窮乎物，物必不屈於欲，
> 兩者相待而長，是禮之所起也。

禮乃先王，針對時勢，而定下之規矩，並非「本於太一」而不可更改。今人李雄揮先生作《哲學概論》，認爲倫理乃內心之法律，法律乃倫理外在之約束，而形成經過，是針對世局不斷之演變與協調，方成共識，是「約定俗成」也。〔註15〕皮錫瑞引用《乾鑿度》之說，所謂「君南面，臣北面，父坐子伏」，而主張是不變的眞理，而此一用心，乃針對孫中山先生，所倡之民主政治，認爲革命黨企圖推翻君主制度，是一種執「變」過當的作爲，非「易」道精神，故不可取；皮錫瑞又說：

> 畫卦之功首在厚君民之別，故曰：上天下澤，履，君子以辨上下，
> 定民志。而地天爲泰，天地爲否，似與此義相反，蓋泰之得在天地
> 交，否之失在天地不交。履以位言，泰否以情言；所謂言豈謂一端
> 而已。後世尊卑闊絕，而上下之情疏，禮節繁多，而君臣之義薄（四
> 語本蘇子瞻），昧者欲矯其敝，遂議盡去上下之分，豈知作易垂教所
> 以理人倫而明王道之義乎！（第二章）

〔註15〕詳見其書第四章，五南出版社。

「厚君民之別」正是皮氏之用心,而或以「位」言、或以「情」言,是其論變易不易的定義,並進一步,批評欲去「君臣之別」之推行者,不知理制。殊不知,皮氏等人,實習慣「以尊統親」之思考模式,而在長期的體制下,認爲無不當之處。〔註16〕再加上劉漢王朝的推波助瀾,更鞏固此一制度。徐復觀先生《兩漢思想史》說:

> 漢代封建,完全不曾繼承周代封建的有意義的一方面,有如由親親精神所制出的禮,緩和了君臣間的剋制性。……而僅繼承了封建的醜惡的。(《漢代專制政治下的封建問題》)

此一醜惡,即是「以尊統親」的擴大,視臣、視子、視婦,爲附屬品,此種思考模式,演變之後,而有「三綱」之說,「四從」之德;人人習以爲常,不以爲異,甚致有俗儒,把此種狀況,給予學理根據,而曰:「禮本於太一。」皮錫瑞雖是有靈活的應變知識,然與此類思考模式,相牴觸時,仍化展不開,而倡言不變之道。可見思想傳統,難以突破矣!

(二)周易其他精神

皮錫瑞「論變易不易皆易之大義」,概取《繫辭傳》之說,而應用於清末政治之指導;然《周》精神甚多,不僅皮氏所謂爲《易》之大義,其餘精神,亦甚重要,故拙文補述皮氏不足之處。依今本周易之內容,〔註17〕可從其排

〔註16〕所謂「以尊統親」者,簡師博賢明示曰:「夫周人建國,封建以序上下,而尊尊之道具;宗法以別遠近,而親親之義著。五等之位,尊尊之實也;是以上下之分定,而貴賤有位矣(案此即縱之排列)。五服之制,親親之本也;是以遠近之情判,而親親有殺矣(案此橫之排列)。尊尊親親並施,貴賤遠近交錯;所以綱紀群倫者盡之矣。故曰:『親親之殺,尊賢之等,禮所生也。』(《中庸》)是周人創制垂法,厥來有自矣。〈喪服小記〉曰:『親親尊尊,人道之大者也。』親親父母爲首,尊尊君天爲尚。蓋父親君尊,恩義有別。故凡以恩制者,皆由父而推之;所謂親親也。以義制者,皆由君而推之,所謂尊尊也。是以尊尊大義,莫尚於持尊;親親彝訓,莫重於執親。持尊者務崇威權,執親者獨尚情理;然威情異等,是尊親弗齊矣。周人建國,雖以仁讓開基;然外有荊蠻、玁狁之患,內則諸侯攻弒而不能討。天人熙熙,唯務尊權矣。夫尊尊之說盛,而親親之義微;是以親疏之情繫於上下之義,而尊以統親矣。觀乎父天之稱、君父之號,思過半矣。夫自周人尊親並施,而卒於持尊降親者;此誠世運之大變也。」見《今存三國兩晉經學遺籍考自序》。三民書局出版。

〔註17〕馬王堆漢墓出土的帛書本,其排列順序與通行本不同。帛書本以乾、艮、坎、震、坤、兌、離、巽爲八卦順序,將六十四卦分爲八組,第一組上卦皆乾,第二組爲艮,第三組爲坎……,每一組的下卦各按乾、坤、艮、兌、坎、離、震、巽的順序相配,使得出每一組的卦序,其結果順序爲:首卦乾,次卦爲

列順序，文字描述，見其基本精神。

　　1. 爻辭論各爻之吉凶時，常有「物極必反」的觀念。具體的說，即是卦象吉者，到最後一爻多半反而不吉；卦象凶者，有時反而吉。例如：

　　　　乾上九：亢龍有悔。

　　　　坤上六：龍戰于野，其血玄黃。

　　　　泰上六：城復于隍，勿用師，自邑命告，貞吝。

以上爲吉卦而最後一爻不吉之例。

　　　　否上九：傾否，先否後喜。

　　　　剝上九：碩果不食，君子得輿，小人剝廬。

　　　　睽上九：睽孤，見豕負塗，載鬼一車。先張之弧，後說之弧。匪寇，

　　　　婚媾，往，遇雨則吉。

以上爲凶危之卦而最後爲吉之例。

　　2. 除物極必反之觀點外，另有一判定吉凶之原則，亦常見於爻辭之中，此即「居中」之觀念。每一重卦，由內外二卦構成；故重卦六爻，第二爻與第五爻分別居內外卦之「中」；爻辭通例，二五兩爻大半皆吉。即在凶卦之中，二五兩爻之象亦照例較好。而在吉卦之中，則二五兩爻尤吉。此種重視二五兩爻之態度，即透露以中爲吉之原則。

　　3. 六十四卦組成，予以一定之排列，而又各定一名，代表一特殊意義，便含有宇宙秩序觀念。例如六十四重卦，以乾坤爲首，「乾」原義爲「上出」，故即指發生，「坤」原義爲「地」，即指發生所需之質料。以乾坤爲六十四卦之首，即是以能生之形式動力與所憑之質料爲宇宙過程之基始條件。又六十四重卦，以既濟未濟爲終。「既濟」是「完成」之意，「未濟」則指「未完成」。由乾坤開始，描述宇宙過程，至「既濟」而止，然宇宙之生滅變化永不停止，故最後加一「未濟」，以表示宇宙過程本身無窮盡。〔註18〕

　　4. 認爲天道和人事具有一致性。所謂天道，指自然現象變化的過程；卦爻辭中有些文句，既講自然現象的變化，又配以人事的變化。所以如此比擬，除文學方面的表現手法外，也含有一種觀點，即認爲二者存在著某種同一性，

否，爲遯，……最後一卦爲益。

〔註18〕引自勞思光先生《新編中國哲學史》卷一，第二章中之「易經中之『宇宙秩序』觀念」。

而將自然現象同人類生活聯繫起來考查，或借自然現象的變化說明人事活動的規則。例如：

> 大過九二爻辭：枯楊生稊，老夫得其女妻，無不利。
>
> 大過九五爻辭：枯楊生華，老婦得其士夫，無咎無譽。
>
> 小過卦辭：亨，利貞，可小事，不可大事。飛鳥遺之音，不宜上，宜下，大吉。

5. 認為人的生活遭遇可以轉化。周易的卦爻辭講到許多對立的事物。就卦名說，有乾坤、泰否、損益、既濟未濟等，就社會地位說，有王君、大人、小人、夫婦等。就生活遭遇說，有吉凶、得喪、利不利等。但是，周易認為有些事情，特別是人的生活遭遇，不是固定不變的，其對立面是可以轉化的，如泰否兩卦辭：

> 泰卦辭：小往大來，吉亨。
>
> 否卦辭：不利君子貞，大往小來。

此是說，大小往來是可以轉化，泰否、吉凶是可以轉化的。又如泰卦·九三爻辭：

> 無平不陂，無往不復；艱貞無咎。

因為吉凶、得喪是可以轉化，所以通過人的努力，可以改變自己的處境。如乾卦九三爻：

> 君子終日乾乾，夕惕若，厲，無咎。

此是說，終日小心警惕，雖處於厲境之中，可以無咎。此種增加人之主體力量，可以改變遭遇之觀念，正是龜卜時代所沒有之觀念；亦與周初「天命靡常」、「皇天無親、唯德是輔」等思考模式相似，強調人的力量。〔註19〕

6. 提供「憂患意識」之重要觀念，〔註20〕期勉時局憂困之時，需努力克

〔註19〕引自朱伯崑《易學哲學史》卷一，第一章中之「卦爻辭的世界觀」，其中指出三點，其第三點大意為：「認為人事之吉凶，對人有勸戒之意。」拙文於第三點未引蓋以可融入徐復觀先生所提之「憂患意識」內，故以之下文討論。朱先生所言第二點，可以印證《周易》稱「周」之另一含意，除《周易正義》所談的「地名」「普偏之義」外，亦可說「易」辭之觀念與周人之觀念類同，而與殷人不同，故稱之《周易》也。

〔註20〕徐復觀先生在《周初宗教中人文精神的躍動》所提之語。其言「憂患心理的形成，乃是從當事者對吉凶成敗的深思熟考而來的遠見，在這種遠見中，主要發現了吉凶成敗與當事者行為的密切關係，及當事者在行為上所應負的責任。

服；居安之時，應能思危以應。例如：

> 訟六三爻辭：食舊德，貞，屬終吉。
>
> 大有初九爻：無交害，匪咎，艱則無咎。
>
> 蠱初六爻辭：幹父之蠱，有子，考無咎，屬終吉。

是以後來的《易傳·繫辭下》曰：「易之興也，其於中古乎？作易者其有憂患乎。」又曰：「其出入以度，外內使知懼，又明於憂患與故。」即爲此精神明顯表現。

　　綜合上述所稱六點，均從《周易》卦爻辭之內容，或從其卦與卦之排列順序可見；此些觀念影響國人甚巨，是知《周易》之所以稱「經」，蓋有斯理也。

二、易爲指導人生義理作

　　皮錫瑞之易學，有一實際主張，即今文學家之「通經致用」說。是故皮錫瑞在推八卦起源時即曰：

> 讀易者當先知伏羲爲何畫八卦，其畫八卦有何用處。（第二章）

凡事之重點在於「爲何」，以及「何用」，要先知對於人事有何助益，方有探索之必要；而皮錫瑞所談之問題，早在西漢之際，學者即討論不斷。《易緯·乾鑿度》云：

> 孔子曰，上古之時，人民無別，群物未殊，未有衣食器用之利，伏羲乃仰觀象於天，俯觀法於地，中觀萬物之宜，於是始作八卦，以通神明之德，以類萬物之情；故易者，所以繼天地理人倫而明王道，是以畫八卦，建五氣，以立五常之行象；法乾坤，順陰陽，以正君臣父子夫婦之義。度時制宜，作爲罔罟，以佃以漁，以贍民用，於是人民乃治，君親以尊，臣子以順，群生和洽，各安其性，此其作易垂教之本意也。

依《乾鑿度》的理解，伏羲作易之旨，即在規畫人生秩序，而人生秩序乃遵循天地自然之運行，故曰「畫八卦，建五氣，以立五常之行象；法乾坤，順陰陽，以正君臣父子夫婦之義。」易學價值，在於使天人之間，有一融洽交

憂患正是由這種責任感來的要以己力突破困難而尚未突破時的心理狀態。所以憂患意識，乃人類精神開始直接對事物發生責任感的表現，也即是精神上開始有了人地自覺的表現。」收錄在《中國人性論史》。臺灣商務印書館。

流，而達到「群生和洽，各安其性」目的仍在指導人生義理。《易緯》之成書或流行在西漢末，然早在西漢初之學者陸賈《新語・道基篇》即云：

> 先聖仰觀天文，俯察地理，圖畫乾坤，以定人道，民始開悟，知有父子之親，君臣之義，夫婦之道，長幼之序，於是百官立，王道乃生。

陸賈言及「先聖」，不言「伏羲」，然大旨仍如《乾鑿度》所發揮。東漢班固之《白虎通》亦云：

> 古之時未有三綱六紀，民人但知其母而不知其父，能覆前不能覆後，臥之詓詓，起之吁吁，饑即求食，飽即棄餘，茹毛飲血而衣皮葦，於是伏羲仰觀象於天，俯察法於地，因夫婦正五行，始定人道，畫八卦以治天下。

言及聖人畫卦之前，及畫卦之後，從無知至有社會秩序，人倫之表現因而挺立。兩漢學者之所論易學功用，至此成為共識矣。〔註21〕清儒易學大家焦循，謂讀陸氏之言乃恍然悟伏羲所以設卦之故，故在《易圖略》中，更推闡其旨曰：

> 學易者必先知伏羲未作八卦之前，是何世界，伏羲作八卦重爲六十四，何以能治天下；神農堯舜文王周公孔子，何奉此卦畫爲萬古修己治人之道。孔子刪書始唐虞，治法至唐虞乃備也；贊易始伏羲，人道自伏羲始定也。有夫婦然後有父子，有父子然後有君臣，伏羲設卦觀象，定嫁娶以別男女，始有夫婦、有父子、有君臣，然則君臣自伏羲始定也，故伏羲爲首出之君，前此無夫婦父子，即無君臣。

（〈原卦第一〉）

主張伏羲畫卦之旨，即在「人文化成」之意，其後之各代聖人，完全在發揚此精神，使人類社會有男女、夫婦、父子、君臣、朋友等之五倫。

上述諸家，均爲皮錫瑞《易學通論》所稱引，是知皮氏亦主張伏羲畫卦，是人類從萬物中的不自覺一群，提升至自覺的地位。正如孟子所云：「人之異

〔註21〕皮氏又云：「《易緯・坤靈圖》曰：『伏羲氏立九部民易理。』《春秋緯・文耀鉤》曰：『伏羲作易名官。』《禮緯・含文嘉》曰：『處者別也、戲者獻也、法也。伏羲始別八卦以變化天下，天下法則咸伏貢獻，故曰伏羲也。』鄭君《六業論》曰：『處義作十言之教曰，乾坤震巽坎離艮兌消息，無文字謂之易，以厚君民之別。』鄭專以厚君民之別爲説，蓋本孔子云，君親以尊，臣子以順之義。」蓋均重伏羲作易之旨在指導人生義理。詳見《易學通論・論伏羲作易垂教在正君臣父子夫婦之義》。

於禽獸者幾希。」(〈離婁下〉)這種人禽之辨，先指出人之特殊性，而能發展出人類之社會。

　　此人類社會，最主要表現，即是社會秩序，此社會秩序，特別為孔子以下之儒家所重視。《論語‧顏淵篇》:「齊景公問政於孔子。孔子對曰:『君君，臣臣，父父，子子。』」又〈子路篇〉孔子要求「必也正名乎!」孟子分勞心者及勞力者;荀子有〈禮論〉、〈正名〉等篇之申論。〔註22〕有了此秩序，人可依其地位、身份，負責其義務，享受其權利;當初周公制禮作樂，作尊尊、親親之兩系統，本就在規畫社會秩序，孔子等人，循其精神，更給予實際化，使人類可依禮樂，表現最適切的動作。人類之尊嚴，由此顯現。

　　皮錫瑞更以社會秩序之重點，擺在「君民之別」，在上下有序中，才能各安其性，皮錫瑞說:

> 於是人民乃治，君親以尊，臣子以順，群生和洽，各安其性，此其
> 作易垂教之本意。(第二章)

而由此條件，發展出指導人生之義理。伏羲之後，文王、孔子，依循此精神發展。正如《漢書‧藝文志》所說:「人更三聖，世歷三古。」此部經典，是先聖所創，乃治國之依據，人類化成之藍圖。焦循《易圖略》說的好:

> 易之一書，聖人教人改過之書也。窮可以通，死可以生，亂可以治，
> 絕可以續，故曰為衰世而作。達則本以治世，不得諉於時運之無可
> 為;窮則本以治身，不得謝以氣質之不能化。孔子曰:「假我數年，
> 五十以學易，可以無大過矣。」此聖人括易之全而言之，又舉恆九
> 三:「不恆其德，或承之羞。」斷之云:「不占而已。」占者、變也;
> 恆者、久也;羞者、過也。能變通則可久，可久則無大過，不可久
> 則至大過，所以不可久而至於大過，由於不能變通，變通者改過之
> 謂也。此韋編三絕之後，默契乎羲文之意，以示天下後世之學易者，
> 舍此而言易，詎知易哉。(〈時行圖第三〉)

教人改過，使人能趨吉避惡。更重防患未然之道，使人能具備更多之知識，能處理變通之際，尋求應變之旨。孫奇逢《語錄》亦云:

〔註22〕先秦諸子之用心，在面對「周禮疲弊」，所引發之價值改變，而人心失落;是以從孔子起至韓非止，其重點均可謂在「正名」，以重新建立新秩序。詳見牟宗三先生《中國哲學十九講》第三章「中國哲學之重點以及先秦諸子之起源問題」。臺灣學生書局出版，民國 78 年 2 月第 3 次印刷。

> 易之大綱曰：聖人貴未然之防。蓋古今治亂，只在君子小人。復，
> 言七日來復，是關之於未然。臨，言八月有凶，是闔之於未然。故
> 邵子曰：易者，聖人長君子、消小人之具也。(《清儒學案》卷一引)

蓋易學之道，在指導人類成為君子，而遠小人。因此，皮錫瑞深切讚許伏羲
作易，所立下為指導人生之大綱領。《繫辭傳》云：

> 古者包犧氏之王天下也，仰者觀象於天，俯者觀法於地，觀鳥獸之
> 文，與地之宜，近取諸身，遠取諸物，於是始作八卦，以通神明之
> 德，以類萬物之情。

「通神明之德」，在測知未來，趨善避惡；「類萬物之情」，在正社會秩序，厚
君民之別。《繫辭傳》之文，正是皮錫瑞「易學」的最佳注腳。

或有云：「易為卜筮作，非為義理作。」《朱子語類》曰：

> 今學者諱言易本為占筮作，須要說做為義理作。若果為義理作時，
> 何不直述一件文字，如中庸大學之書，言義理以曉人？須得畫八卦
> 則甚？周官唯太卜掌三易之法，而司徒，司樂、師氏、保氏諸子之
> 教國子、庶民，只是教以詩書，教以禮樂，未嘗以易為教也。(同卷
> 第六十六‧卜筮)

朱子並非不知伏羲之易，蘊藏有義理在，論及《伊川易傳》時，稱其「大義
極精」，然而「只於易文義，多有強說不通處」，是以朱子作《周易本義》強
調「易為卜筮之書。」然朱子此說，未見其理據！《繫辭傳》云：「包羲始作
八卦，以通神明之德，以類萬物之情。」既要通神明，類萬物者，必有義理
口授相傳；且「易」以卜筮，表現其理，必有其意；《四庫提要》曰：

> 聖人覺世牖民，大抵因事以寓教；詩寓於風謠，禮寓於節文，尚書
> 春秋寓於史，而易則寓於卜筮。故易之為書，推天道以明人事也。」
> (〈易類〉)

因事以寓教，在使學者，更容易理解，故焦循《易圖略》亦說：

> 易之用于筮者，假筮以行易，非作易以為筮也。(〈原筮〉)

《四庫提要》與焦循，二家之說，均在批評朱子之誤；卜筮乃《易》表現「神
道設教」，非「易」即為卜筮，二者表象似是類同，然主從順序不可亂；朱子
判斷錯誤，亦良有因也。皮錫瑞曰：

> 孔子見當時之人，惑於吉凶禍福，而卜筮之史，加以穿鑿傅會，故
> 演易繫辭明義理，切人事，借卜筮以教後人，所謂以神道設教，其

所發明者，實即羲文之義理，而非別有義理，亦非羲文並無義理，
至孔子始言義理也。當即朱子之言而小變之曰，易爲卜筮作，實爲
義理作，伏羲文王之易有占而無文，與今人用火珠林起課者相似，
孔子加卦爻辭如籤辭，純以理言，實即羲文本義。則其說分明無誤
矣。（二十七章）

是知皮錫瑞氏用心，在以周易具備人生義理，然深恐學者輕易視之，故以卜
筮表現之，使學者在崇拜中知習人生義理，此所謂「神道教設」，且內容足以
支應任何時局矣，決非如朱子所言「易爲卜筮作」，無關於人生義理矣！

第三節　易說多依託不當崇信僞書

注解周易之書「汗牛充棟」，幾乎歷代學者，均有涉獵；以周易爲「五經
之原」，是明識學術之鑰，亦爲修身之指南。〔註23〕歐陽修《易童子問》曰：
「大抵學易者，莫不欲尊其書，故務爲奇說以神之。」故注解周易之書愈多，
而後學者愈迷惑也。《四庫提要》云：

易道廣大無所不包，旁及天文地理樂律兵法韻學算術，以逮方外之
爐火，皆可援易以爲說，而好易者又援以入易，故易說愈繁。（《易
類總敘》）

幾乎任何學科，均能與易學牽聯，而能言之成理。雖說易道廣博，無所不包，
然而學者爲炫其所學，凡事均言，源之易學，是以易說愈多，而愈遠聖人作
易之旨矣！聖人作易，乃爲「指導人生義理」，此一大原則方是易學主旨；後
學者遠此大原則，純粹誇耀其學，又欲尊周易之書，故神其說，以增後人堅
信也。

皮錫瑞以經今文學觀點，論易說之繁盛，其言「易說多依托，不當崇信
僞書。」（二十六章標題）又言「說易之書最多，可取者少。」（二十八章標
題）蓋有其價值判斷矣。皮錫瑞曰：

當知經爲孔子所定，孔子以前不得有經。（《經學通論・序》）

又曰：

〔註23〕唐君毅先生嘗云昔人予易經文，終難有圓滿之解釋，而後人仍不斷求新解釋
者，實此書有一吸引人之審美，及可引起人之作形上觀照、辨道德倫理政治
上之是非善惡等等興趣；故學者多參研之。詳見《中國哲學原論原道篇二》，
第六章「漢代易學中之易道及其得失與流變」。

孔子所定謂之經，弟子所釋謂之傳，或謂之紀，弟子展轉相授謂之說。惟詩、書、禮、樂、易、春秋六藝乃孔子所手定，得稱爲經。(《經學歷史·經學流傳時代》)

是知所謂「經書」，當以此標準衡量。依皮錫瑞之意，周易卦爻辭爲孔子所作，故可稱爲「經書」，然孔子作卦爻辭，其精神上承伏羲作易八卦之旨，乃在「指導人生義理」而作，並未旁及天文地理等術數；但易義廣博，致使學者難識，孔子以其清明之心，上承伏羲，作卦爻辭，發揮斯義。皮錫瑞又云：

> 易義無所不包，又本卜筮之書，一切術數皆可依託，或得易之一端，而要不足以盡易，雖云密合，亦屬強附。

> 如京房卦氣，原出歷數。(唐一行言歷引孟喜卦氣) 楊雄太元推木渾天，其數雖似巧合於易，實是引易以強合其數。孔子作易，當時並不知有漢歷，謂孔子據漢歷作易，斷斷乎不然也。

> 陳摶龍圖，本是丹術，邵子衍數，亦原道家，其數雖似巧合於易，實是引易以強合其數，孔子作易，當時亦不知有道書，謂孔子據道書作易，斷斷乎不然也。(俱見二十八章)

蓋依皮氏之理解，孔子易學精神，乃在顯示「人生義理」，且要能「通經致用」，然觀此諸家之說，均純粹在求養生之旨、或是誇飾其學，並不能合乎孔子易學精神之標準，是以皮錫瑞又云：

> 此兩家準之孔子作易之旨，既皆不然，則其學雖各成一家，皆無關於大義。漢學誤於讖緯，宋學亂於圖書，當時矜爲祕傳，後儒不得不加論辨，今辨之已晰，人皆知其不關大義，學者可以不必誦習，亦不必再加論辨矣。(同上)

蓋孔門精神，是皮氏論學之重心，亦是衡量價值之所在。衡視漢代之讖緯、宋之圖書學，此二家派亦有其見地，然其遠離易學用心，實是「附易立說」之作，與易學精神無相關也，是以皮錫瑞言「學者可以不必誦習」，大旨乃謂，本是不同之學理，不需比附而顯其壯；胡渭《易圖明辨》說的好：「合之則兩傷，離之則雙美。」(〈序〉) 斯言甚確矣！

今考上自《漢書·藝文志》，有《六藝略》之《易經略》，有《數術略》之《筮龜略》；雖其書均取「易」爲書名，然依班固之意，已知其一爲解易之作，其一爲筮術之作，其一爲筮術之作，是以不得等同視之。歷代編目錄之學者，均能掌握此精神，而不致混淆。是以皮錫瑞贊曰：

其餘一切術數風角壬遁，實有徵驗，丹鼎爐火，亦足養生，其書亦
或假易爲名，要不盡符於易理。參同契見引於虞氏，而專言坎離
之旨，已與易重乾坤不同，陰陽五行著龜雜占，漢書藝文志別出之
於後，未嘗以溷於易，誠以先聖大義，非可以九流眾技參之；即著
龜十五家，實爲卜筮之書，而但言占法，不言義理，亦不得與易十
三家並列於前，古人別擇之嚴如此，所以尊經又重道也。（同上）

至於清儒所編之《四庫全書》，其所持之精神，更是皮錫瑞最遵循，奉爲圭臬。
《四庫提要》曰：

今所編錄，於推演數學者略存梗概，以備一家，其支離漫衍，不附
經文，於易杳不相關者，則竟退於術數家，明不以魏伯陽陳摶等方
外之學，淆六經之正義也。（《易類後敍》）

此類主張，正在釐清學術大旨，家派學術有別，不得溷經學之正統；皮錫瑞
亦說：

四庫全書經部，惟易經爲最多，提要別擇之亦最嚴，存目之外，又
別出術數，不欲以溷經也。（二十八章）

蓋不欲溷經，正是要嚴守其經學立場，推崇孔子學術之最具體表現也。

然歷代易學家，爲了神炫其說，不惜引用僞書之說，企圖標榜其學，而
遠離皮錫瑞所稱之《易學正傳》，皮氏稱此爲《易學別傳》。皮錫瑞云：

困學紀聞云：「經說多依託，易爲甚。子夏傳，張弧作也；關子明傳，
阮逸作也；麻衣正易，戴師愈作也。」錫瑞案關子明、麻衣正易，
朱子答李壽翁，明言兩書皆是僞書，關子明易是阮逸僞作，陳無己
集中說的分明，麻衣易乃是南康戴師愈作，今兩書已罕見稱述，惟
子夏易傳見隋唐志，劉知幾辨其僞，晁以道以爲唐張弧作；朱彝尊
經義考證，以陸德明李鼎祚王應麟所引，皆今本所無，不但非子夏
書，並非張弧書，或以爲漢杜子夏作，又或以爲韓嬰丁寬，皆傅會
無據，不足辨。（二十六章）

蓋僞書混亂學術史之推演，使後人無以識時代之眞像；是以皮氏用其觀點，
破除盲點，稱《子夏易傳》、《關子明傳》、《麻衣正易》等書實乃僞書，前賢
已辨正，後學者不應又論及，迷亂學術治世用心。又如「連山、歸藏」，學者
又以出周易之前，時代久遠，而特加標榜，皮氏乃評其非，皮錫瑞曰：

而論易之僞託，尚不止此數書，如連山歸藏，漢志不載，歸藏或以

> 爲晉薛正所得，或以爲唐長孫無忌所得；連山隋劉炫作，鄭樵信以
> 爲眞。不知連山歸藏，與易無關，非由孔子所定，其眞其僞，皆可
> 不論。（同上）

蓋早在《漢書·藝文志》，已無記載有關連山、歸藏二書之書名或內容，且此
二書又非孔子所定，與經學範疇不合，實不需加以論述。故皮錫瑞評之「其
眞其僞，皆可不論」。皮氏又說宋圖書學不可信據，亦是由此觀點，皮氏曰：

> 先天後天之圖，漢以來所未見，宋陳摶始創爲龍圖，朱子以龍圖爲
> 僞，更求眞圖；不知此皆道家修煉之圖，與易無關，非由孔子所定，
> 其眞其僞，更可不論，高明好奇之士，不知「經」皆孔子所定，凡
> 出於孔子之後者，不得爲「經」，即出於孔子之前者，亦不得爲「經」。
> 聖人則河圖洛書，繫辭傳明言之，然聖人既則圖書而作易，學者但
> 求之於易，不必求之圖書；猶春秋本魯之春秋，孟子亦明言之，然
> 聖人既據魯史而作春秋，學者但求之春秋，不必求之魯史。莊子云：
> 筌者所以得魚，得魚而忘筌；蹄者所以得兔，得兔而忘蹄；河圖洛
> 書與魯春秋，正莊子筌蹄之類也，後儒不明此旨，惜圖書不可見，
> 惜未修春秋不可見，不思孔子之經且未能明，何暇求之孔子之前，
> 求之不得，或且以僞應之；如連山歸藏河洛之圖，皆無益於經，而
> 反泊經義，豈非高明好奇之過哉！（同上）

皮氏譏學者好古過甚，以古爲優爲準；殊不知，縱使書在孔子之前，然未經
孔子「微言大義」之賦與，實未具價值可言；況且此類之書，已經證明乃後
人所托，更不值一晒。蓋此類「附易立說」，充其量不過如歐陽修所說「務爲
其說以神之」之舉，與學術無關緊要；皮錫瑞批評，是爲其慧識也。

第四節　解易之途逕

一、象數與義理

　　《四庫提要》嘗言易有「兩派六宗」，其所謂兩派者，漢之象數也，宋之
義理也。〔註24〕皮錫瑞論易學分派，大旨亦宗之。皮錫瑞論「易」，主「易爲

〔註24〕屈萬里先生則謂：「象數義理圖書三者而已。」亦爲舉其大舉，是爲一說，然
　　　　仍在「六宗」之內，實亦不必多加區分；但屈先生或有其用心，蓋圖書學，
　　　　在民間影響甚大，而紀昀以從政學者立場，自不會重視民間習俗，且其漢學

指導人生義理作」（前已述）是以特別標榜孔子易學，戰國時其之「荀子」「呂覽」，及西漢初諸子、魏王弼、宋程傳諸家之易學主張，蓋諸賢多能從此角度切入，合乎皮氏「通經致用」之要求；然細繹整部周易，皮氏又不得不承認，「易」除明義理之外，仍有象數之學（後敘）。章如愚《群書考索》：

> 三易同祖伏羲，而文王之易獨以理傳。五家同傳周易，而費氏之學獨以理傳。馬王諸儒同釋易之學，而王弼之注獨以理傳。然則明易之要，在理而已矣。以象談易，占筮者之事也；以數談易，推筮者之事也；以理談易，學士大夫之事也；然而不可不兼也。（續集卷之一）

以理說「易」，雖是學者共識，然象數亦不可忽視。蓋「數」變者「象」易，「象」改易者「理」亦變，是「理」乃「易」之本質，「象數」爲「易」之表現，均爲周易「推象通辭」之條件，未可一例並論，徒爲甲乙也。〔註25〕

（一）象　數

象數既爲「易」之表現，則皮錫瑞雖主張「易爲指導人生義理作」，仍不得忽視象數之學，皮錫瑞云：

> 王注程傳，說易主理，固不失爲易之正傳，而有不盡滿人意者：則以王注言理不言象，程傳言理不言數也。（二十二章）

王弼、程頤言易學，雖能貼切於人生義理，然不言象數，則亦不盡滿人意者。蓋象數與義理之源承，本在伏羲作易，即賦有此理趣，而逐漸發展，至孔子時，完成此一架構，皮錫瑞說：

> 易本卜筮之書，伏戲畫卦，文王重卦，皆有畫而無辭，其所爲通神明之德，類萬物之情者，當時必有口說流傳：卜人筮人，世守其業，傳其大義，以用以卜筮。學士大夫，鮮有通其說者，但以爲卜筮之書而已。至於孔子乃於卦爻各繫以辭，又作象象文言以解其義，而易本卜筮之用，不得專以空言說之，孔子欲借卜筮以教人，不能不借象數以明義，若但空言說理，孔子自可別撰一書，何必託之於周易乎。（同上）

依皮氏之理解，倘若孔子欲談義理，大可別著一書，何必借伏羲之易、文王之六爻，而費盡心思，融入義理；蓋此部占筮之書，實已寓有伏羲之理念，

家主張，本鄙斥宋學。屈先生語引自《先秦漢魏易例述評》自序。

〔註25〕見簡師博賢《魏晉四家易研究》序文。文史哲出版社。

而經孔子之論。阮元《揅經室集》：

> 庖犧氏未有文字，始畫八卦，然非畫其卦而已，必有意立乎卦之始，
> 必有言傳乎畫之繼。（〈易書不盡言言不盡意說〉）

是知言有盡而理無窮，孔子假《周易》一書以闡發人生義理，乃深恐人不易
受教，故以神祕占卜之書，以「神道設教」作為手段，陸世儀《思辨錄輯要
後集》：

> 易稱卜筮之書，聖人所以前民用，至於君子則無待卜筮者；易之吉
> 凶，不過決於理之是非，民不知理，故聖人教以卜筮。君子明理，
> 理之所是則趨之，理之所非則避之，死生利害，固有不計者。（《清
> 儒學案》卷四引）

蓋小人由此神秘之道，以進入聖人所欲說明之理，實是聖人權宜之計；至於
君子，則能直接體會聖人之旨，明象數占筮之由也。故以象數闡發義理，至
孔子時，發展而成熟。象數之學，實周易本具有。皮錫瑞亦云：

> 象數已具於易，易之言象詳於說卦，乾為馬，坤為牛，及乾為天，
> 坤為地之類是也。易之言數，詳於繫辭傳，天一地二天數五地數五
> 之類者。易之言象已具，則不當求象於易之外；易之言數已具，則
> 不當求數於易之先。（二十章）

是以其對漢儒易學，宋儒易學，因脫出此範圍，而暢談象數，實無一可取之
處。顧炎武《日知錄》曰：

> 夫子作傳，傳中更無別象，荀爽虞翻之徒，穿鑿附會，象外生象，
> 以同聲相應為震巽，同氣相求為艮兌，水流溼火就燥為坎離，雲從
> 龍則曰乾為龍，風從虎則曰坤為虎，十翼之中，無語不求其象，而
> 易之大旨荒矣。（《皇清經解》卷十八）

皮錫瑞認同此說，以漢儒過度求之象數，而穿鑿附會，反失其義理所在；皮
錫瑞又論宋儒之謬，其曰：

> 繫辭傳曰：「河出圖，洛出書，聖人則之。」又曰：「古者包犧氏之
> 王天下也，仰則觀象於天，俯者觀法於地，觀鳥獸之文，與地之宜，
> 近取諸身，遠取諸物，於是始作八卦。」是包犧作八卦，並非專取
> 圖書，況圖書自古不傳，秦不焚易，無獨焚其圖書之理，何以漢儒
> 皆不曾見，乃獨存於道家。自宋陳摶創說於前，邵子昌言於後，其
> 傳之者，或以河圖為九，洛書為十，或以河圖為十，洛書為九，說

又互異，而皆有圖無書。(二十章)

蓋宋圖書學爲了標榜淵源，不惜比附《繫辭傳》，以神妙其說。是漢宋二家，乃騁學問才識，而非解易之作，是以皮錫瑞以「論象數已具以易，求象數者，不當求象於易之外，更不當求數於易之先。」作爲標題，以評漢易與宋圖書學。《四庫提要》：

> 案盈虛消息，理之自然也，理不可見，聖人即數以觀之，而因立象
> 以著之。以乾一卦而論，積一至六，自下而上者，數也；一潛二見
> 三惕屬四躍五飛六亢者，理也，而象以見焉。至於互體變爻，錯綜
> 貫串，易之數無不盡，易之理無不通，易之象無不該矣左氏所載即
> 古占法，其條理可覆案也。故象也者，理之當然也，進退存亡，所
> 由決也；數也者，理之所以然也，吉凶悔吝，所由生也。聖人因卜
> 筮以示教，如是焉止矣。(《易類結論語》)

所謂「象也者，理之當然也」，正是皮錫瑞所堅持「象數爲易所具」，不得附會矣；皮氏之理據，在《四庫提要》語，已有明顯論述。然皮氏另有用心，即在批評朱子「易爲卜筮作，非爲義理作。」之主張，而倡言「易爲卜筮作，實爲義理作。」

（二）義 理

朱子在其《語類》中，屢言《易》爲卜筮而作，其中若有義理，亦是後人添加，而絕非伏羲作易時本有，其曰：

> 易爲卜筮作，非爲義理作，伏羲之易，有占而無文，與今人用火珠
> 林起課者相似，文王周公之易，爻辭如籤辭，孔子之易，純以理言，
> 已非羲文本意；某解易，只用虛字去迎過意來便得。(卷六十六卜筮)

依朱子之意，伏羲作易，其本意爲卜筮，乃純粹用爲知未來、避吉凶，與後來者如「火珠林」算命書之類相似；至孔子時，方融入哲理，以爲指導人生之用；然孔子之意，實非伏羲本意矣。朱子又曰：

> 今學者諱言易本爲占筮作，須要說做爲義理作。若果爲義理作時，
> 何不直述一件文字，如中庸大學之書，言義理以曉人？須得畫八卦
> 則甚？周官唯太卜掌三易之法，而司徒，司樂、師氏、保氏諸子之
> 教國子、庶民，只是教以詩書，教以禮樂，未嘗以易爲教也。(同上)

朱子認爲，學者否認「易」爲占卜之作，而主張涵藏義理，以增其哲理性；然朱子則以爲，若欲談義理，何必要借占筮爲體，可以直接以文字表現之，

如《中庸》、《大學》二篇文章，其談天人之際，哲理明現，學者易識，實不需再由占卜爲之矣。皮錫瑞對於朱子之說，頗不以爲然，其云：

> 案朱子以易爲卜筮作，非爲義理作，其說大誤，然其誤亦有所自來，伏羲畫卦，雖有占而無文，而亦寓有義理在內，繫辭傳謂包羲始作八卦，以通神明之德，以類萬物之情。所謂通神明類萬物者，必有義理，口授相傳。（二十七章）

雖無文辭，然不代表即無義理存在；蓋以伏羲睿智，既能畫卦，亦必有其畫卦之理由，此一理由，已在一陽一耦之間，並口授以傳，皮氏進而引焦循《易圖略》之辭曰：

> 伏羲畫八卦，重爲六十四，其旁通行動之法，當時必口授指示，久而不傳，文王周公以辭明之，即明其當日口授指示也，學者但觀其卦，則此三百八十四畫，遂成一板而不靈之物，如綦有車馬炮卒士相帥將，按圖排之，必求之於譜，乃知行動之法，其精微奇妙，存乎其中；若舍去譜而徒排所謂車馬炮卒士相帥將，不敢移動一步，又何用其爲綦也。六十四卦，車馬炮卒士相帥將；文王周公孔子之辭，譜也。不於辭中求其行動之用，是知有綦而不知有譜者也。（二十七章）

里堂以爲一陰一陽中之爻體，並非固定執著不變，且卦爻辭亦非膠著於某卦爻而不變，實暗藏精微其妙之理，待用心求之、體會之也。皮錫瑞相當認同焦循論卦爻辭之間，深藏義理之觀點，〔註26〕並根據其說而云：

> 據（焦循）其說，可知伏羲作易垂教，當時所以正人倫，盡物性者，皆在八卦之內，意必有義說，寓於卜筮，必非專爲卜筮而作；文王重卦其說加詳，卜人筮人口授相傳，以其未有文辭，故樂正不以教士，然其中必有義理，不可誣也。（二十七章）

不可因當時保氏等諸師未教習於弟子，而認爲「易」未有義理，朱子之說，實有待議論也。皮氏又曰：

> 孔子見當時之人，惑於吉凶禍福，而卜筮之史，加以穿鑿附會，故

〔註26〕皮錫瑞主張卦爻辭爲孔子所作，是以論焦氏之說曰：「焦氏之說極通，惜猶拘於舊說，以爲伏羲重卦，文王周公作卦爻辭。若更定之，於重爲六十四加上文王二字，文王周公以辭明之，改爲孔子以辭明之，文王周公孔子之辭，去文王周公四字，則更合矣。」詳見拙文第四章第一節第四目「孔子易學及其衍傳之精神」。

演易繫辭明義理，切人事，借卜筮以教後人，所謂以神道設教，其
所發明者，實即羲文之義理，而非別有義理，亦非羲文並無義理，
至孔子始言義理也。當即朱子之言而小變之曰，易爲卜筮作，實爲
義理作，伏羲文王之易有占而無文，與今人用火珠林起課者相似，
孔子加卦爻辭如籤辭，純以理言，實即羲文本義。則其說分明無誤
矣。（同上）

皮錫瑞以爲，孔子見「易」道淪落，後人不復識伏羲易理精神，故繫辭於卦
爻之下，使人得明見易學之眞精神；然孔子上承伏羲作「易」本旨，續文王
重卦精義，是一歷史精神之事實；朱子欲還《周易》本意，而否認聖人相承，
實不知易理也。皮錫瑞強調「易爲卜筮作，實爲義理作」，不取朱子之說也。
〔註27〕

（三）象數與義理之關係

清儒徐養原《頑石廬經說・易論》云：

夫易之異於他經者，在數不在理，以理言易，則易與論語、孝經無
異，讀論語孝經足矣，何讀易！爲今人，但知讀詩，不知誦詩；但
知讀禮，不知執禮；但知讀易，不知占易；以是爲，經學其古人之

〔註27〕在皮錫瑞之前，反對朱子說者，如王船山曰：「伏羲氏始畫卦，而天人之理盡
　　　在其中矣。上古簡樸，未遑明著其所以然者，以詔天下，後世幸筮氏猶傳其
　　　所畫之象而未之亂。文王起於數千年之後，以不顯亦臨，無射亦保之心，得
　　　即卦象而體之，乃繫之彖辭，以發明卦象得失吉凶之所緣；周公又即文王之
　　　象，達其變於爻，以研時位之機而精其義。孔子又即文周象爻之辭，贊其所
　　　以然之理，而爲文言與彖象之傳，又以其義例之貫通，與其變動者，爲繫傳
　　　說卦雜卦，使占者學者得其指歸，以通其殊致。蓋孔子所贊之說，即以明象
　　　傳象傳之綱領，而彖象二傳即文周之象爻，文周之象爻即伏羲氏之畫象。四
　　　聖同揆，後聖以達先聖之意而未嘗有損益也。」（《周易內傳發例》）是理緒乃
　　　由一脈相傳，各憑時代去發揚，然基本「天人之理」已在伏羲時涵盡。王船
　　　山此言，明顯得見，乃針對朱子之言而發。
　　　李恕谷亦有如此意見：「伏羲作卦而文王之象因之，周公之象因之，孔子之傳
　　　又因之；學者須先觀玩畫卦，次及卦名，不得誦辭乃忘原本。」（《周易傳註
　　　凡例》）
　　　反對朱子意見者，大抵均爲清儒，然先前亦有主朱子之學者，如元胡一桂《翼
　　　傳舉要》：「易所以知爲卜筮書者，以周禮三易皆掌於太卜之官而知之。」（《易
　　　爲卜筮書》）又說：「論語引恆卦，不恆其德，或承之羞之辭，而繼之以子曰，
　　　不占而已矣者，又足以見夫子謂人不知尚占之學，故不識不恆其德，或承之
　　　羞之辭之義，是則，夫子專以易爲尚占之書又可見矣。」（《本義啟蒙主卜筮》）
　　　正反理由，各有根據；而皮錫瑞，處在清儒學術洪流中，持反對朱子說辭。

糟也夫！（《續皇清經解》卷五二六）

徐氏以為，易道精神在「數」不在「理」，若純粹言理，則與論語、孝經何異；徐氏此言與朱子所言相似（上已述），雖非確論，然以《易》之異於他經，其表現方式以「數」為之，確實與其他經書不同之處；《四庫提要》亦說：「聖人覺世牖民，大抵因事以寓教；詩寓於風謠，禮寓於節，書春秋寓於史，而易則寓於卜筮。」（《易類總論》語）因此皮錫瑞雖重視《易》之義理，然亦不得忽略象數。

皮錫瑞雖言：「平心論之，說易不可盡掃象數，亦不可過求之象數。」以象數之學，在《周易》本文已見，因此學者不可求易之外、易之先。而朱子《語類》亦有評論之辭：

> 易之為象，其取之有所從，其推之有所用，非苟為寓言也。然兩漢諸儒，必欲究其所從，則既滯泥而不通。王弼以來，直欲推其所用，則又疏略而無據。二者皆失之一偏，而不能闕其所疑之過也。（卷六十八）

然各家實不知易學之象數與義理之關係也。蓋易之本質為義理，而其表現為象數；並非象數派要屏棄義理，而義理派不需象數。蓋以象數說者，得其所據；以義理說者，得其所本；二者絕不可偏廢。簡師博賢著《虞翻易學研究》一文中，發揮斯理，最為暢明，今轉述如下，以見皮錫瑞似是而非之論斷。簡師博賢曰：

> A. 左傳僖公十五年載韓簡之言曰：「龜，象也；筮，數也。物生而後有象，象而後有滋，滋而後有數。」蓋謂先象後數，而數由象生；此相傳之古義。虞氏諸儒一反其說，而推卦爻之數以求象，是象由數出，而先數後象；故數變而象易。乾二五之坤成坎，而牛變為豕；坎二至四互震為龍，三至五往艮來，而龍變為狗；所謂推卦爻之數以求象，故數變而象易也，易繫辭上傳云：「極其數，遂定天下之象。」是其義也。今考虞氏易說，若半象、若旁通，與夫互體、卦變，莫非植基斯義而成其易例；所以集象數易家之大成也。繫辭傳云：「八卦成列，象在其中矣。」是象寓於卦中也。卦由爻成，其數則初二三四五上；爻位異陳，而卦有異象矣。說卦傳云：「觀變於陰陽而立卦。」陰陽者，九六之數也，九六數變而卦立，是數以定象；象由數出也。西儒畢達哥拉斯氏

嘗謂數爲萬象之源，蓋數有奇耦；奇耦離合，殊象滋生；猶是推數成象之義，與漢儒之說，實深契合矣。

B. 卦有卦辭，辭以說卦；若「亨，利用獄」，所以論謂🄫（噬嗑）之卦也。是「亨，利用獄」爲能謂，而🄫（噬嗑）爲所謂。「能」「所」間之綰合，或爲必然（如分析命題之謂詞，其義爲主詞所含；故其關係爲必然之聯結）；或爲偶然（如綜合命題之謂詞，其義不爲主詞所有，故其關係爲偶然之聯結）。必然者，其義必眞；偶然者，其義偶然眞也。聖人畫卦繫辭，彝訓遂定。然卦，畫而已，有爻無字；是無由窺測卦、辭之合爲必然之理；而彝訓垂教者，亦不必信守而弗渝矣（未能明其必然，則是偶然也；偶然者，是非未定耳）。易道存廢，厥在必、偶之間耳。虞氏諸儒，推數後象以驗易辭之義實卦所本有者；正所以推證「能」「所」之必然關係，以明此卦之必有此辭，而此辭之義爲必燃然之眞也（即推證卦辭之義，含於卦畫之中；則卦與辭成一分析命題，故其義爲必然眞。）其說立而易道定矣。虞氏說易，廣設義例，務闡此義；所以論卦、辭之一體，蓋實研易之本也。故其說既違孟、京，復異王、韓。蓋孟京之學，特假易以鳴其占驗之術；而王、韓之說，但據辭申義以成其義理之學。各擅所造，故殊尚而異趨也。（《虞翻易學研究》）

是以同樣用象數，以論易之漢易學家，實有內涵上的不同。皮錫瑞引顧炎武《日知錄》之語，而一概等同視之而論，其曰：

夫子作傳，傳中更無別象，荀爽虞翻之徒，穿鑿附會，象外生象，以同聲相應爲震巽，同氣相求爲艮兌，水流溼火就燥爲坎離，雲從龍則曰乾爲龍，風從虎則曰坤爲虎，十翼之中，無語不求其象，而易之大旨荒矣。

就象數之學，混合而論之，不知漢易實有附易立說，及推易正法二家；譏論陰陽災異等附易立說者，自是正論，然如一概掃之，是又走回王弼之路，而不自知矣！簡師博賢曰：

夫盈天地者，莫非象也；而象無定住，是理有分殊矣。蓋風雷幻變，以感而應；日月盈虧，以象而著。是知觀象於天者，不廢感、應之思；而究其分殊之理也。聖人觀象畫卦者，蓋畫其感、應之思，而

著其分殊之理。然理不可見，以象見之；象不可明，以數明之。故
數具而象明，象明而理見，理見而卦成也。(《王弼易學研究》)

正標舉求易之正法，而有客觀之依據，不至流於「兩派六宗」之各言其是，
而各譏其非矣！

二、假借與轉注

（一）以焦循之說為證

周易卦爻辭因年代久遠，致使文字敘述上，常難以理解。蓋文字有本義、
有引申義、有假借義，倘若誤認字義，則文辭勢必窒礙難解；又古人因用字
不嚴謹，常因同聲而通假，致使後人在辨識上，徒增困擾，王引之《經義述
聞》：

> 至於經典古字，聲近而通，則有不限於無字之假借者。往往本字見
> 存，而古本則不用本字而用同聲之字，學者改本字讀之，則怡然順
> 理；依借字解之，則以文害辭。（卷三十二）

清儒治學共識是以「訓詁聲音明而小學明，小學明而經學明。」〔註28〕皮錫
瑞之治易學，亦不廢詁訓文字，以求其古文字義；其中又以「轉注」「假借」
為解周易之兩大門鑰。皮氏易學，最為推崇焦循，蓋以焦氏解易乃從「轉注」
「假借」著手。焦循《易話》：

> 韓詩外傳云：「易曰：『困于石，據于蒺藜，入于其宮，不見其妻，
> 凶。』此言困而不疾據賢人者，昔者秦穆公困於殽，據五羖大夫蹇
> 叔公孫支而小霸；晉文以困于驪氏，疾據咎犯趙衰介子推而遂為君；
> 越王勾踐困於會稽，疾據范蠡大夫種而霸南國；齊桓公困於長勺，
> 疾據管仲寧戚隰朋而匡天下；此皆困而知疾據賢人者也，夫困不知
> 疾據賢人而不亡者，未嘗有也。」以疾據賢人，解據于蒺藜，則借
> 蒺為疾，由此可悟易辭之比例。漢書儒林傳稱韓嬰亦以易授人，推
> 易意而為之傳，於此可見其一端。余於其以疾解蒺，悟得經文以假
> 借為引申；如借祇為底，借豚為遯，借豹為約，借鮒為附，借鶴為
> 隺，借羊為祥，借袂為夬，皆韓氏有以益我也。

焦循從《韓詩外傳》中，以「疾」代「蒺」，而體悟出二者之假借關係，蓋二

者均讀爲「秦悉切」，是以同音可通假；且「疾」有「急速」之意，〔註29〕可符合古書中所引之例證；焦循由此二字同音之依據，而體悟出《周易》一書，在用字上，應包含此一關係；焦循從疾解蒺，悟得經文以假借爲引申，進而分析經文中其他部份，如借祇爲底，借豚爲遯，借豹爲約，借鮒爲附，借鶴爲隺，借羊爲祥，借袂爲夬等字，而其創穫之始因，皆由《韓詩外傳》所啓示。焦循《周易用假借論》一文又曰：

> 近者學易十幾年，悟得比例引申之妙，乃知彼此相借，全爲易辭而
> 設；假此以就彼處之辭，亦假彼以就此處之辭，如豹祐爲同聲，與
> 虎連類而言，則借祐爲豹，與祭連類而言，則借豹爲祐；沛紱爲同
> 聲，以其剛揜於困下，則借沛爲紱，以其成兌於豐上，則借紱爲沛，
> 各隨其文以相貫，而聲近則以借而通，蓋本無此字而假借者，作六
> 書之法也；本有此字而假借者，用六書之法也。古者命名辨物，近
> 其聲即通其義，如天之爲顚，日之爲實，春之爲蠢，秋之爲愁，嶽
> 之爲牾，岱之爲代，華之爲穫，子之爲滋，丑之爲紐，卯之爲冒，
> 辰之爲振，仁之爲人，義之爲我，禮之爲體，富之爲福，銘之爲名，
> 及之爲汲，葬之爲喪，栗之爲慄，蜘蛛之爲跚踟，汎瀾之爲芄蘭，
> 無不以聲之通而爲字形之借，故聞其聲即知其實，用其物即思其義。
> （《雕菰集》卷八）

從字與字之間，因同音假借之可能，而開啓焦循研究周易之另一扇門，且由此把一些關鍵字，用假借關係，還原出本形本義，以理解出原有之義。從讀音中，理解出二字之聯係，進而構成整部周易卦爻辭之旁通性與聯貫性。焦循相當認同其創穫，多與他人介紹其說，如《與朱椒堂兵部書》曰：

> 又多用六書之轉注假借，轉注如冥即迷，顚即窒，喜即樂；假借如借
> 乳繻爲需（說文），借蒺爲疾（韓詩外傳），借豚爲遯（黃歀說）借祀
> 爲巳（虞翻說），推之鶴即隺，祥即牽羊之羊，祿即即鹿之鹿，祐即
> 納約之約，拔即寡髮之髮，昧即歸妹之妹，肺即德積之積，沛即朱紱
> 之紱；彼此訓釋，實爲兩漢經師之祖，其聲音相借，亦與三代金石文
> 字相孚；非明九數之齊同比例，不足以知卦畫之行，非明六書之假借
> 轉注，不足以知象辭爻辭十翼之義。（《雕菰集》卷十三）

蓋周易卦爻辭經文中，彼此之轉注、假借關係，早在漢時已爲所用，只是未

成系統；焦循從漢儒易說中，體會出經文間蘊含之聯係，而給予標明。焦循一再論及轉注、假借，並引例以證；足見此二法，在焦氏心目中，解易之重要性，且居關鍵之地位。〔註30〕

（二）皮氏之引伸應用

皮錫瑞易學，多取焦循之說，是以焦循「轉注」「假借」之法，仍為皮氏所稱道，並進而以其法解經，皮氏說：

> 錫瑞案焦氏自明說易之旨，其比例通於九數，其假借轉注本於六書，而說假借之法尤精，可謂四通六闢，學者能推隅反之義例，為觸類之引申，凡難通者無不可通，不至如何平叔之不解易中七事矣。（二十五章）

考《魏志・管輅別傳》載何晏「自言不解易中九事」，然其解易之作不傳，〔註31〕不知與皮氏所謂七事者何關？但依皮氏之意，蓋因何晏不知有假借、轉注之法，可應用於周易，是以有此疑惑，而不知如何作解，所以有「不解易中七事」之說。皮錫瑞一者批評何晏，再者肯定焦循之創穫，可解千年之惑。皮錫瑞又說：

> 或疑假借說易，近於傅會，不知卦名每含數義，不得專執一義以解，專以本義解之，爻辭多不可通；如革卦之義為為改革；初九鞏用黃牛之革，則借為皮革，據說文獸皮治去其毛革更之，故假借為改革，是皮革為革字本義也；六五大人虎變，上六君子豹變，亦取象於虎豹之皮，而取義於皮革之革。禮記玉藻君羔幋虎犆，故曰大人虎變。大夫士庶幋豹犆，故曰君子豹變。君稱大人，大夫士稱君子，云小人革面者，蓋庶人役車其幋以犬羊之鞹為之，無虎犆豹犆，故曰革面，若以革命為改頭換面，古無此文法也。易之取象必有其物，有其事，無虛文設言者，如賁卦之義為賁飾，初九賁其趾，趾乃足趾。王注云，飾其趾。世豈有文飾其足趾者，正所謂飾粉黛於胸臆，綴金翠於足趾矣。賁當假為僨，取僨車之義。左氏傳鄭伯之車僨於濟，賁其趾，謂僨車傷其趾，故舍車而徒也。六二賁其須，須乃須髯，孔疏云，似賁

〔註30〕焦循此說在提供其「比例」說之根據，有其目的矣。

〔註31〕馬國翰據《周易正義》、《周易集解》、《周易義海》，可得何晏解易之說，共得佚文四條。其內容分析，請參見簡師博賢〈何晏及其周易解〉一文，收錄《魏晉四家易研究》一書。

飾其須。世豈有文飾其須髻者，殆有如湘東王子方諸距鮑泉腹，以五
色綵辮其髻矣；賁當假爲斑，謂須髻斑白也。凡此等皆專執一義，必
不可通者，必以假借之義通之，而後怡然理順，渙然冰釋，學者試平
心靜氣以審之，當信其必非傅會矣。（二十五章）

皮錫瑞以革卦、賁卦爲例，以字辭，依其所處，上下文意，或作動詞、或作
名詞，賦予適合之詞性，以作恰當的解釋，此本文字之特色。而此一訓詁之
法，正源於兩漢易學家，所謂有本有源矣。惠棟嘗曰：

漢人通經有家法，故有五經師訓詁之學，皆師所口授其後，乃著竹
帛，所以漢經師之說，立於學官；與經並行，五經出於屋壁，多古
字古言，非經師不能辨，經之義存乎訓釋字，審音乃知其意，是故
古訓不可改也，經師不可廢也。（《九經古義述首》）

蓋漢儒去古未遠，其所傳經義，皆有家法可循，此爲清儒漢學家之共識。故
焦循采《韓詩外傳》之根據，以論六書之法，是焦氏所說不離歷史事實。皮
氏論「賁」卦之例，正是取焦循、惠棟之說爲根據；惠棟《九經古義》：

賁，傅氏曰：賁古斑字，文章貌。棟案，高誘注呂覽曰，賁，色不純
也，詩曰，鶉之賁賁。張揖廣雅，玉賁飾也；曹憲音，奔，云周易賁
卦；今人多彼寄反，失之傅氏以賁爲斑，未聞其說。（《周易》上）

以聲韻訓詁之法，論斷前人之說，有憑有據；皮錫瑞引此爲說，亦足見其本
漢學家之說，以證據爲說，非自由心證矣。

第五節　皮錫瑞對卜筮之觀點

卜筮之源流甚遠，可推至上古先民對未可知之宇宙自然，尋求一種先知，
以求趨吉避凶；積極上，乃體認自然，以求人類與大自然融合；然在消極上，
則誤以卜筮可探求大地主宰之心意。爾後，消極義勝過積極義，卜筮成爲迷
信之代名辭。《史記‧日者列傳》記載學者對卜筮者之觀點，其云：

夫卜筮者，世俗之所賤簡也。世皆言曰：「夫卜者多言誇嚴以得人情，
虛高人祿命以說人志，擅言禍災以傷人心，矯言鬼神以盡人財，厚
求拜謝以私於己。」

是迷信與卜筮，兩者幾乎爲等號。皮錫瑞言易學，其重點在以其可指導人生
義理，今觀《易學通論》第二章題旨「論伏羲作易垂教在正君臣父子夫婦之

義」即可知，是《易學通論》理應不會論及卜筮；然易本卜筮之書，此點皮氏亦不能否認，故皮氏理解成「神道設教」之旨，蓋聖人借卜筮之舉，內暗藏人生義理也；皮錫瑞說：

> 聖人因卜筮而作易，乃神道設教之意。（三十章）

又說：

> 演易繫辭明義理，切人事，借卜筮以教後人，所謂以神道設教。（二十七章）

是知皮錫瑞論易學，完全居於經今文學派之「通經致用」說。然而依現存之先秦古籍，當時學者，均把周易，純粹作為卜筮之用，〔註32〕雖然亦有非完全信之者，〔註33〕然大抵均是根據卜筮說，而再理解，賦予義理；是以後來之《繫辭傳》云：

> 易有聖人之道四焉：以言者尚其辭，以動者尚其變，以制器者尚其象，以卜筮者尚其占。（上第十章）

因此皮錫瑞論易學，雖極力言之易學為義理作，然在《易學通論》最後一章，不得不言及筮法，蓋周易言筮法，本是其具備。且始皇焚書，獨不焚易，亦是因周易為卜筮之，皮錫瑞亦不能否認，皮錫瑞說：

> 漢書藝文志曰：「秦燔書，而易為筮卜之事，傳者不絕。」劉歆移博士書曰：「天下但有易卜，未有他書。」是易以筮卜而幸存。（三十章）

故皮錫瑞亦仍需討論之，以合乎歷代學者對周易完整性之見解。

卜筮，在傳統上一直連稱，然而亦有其不同之處，蓋卜用龜之腹甲或獸之肩胛及脛骨，〔註34〕筮用蓍草，兩者之材料截然不同。演卜筮者一定是先卜後筮，也就是兩者均有使用，然而若吉凶衝突，則曰：「筮短龜長，不如從長。」（〈僖公四年傳〉）皮錫瑞亦說：

> 蓋重龜而輕筮，古大事用卜，小事用筮，左傳云：「筮短龜長，不如從長。」史記〈日者列傳〉專言卜，云太卜之起，自漢興而有。是

〔註32〕參閱李鏡池《左國中易筮之研究》，有明確之討論。蓋時人以周易為卜筮之書，可為定論。收錄《古史辨》第三冊。

〔註33〕《左傳‧襄公九年》記魯穆姜卜得「隨卦」，本為吉，然穆姜思其所為，深知必亡，不因卦曰吉而信之。

〔註34〕見〈殷虛書契考釋〉一文，轉引自容肇祖《占卜的源流》。收錄《古史辨》第三冊。

古重卜輕筮之證。(三十章)

卜重於筮，蓋因龜卜之歷史較長，其具神祕性，總比後起筮法靈驗。然至周以後，已少見龜卜，而多見筮法。考其原由，或因時代背景；唐君毅先生說：

> 後人或無龜可灼，乃以筮草之斷續，代灼龜之紋之斷續，更以著草之數之多少爲卜。又或易原爲周人之易，周人初農業，故自始自著草爲卜，此亦難定。(《中國哲學原論·原道篇二》二十四章)

蓋龜或獸骨之取得，漸漸不易，而周人以農業興起，故取著草爲用；然而唐先生仍作假設之辭，並無確論。朱伯崑則曰：

> 殷部族的祖先長期從事漁牧生產，所以殷統治者將龜甲和獸骨作爲向天神卜問吉凶的工具。而周部族是以農業生產起家的，其迷信著草，實際上出於對農作物的崇拜。(《易學哲學史》第一卷)

蓋因周人取代殷人，且器具之取得等因素，促使筮法漸代龜卜，故皮氏引《史記》之說云：「太卜之起，自漢興而有」實不可依信，其所云「卜」者，應爲筮法之意也。皮錫瑞又說：

> 自漢以後，尟有用龜卜者；灼龜占墨之法，雖略見於注疏，其詳不可得聞。(三十章)

如此，前後論述方不至矛盾矣！

雖說筮法代替龜卜，是時代背景之演變過程，而兩者同是迷信色彩，但是亦有其內在涵義，可爲說明：其一，鑽龜取象，其裂痕是自然成文，而卦象是手數著草之數，按規定的變易法則推衍而成。前者出於自然，後者靠人爲推算。其二，龜象形成後，便不可改易，卜者即其紋，便可斷吉凶。但卦象形成後，要經過對卦象的種種分析，甚至邏輯上的推衍，方能引出吉凶的判斷，同觀察龜兆相比，又具有較大的靈活性和更多的思想性。這兩點都表明，占筮這一形式的形成和發展，意味著人們抽象思維能力提高了，卜問吉凶的人爲因素增加了。是以筮法能代替龜卜，乃人之主體性挺立，而非一昧信鬼神矣！〔註35〕後世不再用龜卜，此一主要原因也。

周人筮法之面貌如何，實不可知；《繫辭傳》雖有保存記載，朱子《周易本義》前亦有說明，然兩者仍有些許不同，亦不知是否周人之意？且其使用仍甚繁，〔註36〕故後人亦有改變之，皮錫瑞說：

〔註35〕節錄朱伯崑先生《易學哲學史》第一卷第一章第一節「占筮和龜卜」，頁7～8。
〔註36〕《繫辭傳》記載：「大衍之數五十，其用四十有九，分而爲二以象兩，卦一以

朱子以韓侂冑專權，欲上書極諫，門人請以著決之。是朱子嘗用揲
著之法。而其法亦不通行。（三十章）

朱子雖有著法傳世，然其手續繁瑣，故其法未能流傳。皮錫瑞說：

今世通行以錢代著，出於火珠林。（同上）

蓋人以簡代繁之心理，普遍存在，且著草之取得亦非容易，故有以錢代之；
是以民間賣卜者，均趨向於此，並採《火珠林》一書作為根據。《火珠林》作
者為誰，依陳振孫《書錄解題》云無名氏，而朱子稱此書：「猶是漢人遺法。」
（《語類》卷六十六）考《儀禮士冠禮》卷一：「筮與席所卦者具饌于西墊。」
鄭玄注曰：「所卦者所以畫地記爻。」賈公彥疏云：

筮法依七八九六之爻而記之，但古用木畫地，今則用錢。以三少為
重錢，重錢則九也；三多為交錢，交錢則六也；兩多一少為單錢，
單錢則七也；兩少一多為拆錢，皮錫瑞又引項安世《家說》云：

今占家以三錢擲之，兩背一面為拆，此兩少一多，少陰爻也；兩面
一背為單，此即兩多一少，少陽爻也；俱面者為交，交者拆之，此
即三多，為老陰爻也；俱背者為重，重者單之，此即三少，為老陽
爻也。蓋以錢代著，一錢代一揲。（三十章）

以三錢一擲，得之結果，即為爻，或少陽（兩面一背）、或少陰（兩背一面）、
或老陽（三錢俱為面者）、或老陰（三錢俱為背者），此舉明顯比起筮法，三
變成一爻，簡易多了。錢大昕《十駕齋養新錄》云：

賈公彥疏，本於北齊黃慶、隋李孟悊二家，是則齊隋與唐初，皆已
用錢。重交單拆之名，與今不異也。但古人先揲著而後以錢記之，
其後術者漸趨簡易，但擲錢得數，不更揲著。（《皇清經解》卷四百
三十九）

蓋以錢代著起於漢，而流行隋唐。然依錢大昕之意，錢本是替代著草，其手
續與《繫辭傳》應相似，然後人趨於簡易，直接以擲錢代之，不更揲著了。
皮錫瑞討論筮法，至此作一結論云：

諸家之說，擲錢占卦，是由揲著而變，故朱子以《火珠林》為漢法
之遺也。越人雞卜，載在史記；鼠序卜黃，列於漢志。此等小數，

象三，揲之以四以象四時，歸奇於扐以象閏，五歲再閏，故再扐而後卦。」
此稱為一變，即「四營而成易」，然後經十八變，六爻成焉，一卦現焉。故知
其手續，亦相當繁瑣。

猶可占驗，況擲錢本古人遺法，不能得著草者可以此代。用心誠敬，
亦足以占吉凶；若心不誠敬，則雖得著龜而占之，亦將如漢志所云：
「筮瀆不告，易以爲忌；龜厭不告，詩以爲刺矣。」（三十章）

皮錫瑞之論筮法，蓋亦主張人之主體性之挺立，即觀卜筮人誠心與否，若是
心誠，雖然用錢代著，亦能前知，倘若不誠，則雖有神龜在握，然穢瀆在心，
亦無任何作用也。正如《漢書‧藝文志》「蓍龜類」所說：「筮瀆不告，易以
爲忌；龜厭不告，詩以爲刺矣。」顏師古注：「言童蒙之來決疑，初則以實而
告，至于再三，爲其煩瀆，乃不告也。……言卜問煩數，碟嫚於龜，龜靈厭
之，不告以道也。」是知神物在抱，仍需心誠以對也。皮錫瑞論及卜筮，非
他人言及迷信，乃在凸顯人之主體，亦合乎其堅持之「神道設教」之旨，以
卜筮之舉，教化人心之誠意，是亦客觀之論也。

第四章　皮錫瑞對歷代易學之闡述（上）

第一節　先秦易學

一、伏羲作易

伏羲畫卦，自兩漢以來，均無異辭。此說根據於《繫辭傳》：「古者包犧氏之王天下也，仰則觀象於天，俯則觀法於地，觀鳥獸之文，與地之宜，近取諸身，遠取諸物，於是始作八卦，以通神明之德，以類萬物之情。」早在西漢初學者陸賈《新語‧道基篇》即已云：

> 先聖仰觀天文，俯察地理，圖畫乾坤，以定人道，民始開悟，知有父子之親，君臣之義，夫婦之道，長幼之序，於是百官立，王道乃生。

雖未直言作易者爲伏羲，然其餘見解，均大致已相合。故《繫辭傳》明言伏羲作易，其後之學者，均抱持同樣主張，而未嘗詢問《繫辭傳》根據何在？東漢班固《白虎通》沿續《繫辭傳》之主張，而暢其說，云：

> 古之時未有三綱六紀，民人但知其母而不知其父，能覆前不能覆後，臥之詓詓，起之吁吁，饑即求食，飽即棄餘，茹毛飲血而衣皮葦，於是伏羲仰觀象於天，俯察法於地，因夫婦正五行，始定人道，畫八卦以治天下。

至唐孔穎達奉詔修《五經正義》，其《周易正義》大抵亦沿《繫辭傳》之說，以爲伏羲作易，並引西漢末之著作《乾鑿度》爲證；乃言伏羲作易之旨，在垂教世人。《周易正義》序云：

作易所以垂教者，即乾鑿度云：「孔子曰，上古之時，人民無別，群物未殊，未有衣食器用之利，伏羲乃仰觀象於天，俯觀法於地，中觀萬物之宜，於是始作八卦，以通神明之德，以類萬物之情」；故易者，所以繼天地理人倫而明王道，是以畫八卦，建五氣，以立五常之行象；法乾坤，順陰陽，以正君臣父子夫婦之義。度時制宜，作為罔罟，以佃以漁，以贍民用，於是人民乃治，君親以尊，臣子以順，群生和洽，各安其性，此其作易垂教之本意也。（第一論易之三名）

大旨在云人世之任何制度與器具，均為伏羲在仰觀於天象，俯察於地理，又配合萬物之情性，而發展出，故能照顧到任何生命；最重要者，即在教導人類社會，安排制度，以配合天地陰陽之情，君親以尊，臣子以順，群生和洽，各安其性，此其作易垂教之本意也。

皮錫瑞所稱道者，仍依循《周易正義》之說，其言伏羲作卦之旨，開宗明義即言：「讀易者當先知伏羲為何畫八卦，其畫八卦有何用處？」此乃其以「通經致用」說之一貫立場，因此《周易正義》均采上述諸家之說，蓋均在明識伏羲作易之旨，提供人類進步之依據矣。皮氏又引焦循之說為據，蓋以焦氏言之最詳；〔註1〕皮氏轉述其言曰：

焦循謂讀陸（賈）氏之言乃恍然悟伏羲所以設卦之故，更推闡其旨曰：學易者必先之伏羲未作八卦之前，是何世界，伏羲作八卦重為六十四，何以能治天下；神農堯舜文王周公孔子，何奉此卦畫為萬古修己治人之道。孔子刪書始唐虞，治法至唐虞乃備也；贊易始伏羲，人道自伏羲始定也。有夫婦然後有父子，有父子然後有君臣，伏羲設卦觀象，定嫁娶以別男女，始有夫婦、有父子、有君臣，然則君臣自伏羲始定也，故伏羲為首出之君，前此無夫婦父子，即無君臣。（第二章）

人類社會之所以進步，乃因伏羲作易，提供人道五倫之設立，使之秩序明確，各有職責，故皮錫瑞言「論伏羲作易垂教在正君臣父子夫婦之義」，其重點即在正社會秩序（詳見第三章——易為指導人生義理作），皮氏論《易》，取「伏羲作易」之旨，蓋與當時政治、社會環境，有身切的體會；是以其經今文學家立場，特別鮮明，憂患意識之情，表露無遺。

然皮錫瑞引《禮緯》之說為證，則不能無議也！《禮緯·含文嘉》曰：

〔註1〕詳見焦循《易圖略·原卦》，收入《皇清經解》卷一千一百一十四。

　　慮者別也，戲者獻也、法也。伏羲始別八卦以變化天下，天下法則
　　咸伏貢獻，故曰伏羲也。

蓋《繫辭傳》言伏羲之功，僅就其為天下創制度，立君臣之尊、父子之親等
制度，並不言何以稱「伏羲」；然《禮緯》之言：「慮者別也，戲者獻也、法
也。」自創新意，雖替「伏羲」二字，予以字義訓詁，然實為比附，而不足
據也。陸德明《經典釋文》云：「包，本又作庖；孟京作伏。犧，又作義，孟
京作戲；云伏，服也；戲，化也。」孟喜與禮緯之說相近；所犯錯誤則相近。
清儒錢大昕《十駕齋養新錄》嘗論「古無輕唇音」，是輕唇之音，古讀皆為重
唇；是以「伏」字，有作「包」「庖」「慮」等字，實乃字音相同，而有此書
寫上之筆誤；如依字義以解，則均另有其義，如《風俗通》：「伏者，別也；
變也；伏羲始別八卦以變天下。」〔註2〕然均就字義，而自言其是，不得為據
也。是以皮錫瑞雖欲標榜伏羲作易之功，然引《禮緯》之說，實有商榷之處。
　　近代學者以社會學角度，提供另一種思考方向。如蔣伯潛《十三經概論》：

　　我國歷史邈遠，上古帝王，未必俱有其人，所謂伏羲神農等，皆為
　　時代之擬人化；如以伏羲代表由漁獵進至畜牧之時代，以神農代表
　　發明耕種之時代，以倉頡沮涌代表創書契以佐記誦之時代，皆是也。
　　伏羲畫卦之傳說，亦但謂彼時有所謂八卦而已。若謂必有伏羲其人，
　　先畫八卦，後重為六十四，則鑿矣。（《周易概論》）

薩孟武《中國政治思想史》：

　　易稱包犧氏「作結繩而為罔罟，以佃以漁」，……這是可以證明伏羲
　　氏為遊牧民之集團。……據帝王世紀所說，伏羲蛇身人首……世上
　　當然不會有這樣的人。沒有而記載於歷史之上，必有所本。我們以
　　為蛇身人首乃伏羲之圖騰……即中國在伏羲神農時代，已經脫離蒙
　　昧階段，而進化為圖騰社會。（〈緒論〉）

楊懋春《中國社會思想史》：

　　伏是制服或馴服的意思。義是獸類動物的總稱。伏羲大是指有人能
　　制服或馴服大型野生動物。……這一定是文化上的一項大進步。（第
　　二章）

否定聖人「神道設教」之說，只賦予時代生活方式的解釋，並從中理會歷史

的演進，提供更多的思考空間，值得重視。蓋從《繫辭傳》以來，至清末皮錫瑞，均給予「伏羲作易」之說，相當的贊同，幾乎在易學史上無異論矣；然標榜過甚，以今日觀之，實不能再認同「作易垂教」爲伏羲一人之功，而忽略時代之進步，乃循續漸進，以及眾人不斷的努力；「約定俗成」應是合乎制度之完成，以及觀念之形成也。

二、文王重卦

（一）皮氏主「文王重卦」說之依據

周易本爲八卦，其後人事紛多，不敷使用，致有重之爲六十四卦者。而重卦者爲何人，蓋有數說；《周易正義》序〈第二論重卦之人〉曰：

> 重卦之人諸儒不同，凡有四說：王輔嗣等以爲伏羲重卦；鄭玄之徒以爲神農重卦；孫盛以爲夏禹重卦；史遷等以爲文王重卦。

是知唐時，有此四說流傳，《周易正義》並以《繫辭傳》之言，作爲評判依據；蓋《繫辭傳》有言：

> 包犧氏沒，神農氏作，斲木爲耜，揉木爲耒，耒耨之利，以教天下，蓋取諸益。日中爲市，致天下之民，聚天下之貨，交易而退，各得其所，蓋取諸噬嗑。

以神農氏有取於益卦、噬嗑卦，依象作物，是重卦當在神農氏之前已具備；此證用以指明鄭玄之徒誤說之處。《周易正義》又曰：

> 其言夏禹及文王重卦者，案繫辭神農之時，已有蓋取益與噬嗑，以此論之，不攻自破。其言神農重卦，亦未爲得，今以諸文驗之，案說卦云：昔者聖人之作易也，幽贊於神明而生蓍。凡言作者創造之謂也，神農以後，便是述修，不可謂之作也。則幽贊用蓍謂伏羲矣。

蓋重卦已知早在神農氏之前即具備，更何遑在神農氏之後之夏禹者、文王者，故言之「不攻自破」也。《周易正義》更由《說卦傳》之記載，以爲重卦當在伏羲氏已具備，故謂之「作」者，其後諸賢，僅是詳述、或是修正而已，大抵均沿伏羲氏之旨也。因此《周易正義》認同王弼之說，以爲伏羲重卦。蓋《周易正義》爲官定科舉之書，是以學者多采其說，幾乎成爲易學史上之定論。

然皮錫瑞重卦之人，不取《周易正義》之證，而以司馬遷說辭爲主，並旁及揚雄、班固、王充等兩漢學者說，蓋以「最初之說爲主」也。皮錫瑞云：

> 錫瑞案解經以最初之說爲主：史記儒林傳曰：「自魯商瞿受易孔子，

傳六世至齊人田何字子莊，而漢興田何傳東武人王同子仲，子仲傳
菑川人楊何，言易者本於楊何之家。」是楊何上距商瞿凡八傳。漢
初言易皆主楊何，太史公父談亦受易於楊何，史公言易必用楊何之
說；周本紀曰：「西伯蓋即位五十年，其囚羑里，蓋益易之八卦爲六
十四卦。」日者傳曰：「自伏羲作八卦，周文王演三百八十四爻，而
天下治。」正義謂史遷以爲文王重卦，其說甚明。（第二章）

皮錫瑞認爲，《史記》詳載漢易源流，且其父司馬談，亦是此源流之傳承者，
故可知司馬遷所記應有其根據，而斷定重卦之人爲文王也。皮錫瑞又說：

且非獨史遷之說爲然也。揚子法言問神篇曰：「易始八卦，而文王六
十四，其益可知也。」問明篇云：「文王淵懿也，重易六爻不亦淵乎。」
漢書藝文志曰：「至於殷周之際，紂在上位，逆天暴物；文王以諸侯
順命而行道，天人之占可得而效，於是重易六爻。」論衡對作篇曰：
「易言伏羲作八卦前，是未有八卦，伏羲造之，故曰作也；文王圖
八，自演爲六十四，故曰演。」正說篇曰：「伏羲得八卦，非作之，
文王得成六十四，非演也。」是以文王重卦者，非獨史遷，更有揚
雄班固王充。故正義以爲史遷等。（第二章）

皮氏以爲，以重卦爲文王者，不獨司馬遷，其後之揚雄、班固亦認同此說；
蓋文王之時，周人面對商紂之暴虐，而文王因以憂患，有思應變之道，故演
八卦爲六十四，以運用於時局之需要。皮錫瑞又言：

揚雄西漢末人，班固王充東漢初人，皆與史遷說同；鄭玄東漢末人
已在諸人之後，其說以爲神農重卦，蓋以取益噬嗑爲據，謂伏羲取
諸離在八卦之內；神農取益噬嗑在六十四卦內也；孔疏亦以神農之
時，已有蓋取益與噬嗑，爲伏羲重卦之證。（同皮氏指責《周易正義》
以《繫辭傳》說爲根據，然《繫辭傳》之說，何以西漢學者不言，
至東漢時才有論述？是以皮氏采西漢學者之說爲證，且文王事紂，
而激起憂患之歷史進程，頗能證明「文王重卦」說。

此說非皮錫瑞一人獨斷，對於孔疏以伏羲重卦說之糾正者，早在南宋朱子時
即嘗提出異議，朱子言：

十三卦所謂蓋取諸離，蓋取諸益者，言結繩而爲網罟有離之象，非
觀離而始有此也。（《朱子語類》）

又云：

> 不是先有見乎離而後爲網罟，先有見乎益而後爲耒耜；聖人亦只是見
> 魚鱉之屬，欲有以取之，遂做一箇物事去攔截他；欲得耕種，見地土
> 硬，遂做一箇物事去剔起他，卻合於離之象，合於益之意。（同上）

沈寓山《寓簡》曰：

> 大傳言蓋取諸益、取諸暌，凡一十三卦，蓋聖人謂耒耜得矣，弧矢
> 得暌，非謂先有卦名，乃作某器也。（皮錫瑞《易學通論》轉引）

陳澧《東塾讀書記》曰：

> 案繫辭所言取諸者，與考工記輪人取諸圜也，取諸易直也，取諸急
> 也，文義正同；輪人意取諸圜，非因見圜物而取之也，意取易直與
> 急，非因見易與急之物而取之也。（卷四）

蓋三家之說，均在以爲社會之器具，乃因事件之需要，即應事而生，而後卻
合乎於卦象，並非先有卦象，後人循之以作器物；故繫辭所說十三卦之「蓋
取」者，乃指器物之象與卦象，不謀而合也。皮錫瑞贊同以上諸說，故取之
爲說，其曰：

> 此三說皆極通，可無疑於神農時已有益與噬嗑，而不得云文王重卦
> 矣。（第一章）

是先民有此器具之用，後可聯想與易經之象；蓋中國學問，致用之道，由此
已見端倪。近儒蔣伯潛《十三經概論》亦同其說：

> 是兩漢學者並謂文王重卦也。不僅兩漢學者有是說也，繫辭下曰：「易
> 之興也，其於中古乎？作易者其有憂患乎？」又曰：「易之興也，其
> 當殷之末世，周之盛德邪？當文王與紂之時邪？」正與司馬遷所云
> 「文王拘而演周易」相合。故重卦之人，當從司馬遷說定爲文王。（《周
> 易概論》）

是《繫辭傳》中，亦有說辭可釋文王重之。皮錫瑞主張重卦者爲文王，相較
於《周易正義》主伏羲重卦，在歷史進程上，較爲合理。然「文王重卦」說，
亦非定論，另有持其他異論者；宋儒羅泌《路史》餘論曰：

> 世以爲文王重卦，因揚雄之說而謬之也。滿招損，謙受益；謙與損
> 益，益稷之言，不自後世；佃漁之離，謂之小成可也，耒耜之益，
> 與交易之噬嗑，豈小成哉！然則不自文王重卦可識矣。（卷六）

羅泌以爲，「損」「益」之卦名，早在《尚書・大禹謨》之益稷即言之，是知
其餘六十二卦之名，亦應有之矣，是以重卦不待文王，而已有之。顧炎武《日

知錄》亦曰：

> 考襄公九年，穆姜遷於東宮，筮之，遇艮之隨；姜曰：是於周易曰：
> 「隨元亨利貞無咎。」獨言是於周易，則知夏商皆有此卦，而重八
> 卦，爲六十四卦者，不始於文王也。（卷一）

顧氏主張在周易之前應尚有夏易、商易，故六十四卦之使用，應在周易之前。皮錫瑞對此二家之說亦有評論，並且認爲「後人猶有疑者，皆疑所不當疑。」皮氏曰：

> 錫瑞案羅氏不知滿招損，謙受益，出僞古文大禹謨，不足據。益與
> 噬嗑言取諸者，朱子辨之已明。（第二章）

又云：

> 顧氏不知左氏雜取占書，唐啖助已言不可盡信，占筮書多傅會，穆
> 姜說元亨利貞之義，全同孔子文言，以爲暗合，未必穆姜之學與聖
> 人同，以爲孔子作文言，勦襲穆姜之說，尤無是理。疑占書取孔子
> 文言，傅之穆姜而左氏載之，不當反據其文，疑重卦不始文王也。（同
> 上）

案〈大禹謨〉出自《僞古文尚書》，此書乃王肅所造、梅賾所獻；皮錫瑞以經今文家之立場，其言《尚書》學云：「論伏生所傳今文不僞，治尚書者不可背伏生大傳最初之義。」「論古文無師說，二十九篇之古文說亦參差不合，多不可據。」（《書經通論篇目語》）因此，無論《古文尚書》，有其歷史價值，然在家派不同之下，皮錫瑞一概否認其地位；同樣的，在面對《左傳》，亦以古文家派視之，不賦予應有之價值；丁晏《孝經徵文》云：

> 邱明博聞，多采孔門精語綴集成文，而後儒反疑聖勦取左氏，必不
> 然矣。

據丁氏說，可爲左氏傳引聖經之證。焦循亦云：「左氏生孔子贊易之後，刺取易義以飾爲周史之言。」是知皮氏以經今文家之立場，檢視歷代論「重卦」之說，而以「文王重之」爲定論；皮氏此論，雖沿襲舊說，然條理明確，已爲後人論述之依據矣。

（二）繫辭傳之說不可盡信

然皮氏此論述，亦有可議者。《周易正義》主伏羲重卦，乃以《繫辭傳》之說爲根據，而皮氏反駁孔疏，所引諸家之說，亦從《繫辭傳》著手，只因理解觀點不同，而引發不同之見解。學者討論，俱引《繫辭傳》，然而《繫辭

傳》果能作為討論之依據？蓋依史書所說，《繫辭傳》為孔子作；《史記‧孔子世家》云：「孔子晚而喜易，序、彖、繫、象、說卦、文言。」《漢書‧藝文志》云：「孔氏為之彖、象、繫辭、文言、序卦之屬十篇。」是漢儒有孔子作易傳之說，正所謂「先儒更無異義」（《周易正義》之言）。然史遷、班固所持根據，可信度如何，不無疑問？今考王充《論衡‧正說》篇云：

孝宣皇帝之時，河內女子發老屋，得逸易、禮、尚書各一篇奏之。

宣帝下示博士，《隋書‧經籍志》云：

及秦焚書，周易獨以卜筮得存，唯失說卦三篇。後河內女子得之。

如依此說，〈說卦〉等三篇在漢宣帝時才有，則史遷說孔子作〈說卦〉〈文言〉，班固言孔子作十翼之說，不知所依何據？故拙文以為王弼時已存疑，〔註3〕歐陽修作《易童子問》更明言，繫辭以下非聖人之作，且眾說淆亂，亦非一人之言；則先儒以《繫辭傳》為孔子作，並作為討論依據，實有商榷之處！

據顧頡剛《古史辨》之研究，認為《易傳》之著作時代，應為戰國之末與西漢末之間，離伏羲、文王年代甚遠，何以據說重卦者為誰？且先秦之書，又不見談重卦之事，更不知《繫辭傳》，所據何來？是以取《繫辭傳》，證重卦之人為誰，實不可據；〔註4〕而皮氏采《繫辭傳》作為反證，雖只取其內在涵意，然亦非適當；再者，皮氏以史遷之說為據，證明重卦為文王，亦非恰當；崔述作《考信錄》，以為《繫辭傳》所言「易之興也其於中古乎？」等等均為疑問句，未有確定作者為文王；然而司馬遷之《史記》卻言文王重八卦為六十四，班固更曰「人更三聖，世歷三古」，而直接明言文王重六十四卦；是史遷、班固等人之誤判，實未見其理據矣！〔註5〕皮錫瑞以此史遷等人為

〔註3〕王弼不注繫辭以下之文，依拙文之見，乃或疑其非為孔子所作，故缺焉。詳見拙文論「王弼」之章節。

〔註4〕詳見其書第三冊《論易繫辭傳中觀象制器的故事》。藍燈文化公司出版，民國76年11月初版，頁45～69。

〔註5〕崔述曰：「近世說周易者，皆以彖詞為文王作，爻詞為周公作，朱子本義亦然，余按傳前章云：『易之興也其於中古乎！作易者其有憂患乎？』初未言中古為何時，而憂患為何事也，至此章始言其作於文王時，然未嘗言為文王所自作也，且曰『其當』曰『其有』曰『邪』曰『乎』皆為疑詞而不敢決，則是作傳者但就其文推度之，尚不敢決言其時世，況能決知其為何人之書乎？至司馬氏作史記因傳此文，遂附會之以為文王羑里所演，是以周本紀云：『西伯之囚羑里，蓋益易之八卦為六十四卦；』自序亦云：『西伯拘羑里演周易』自是遂以易卦為文王所重。及班氏作漢書，復因史記之言，遂斷以詞為文王之所繫，是以藝文志云：『文王重易六爻作上下篇。』又云：

說，以評《周易正義》等人之主張，亦未得定論矣。陳澧《東塾讀書記》云：

> 伏羲作八卦，其重爲六十四卦者何人，則不可知矣，然必在倉頡造
> 文字之後也。八卦之爲數少，可以口授卦名，至六十四卦，若無文
> 字以標題卦名，上古愚民安能識別乎？（卷四）

以不可知爲定論，蓋屬「不知闕如」實論態度。至於重卦者爲何人，論證不易，實難確論矣。

三、連山、歸藏、周易等三易之說

（一）皮錫瑞論「三易」用心

三易之名，首見於《周禮》，其記載曰：「大卜……掌三易之法，一曰連山，二曰歸藏，三曰周易；其經卦皆八，其別皆六十有四。」（《十三經注疏本》卷第二十四）又云：「簪人掌三易，以辨九簪之名：一曰連山，二曰歸藏，三曰周易。」（同上）因出自經書所記，故學者均以易類視之。顧炎武《日知錄》曰：

> 周官太卜掌三易之法，一曰連山，二曰歸藏，三曰周易；連山歸藏
> 非易也，而云三易者，後人因易之名以名之也。（卷一）

顧炎武以《春秋》本爲魯史專名，因孔子刪修，遂爲史書通名，而各國之史，亦得稱《春秋》爲名；正如，因周有卜筮書稱「易」，而《連山》、《歸藏》亦爲卜筮書，故稱三易，「易」遂爲通名也。黃與堅曰：「易，周所命名，則連山、歸藏亦可以易名之，而謂之三易也。」（《經義考》卷二引）是知，所謂「三易」，乃後人賦與先秦卜筮書之名也。顧氏又舉《左傳》之例爲說：

> 考襄公九年，穆姜遷於東宮，筮之，遇艮之隨；姜曰：是於周易曰：
> 「隨元亨利貞無咎。」獨言是於周易，則知夏商皆有此卦，而重八
> 卦，爲六十四卦者，不始於文王也。（同上）

> 左傳僖十五年，戰於韓，卜徒父筮之曰：吉。其卦遇蠱曰：千乘三
> 去，三去之餘，穫其雄狐。成十六年，戰於鄢陵，公筮之史曰：吉。
> 其卦遇復曰：南國蹙射其元王中厥目。此皆不用周易，而別有引據
> 之辭，即三易之法也，而傳不言易。（同上）

顧氏以《左傳》穆姜及卜筮者之言，明證先秦除周易之卦爻辭外，尚有其他

『人更三聖，世歷三古；』自是遂以易象爻之詞爲文王所作矣。」（《豐鎬
考信錄》卷五）

逸辭，即是連山、歸藏之文辭也。是以學者大抵均持先秦有「三易」；然「三名」名、或義，則有所爭論。

　　皮錫瑞論三易之名義，以孔穎達《正義》爲討論之起點，蓋三易之名義，說者異辭，或謂以代號，或謂以義名，或以融合二說，各持所據。以下述其說辭。皮氏引《周易正義》序云：

> 案周禮大卜三易云：一曰連山、二曰歸藏、三曰周易。杜子春云：「連山伏犧、歸藏黃帝」。鄭玄易贊及易論云：「夏曰連山，殷曰歸藏，周曰周易。又釋云：連山者，象山之出雲，連連不絕；歸藏者、萬物莫不歸藏於其中；周易者，言易道周普，無所不備。」鄭玄雖有此釋，更無所據之文，先儒遂爲文質之義，皆煩而無用，今所不用。案世譜等群書，神農一曰連山氏，亦曰列山氏；黃帝一曰歸藏氏，既連山歸藏並是代號，則周易稱周，取岐陽地名。毛詩云周原膴膴是也。又文王作易之時，正在羑里，周德未興，猶是殷世也，故題周別於殷，以此文王所演，故謂之周易，其猶周書周禮，題周以別餘代，故易緯云「因代以題周」是也。（第三論三代易名）

鄭玄以「義」釋「三易」，所謂《連山》者，爲夏之卜筮書，以「艮卦」爲首，其義爲「象山之出雲，連連不絕」；《歸藏》者，爲殷之卜筮書，以「坤卦」爲首，其義爲「萬物莫不歸藏於其中」；《周易》者，爲周之卜筮書，以「乾卦」爲首，其義爲「易道周普，無所不備」。孔穎達以爲，不知鄭玄此說，根據何在？是以不取鄭玄說，以《世譜》書爲說，三易各爲時代名，即「神農一曰連山氏，亦曰列山氏；黃帝一曰歸藏氏，既連山歸藏並是代號，則周易稱周，取岐陽地名」；再者，孔穎達以《周易》卦爻辭，爲文王作，當時文王拘於羑里，猶是殷紂之時，故演「易」而稱「周」，以別殷易，如同《周書》《周禮》，有別於夏書、殷禮也。孔穎達不取鄭玄之意，故以爲朝代號。然唐儒賈公彥，則不以孔穎達說爲是，其《周禮·大卜》疏：

> 趙商問：「今當從此問以不敢問，杜子春何由知之？」答云：「此數者非無明文，改之無據，故著子春說而已。近師皆以爲夏殷周。」鄭既爲此說，故易贊云：「夏曰連山，殷曰歸藏。」又注禮運云：「其書存者有歸藏。」如是玉兆爲夏，瓦兆爲殷可知，是皆從近師之說也。按今歸藏坤開筮：「帝堯降二女爲舜妃。」又見節卦云：「殷王其國常毋谷。」若然，依子春之說，歸藏黃帝得有帝堯及殷王之事

者，蓋子春之意，宓戲黃帝造其名，夏殷因其名以作易，故鄭云：
「改之無據。」是以皇甫謐記亦云：「夏人因炎帝曰連山，殷人因
黃（本作皇）帝曰歸藏。雖炎帝與子春黃帝不同，是亦相因之義也。」
（卷二十四）

皇甫謐云：

云名曰連山，似山內出氣也者，此連山易其卦以純艮爲首，艮爲山，
山上山下是名連山，雲氣出內於山，故名易爲連山。歸藏者，萬物
莫不歸而藏於其中者，此歸藏易以純坤爲首；坤爲地，故萬物莫不
歸而藏於中，故名爲歸藏也。鄭雖不解周易，其名周易者，連山歸
藏皆不言地號，以義名易，則周非地號，以周易以純乾爲首，乾爲
天，天能周於四時，故名易爲周也。（同上引）

賈公彥引皇甫謐之言爲證，謂三易是爲義名，各以「艮」「坤」「乾」爲首，
其義合於理序，故以鄭玄爲是。皮錫瑞《易學通論》俱引上述三家之說，亦
主鄭玄以「義」名，皮氏曰：

錫瑞案孔賈二疏不同，孔不從鄭，以爲代號；賈從鄭以爲以義名。
當以鄭說義名爲是。連山歸藏若是代號，不應夏殷襲伏羲黃帝之舊，
且連山歸藏不名易，若是代號必下加易字，乃可通，故鄭皆以義名，
與連山首艮歸藏首坤正合。鄭以周易爲周普亦以義名，蓋本繫辭傳
易之爲書也，周流六虛。孔疏以爲無據，非也。（第四章）

以《繫辭傳》爲鄭玄補證，蓋《周易》當以「周流六虛」爲其內在涵義也，
故爲義名非代號。

　　皮錫瑞論連山、歸藏、周易等三易，大抵僅作其易學主張而已；然而，
並不予與歷代諸賢之討論。據《經義考》卷二、卷三，討論連山歸藏者，不
下數十家，均是持之有故，言之有理，縱使皮氏立論深奧，亦是多一家之言，
何足道哉！蓋皮錫瑞論此「三易」主題，有其特別目的矣！皮氏以現存之《連
山》、《歸藏》，乃是僞書論之，其曰：

桓譚新論曰：連山八萬言，歸藏四千三百言。不應夏易數倍於殷，
疑皆出於依託，連山劉炫僞作，北史明言之；歸藏雖出隋唐以前，
亦非可信爲古書。（第四章）

依文字演進而言，不應上古《連山》《歸藏》之文字，反多於後代《周易》之
書，於歷史事實不合；且卜筮之書並不毀於秦火，若有《連山》、《歸藏》之

書，應與《周易》並存，然不見載於《漢書‧藝文志》，是西漢末劉向、劉歆父子編《七略》時，未見此二書也（《藝文志》大抵以《七略》為綱）。馬端臨言：

> 毛氏詩、左氏春秋、小戴禮與古文尚書、周官六典比之當時皆晚出者也。然其義理、文辭，一無可疑，非二易三墳之比，不謂之六經可乎！故不敢遽指為夏商之書，姑隨其所出之時，置之漢之後、唐之前云。（《文獻通考》）

蓋以其後人依託，故馬端臨以《連山》《歸藏》二書，置於其時代前，而置之漢唐之際，蓋不信其為先秦之書也。而皮錫瑞以經今文學家之立場，檢視歷代經典，蓋以「通經致用」為其基本立論；皮錫瑞《經學歷史》：

> 凡學有用則盛，無用則衰。存大體，玩經文，則有用；碎義逃難，便辭巧說，則無用。（〈經學極盛時代〉）

而《連山》、《歸藏》在皮氏心目中，正屬無用之書；況且，不管其是否為偽書，不經孔子之刪定，實無研讀價值；皮錫瑞云：

> 刪定六經，始於孔子，孔子以前，周易與連山歸藏並稱，猶魯之春秋，與晉之乘楚之檮杌並稱也。周易得孔子贊之而傳為經，連山歸藏不得孔子贊之而遂亡。猶魯之春秋，得孔子修之而傳為經，晉乘楚檮杌，不得孔子修之而遂亡也。孔子所不贊修者，學者可不措意，況是偽書，何足辨乎。連山歸藏之辭，絕不見於古書稱引，蓋止有占法而無文辭，故周易當孔子未贊之前，疑亦止有占法而無文辭也。
> （第四章）

皮氏處清末時代變動中，主張學者讀書，當求經世致用；雖說「三易」，仍有多處急待辨釋之處，然皮氏治學目的，在標舉孔子之微言大義，以求治亂世之良帖，並不參與學究式的討論；足見皮錫瑞讀書救國之風範矣。

（二）「三易」說之涵意蠡測

考歷代經籍志、藝文志之記載，《歸藏》一書，首見於《隋書‧經籍志》：「歸藏十三卷。注：晉太尉參軍薛貞注。」並言：「歸藏漢初已亡；案晉中經有之唯載卜筮，不似聖人之旨，以本卦尚存，故取貫於周易之首，以備殷易之缺。」《連山》一書，首見於《唐書‧藝文志》：「連山十卷。司馬膺注。」而《宋史‧藝文志》：「薛貞注歸藏三卷。」唐《經典釋文》：「周禮有三易，連山久亡，歸藏不行於世，故不詳錄。」宋鄭樵《通志》：「連山十卷。注：

夏后氏易，至唐始出，今亡。」「歸藏三卷。注：商易，晉薛貞注。」馬端臨：

> 按連山歸藏，乃夏商之易，本在周易之前，然歸藏漢志無之，連山
> 隋志無之，蓋二書至晉隋間始出；而連山出於劉炫之偽作，北史明
> 言之，度歸藏之爲書，亦此類耳夾漈好奇，獨尊信此二書與古三墳
> 書，且咎世人以其晚出而疑之。然殊不知，毛氏詩、左氏春秋、小
> 戴禮與古文尚書、周官六典比之當時皆晚出者也。然其義理、文辭，
> 一無可疑，非二易三墳之比，不謂之六經可乎！故不敢遽指爲夏商
> 之書，姑隨其匠出之時，置之漢之後、唐之前云。（《文獻通考》）

今考鄭樵之言，曰：

> 連山亡矣，歸藏唐有司馬膺注。……文多闕亂，不可詳解，言占筮
> 事，其辭質、其義古，後學以其不文，則疑而棄之，往往連山所以
> 亡者，復過於此，獨不知後之人能爲此文乎！子曰：周監於二代郁
> 郁乎文哉。以周易校商易，則周商之文質可知也；以商易校夏易。
> 則商夏之文質又可知也。三易皆始乎八而成六十四，有八卦即有六
> 十四卦，六十四卦非至周而備也。但法之所立，數之所起，皆不相
> 爲用，連山用三十六策，歸藏四十五策，周易四十九策，誠以人事
> 代謝，星紀推移，一代一謝，漸繁漸文，又何必近耳目而信，遠耳
> 目而疑諸。（《通志藝文略經類》）

雖然馬端臨論鄭樵好古太過；然鄭樵之言，仍引起廣大影響。〔註6〕今考諸家，

〔註 6〕今略舉數家以見一斑：

朱元昇《三易備遺》：

> 周公相成王，設官分職，命太卜、命筮人並掌三易，不以周用周易，而置
> 連山歸藏于無用。……皇極經世書，包羅萬象，該括三易，本領正大，規
> 模宏遠，是天又將以斯易託斯人也。（自序）

吳汝綸《三易異同辨》：

> 三易之名，見於周官，當時夏殷之易，與周易並用，至孔子表章周易，其
> 後二易漸廢，及遭秦火，惟周易以卜筮得存，而連山歸藏以不用而書亡。

又云：

> 自伏羲畫八卦，因而重之以爲六十四卦，以教人卜筮而前民用，於是乎有
> 易。當其卦畫既成，必爲之名以命之，則所謂易者是也。又必有其先後次
> 序，一成而不可變者，則自乾至未濟者是也。有其名矣，有其序矣，而其
> 所以教人卜筮者，又必有其入用之法，一定之例焉，則所謂用九用六者是
> 也。此伏羲作易之本也。連山歸藏周易，雖三代異世，教聖異書，要皆本
> 於伏羲而爲者，而謂各取其書，而反覆顛倒之，更改其義例，而數易其
> 本名，有是理乎。

均企圖尋求各種理由，給予《連山》、《歸藏》以存在之理由，或是補足前賢立說之根據，洋洋灑灑，蔚爲公論。然據何劭忞《續四庫提要》語，亦不信此二書確實在周易之前；崔述嘗言：

> 余按易傳言易詳矣，春秋傳亦多說易者，然皆未有連山歸藏之名。周官乃後人所撰，其然否未可知也，即使果然，亦當出於後世。鄭氏以爲夏殷者或有之。若羲農之世則未有篇策，安得有文字傳於後世哉？至因康成以屬山爲神農之誤，而並連山之名歸之，則尤繆矣。
>
> （《崔東壁遺書補上古考信錄》）

崔述以經證經，證明先秦諸家，並無論述《連山》、《歸藏》者；且《周禮》一書，爲後人所撰之說，亦見徐復觀先生《周官成立之時代及其基本性格》，認爲出於王莽，而成於劉歆。如此一來，諸儒所據三易之名，見於《周禮》，其記載曰：「大卜……掌三易之法，一曰連山，二曰歸藏，三曰周易；其經卦

又云：

夫連山歸藏，惟其皆名易也，故周禮著之，以爲三易，而周易之書，題周以別餘代，使夏商以前未有易名，則言易已別餘代矣，何必更題代名，而周禮又安能概以易之名，加之連山歸藏，而謂爲三易耶！（《清儒學案》卷一百八十九）

雷學淇《三易原始》：

三易之卦象皆同，惟卦名卦序有異，此即三皇之遺制也。周易乃伏羲之舊，伏羲詳於天而首乾，以陽爲主，以健爲道，以行爲義，所以著用也。連山者，神農氏之易也。神農詳於地，辨土性，藝五穀，嘗百藥，鑿井出泉，立市通貨，故其易用伏羲八卦之動象，以艮爲首，艮者、止也。止乃行之首，故艮象以行止，並言連山以時行爲義，由體達用之象也。歸藏、黃帝，此說必不可易。蓋黃帝之治詳於人…黃帝在位百年，成功之後，深求道極，默求本原，於羲農之易，皆反而歸之，得其初象，知陽氣之所以能生，實原於此。於是以坤爲首，以陰爲主，以靜爲道，以柔爲用，所以明體也。如杜氏之說，連山伏羲、歸藏黃帝，是夏商二易，皆有所因，獨周易是文王自出所見，以乾爲首，則易傳所云：「黃帝堯舜氏作，垂衣裳而天下治，蓋取諸乾坤。」此何以稱乎，是杜氏之說未確矣。（《清儒學案》卷一百九十五引）

杭辛齋：

上古之世，無所謂易也。但後世之易，實本庖羲。故周官掌太卜者，有三易之稱。因周以易名，遂追連山歸藏皆謂之易。（《學易筆談》卷一）

錢基博：

古易有三：神農曰連山，黃帝曰歸藏，文王曰周易。厥爲後學儒道墨三者分家之所本也。道家宗而實源出黃帝，……疑出於歸藏義也。墨者出於禹而實濫觴於神農。……儒家者流，集大成於孔子，……孔子固自承爲繼文王者也。（《周易解題及其讀法》）

皆八，其別皆六十有四。」又云：「簭人掌三易，以辨九簭之名：一曰連山，二曰歸藏，三曰周易。」（同上）則處在不確定，而不能作為立證根據矣。

連山、歸藏，從有此名以來，並未有全文；至隋書有記錄起，已被疑為偽書矣。然諸賢不惜引用各種說辭，企圖使之合理化，其目的在由此以見民族文化之源遠流長；例如桓譚新論曰：「連山八萬言，歸藏四千三百言。」假使，我們接受倉頡作文字之說，而連山伏羲、歸藏黃帝之說，則伏羲時代何嘗有文字？且字數又比後世多！諸多疑點，實不攻自破。

張心澂《偽書通考》嘗舉作偽原因，計有九點，〔註7〕然有些狀況，並非在此九點中；而是學者「崇古賤今」之普遍心態；認為上古聖人，替日後子孫，創制永久法規，只要後人，稍加轉化，即唾手可得；〔註8〕如皮錫瑞，即是此中代表，其《經學歷史》：

> 孔子有帝王之德而無帝王之位，晚年知道不行，退而刪定六經，以教萬世，其微言大義實可為萬世之準則。（〈經學開闢時代〉）

一些蛛絲馬跡之線索，只要能與古代掛勾，即應用各種解釋，給予安排，而不論其在歷史洪流中，所應有之情形。梁啓超先生曾在清華大學講演〈古書真偽及其年代〉，其言不辨別偽書，則有下列結果：（1）史蹟方面：進化系統紊亂，社會背景混淆，事實是非倒置，由事實影響於道德及政治；（2）思想方面：時代思想紊亂，學術思想混淆，個人主張矛盾，學者枉費精神；（3）文學方面：時代思想紊亂進化源流混淆，個人價值矛盾學者枉費精神。（轉引自《偽書通考》序文）此類觀點，易導致錯誤結果，不得不慎矣。

皮錫瑞論三易，其優點在不捲入無確定之討論，而直接斷以偽書觀之；是其慧識。然短處，正如前言，誤以孔子，無所不能；完全向古看，忽略了當代人應有之努力，亦見其失矣！

四、孔子易學及其衍傳之精神

（一）歷代學者對「卦爻辭」何人所作之主張

卦爻辭為何人所作之問題，歷經各時代學者討論，可為五說：一者為《周

〔註7〕 作偽之原因：憚於自名，恥於自名，假重於人，惡其人偽以禍之，惡其人偽以誣之，為爭勝，為牟利貪富，因好事而故作，為求名。等計九項。詳見其書總論。

〔註8〕 朱曉海作《讀易小識》，第三篇〈今本易傳與先秦儒學關係的再審〉一文中，有詳細討論，本節大義，源自其文，在此說明。文史哲出版，民國77年1月初版。

易正義》序所記載鄭玄、馬融之說；鄭云卦爻辭為文王所作，馬曰卦辭文王作、爻辭周公作。〔註9〕此二說之根據，大抵以《漢書藝文志》為主，《漢書藝文志》云：

> 易曰：「宓戲氏仰觀象於天，俯觀法於地，觀鳥獸之文，與地之宜，近取諸身，遠取諸物，於是始作八卦，以通神明之德，以類萬物之情。」至于殷周之際，紂在上位，逆天暴物。文王以諸侯順命而行，道天人之占，可得而效，於是重易六爻，作上下篇。孔氏為之彖、象、繫辭、文言、序卦之屬十篇。故曰易道深矣，人更三聖，世歷三古。及秦燔書，而易為筮卜之事，傳者不絕。

以伏羲畫卦，文王作辭，孔子作傳之連綿沿傳，稱之為「人更三聖，世歷三古」；或說周公作爻辭，以「父統子業」，歸文王名下，仍合乎《藝文志》之說。孔穎達諸人即用此二說。由於《周易正義》是當時官修的經學標準本，也是明經科舉的依據。皮錫瑞《經學歷史》曰：

> 永徽四年，頒孔穎達《五經正義》於天下，每年明經依此考試。自唐至宋，明經取士，皆遵此本。（〈經學統一時代〉）

學者既依此書，必循其說，是以其影響之廣，並不限於唐、宋年間，歷經元、明、清，以至於當前，仍有主此說者。〔註10〕

〔註9〕 《周易正義》序曰：「周易繫辭凡有二說：一說所以卦辭爻辭並是文王所作；知者案繫辭云：『易之興也其於中古乎！作易者其有憂患乎！』又云：『易之興也其當殷之末世周之盛德邪！當文王與紂之事邪？』又乾鑿度云：『垂皇策者犧，卦道演德者文，成命者孔。』又云：『蒼牙通靈昌之成，孔演命明道經。』準此諸文，伏犧制卦，文王繫辭，孔子作十翼；易歷三聖，只謂此也，故史遷云：『文王囚而演易。』即是作易者其有憂患乎。鄭學之徒，並依此說也。二以驗爻辭多是文王後事，案升卦六四：『王用亨于岐山。』武王克殷之後始追號文王為王，若爻辭是文王所制，不應云王用亨于岐山。又明夷六五：『箕子之明夷。』武王觀兵之後，箕子始被囚奴，文王不應豫言箕子之明夷。又既濟九五：『東鄰殺牛，不如西鄰之禴祭。』說者皆云西鄰謂文王，東鄰謂紂。文王之時，紂尚南面，豈容自言己德，受福勝殷，又欲抗君之國，遂言東西相鄰而已。又左傳：『韓宣子適魯見易象云：吾乃知周公之德。』周公被流言之謗亦得為憂患也。驗此諸說，以為卦辭文王、爻辭周公。馬融、陸績等並同此說。今依而用之。所以只言三聖不數周公者，以父統子業故也。」見第四論卦辭爻辭誰作。

〔註10〕 列舉諸家為說。
《朱子語類》：「想當初伏犧畫卦之時，只是陽為吉，陰為凶，無文字。某不敢說，竊意如此。後文王見其不可曉，故為之作彖辭：或占得爻處不可曉，故周公為之作爻辭；又不可曉，故孔子為之作十翼，皆解當初之意。」（〈卜筮〉）

　　再者爲皮錫瑞「卦爻辭爲孔子所作」之主張，即拙文所欲討論重點。三者爲近人余永梁主張：「卦爻辭所紀史事皆在周初，最晚的事也只到康侯。」〔註11〕而屈萬里先生則曰成書在周武王時代；〔註12〕有此五說，各有其依據，前三者乃「價値判斷」，後二者爲「事實判斷」；〔註13〕而最具爭論者莫過於

　　王船山：「伏羲氏始畫卦，而天人之理盡在其中矣。上古簡樸，未遑明著其所以然者，以詔天下，後世幸筮氏猶傳其所畫之象而未之亂。文王起於數千年之後，以不顯亦臨，無射亦保之心，得即卦象而體之，乃繫之彖辭，以發明卦象得失吉凶之所緣；周公又即文王之象，達其變於爻，以研時位之機而精其義。孔子又即文周象爻之辭，贊其所以然之理，而爲文言與彖象之傳，又以其義例之貫通，與其變動者，爲繫傳說卦雜卦，使占者學者得其指歸，以通其殊致。蓋孔子所贊之說，即以明彖傳象傳之綱領，而彖象二傳即文周之象爻，文周之象爻即伏羲氏之畫象。四聖同揆，後聖以達先聖之意而未嘗有損益也。」（《周易內傳發例》）

　　毛奇齡《易小帖》：「爻辭亦名繫辭，本文王所作。惟漢儒有云周公作者，以箕子明夷、王亨岐山，似武王時事故云，然武王作履銘曰：「行必慮正」視履所以正行也，則視履二字，出卦上九爻辭，是武王以前原有此辭，恐非周公所能作也。」（卷四）

　　李恕谷：「伏羲作卦而文王之彖因之，周公之象因之，孔子之傳又因之：學者須先觀玩畫卦，次及卦名，不得誦辭乃忘原本。」（《周易傳註凡例》）

　　惠士奇：「易始於伏羲，盛於文王，大備於孔子，而其說猶存於漢。不明孔子之易，不足與言文王：不明文王之易，不足與言伏羲。舍文王孔子之易而遠問庖犧，吾不知之矣。」（《易說》）

　　沈彤《易爻辭辨》：「余以爲屯蒙以下爻辭多作於周公，而乾坤之爻辭則作於文王。……是全易爻辭之繫文王少而周公多，文王開其端而周公卒其業，必舉而歸諸一人，安能無所牴牾。若以彖爻辭義之悉符爲徵，則文周爲一家之聖，道與心自無不同，豈必出一手所成而然哉。」（《清儒學案》卷六十一引）

　　諸賢心中均恆梗著《漢書》之語：「人更三聖，世歷三古。」因此在解釋不通時，則以「父統子業」把周公附屬在文王之下。縱有異辭，也是針對《周易正義》而言，如孫志祖評《周易正義》之說：以爻辭爲周公作，其所據者四事皆非之證，……不知此所謂王乃殷王而非周王也。……漢蜀人趙賓乃欲改箕子爲荄滋，然箕子之明夷，本不言其囚奴也。……本出後儒之說。……左傳韓宣子所云周公之德者，乃以春秋皆周公之承上魯春秋而言，不得專屬之易象也，否則卦辭文王作，爻辭周公作，亦何以言周公而不及文王乎。孔氏正義乃據此以爻辭繫之周公誤矣。」（《讀書脞錄續編》）大抵均以《周易正義》爲說，而形成易學史上最大之共識。

〔註11〕見《古史辨》第三冊上編。

〔註12〕見「周易卦爻辭成於周武王時考」，收錄《書傭論學集》。

〔註13〕陳大齊《大衆理則學》曰：「事實觀謂將對象視作事實而加以觀察與討論，價値觀謂將對象視作價値而加以觀察與論斷，……一爲客觀所固有，一爲主觀所賦與。」詳見第七章。中華書局。民國71年9月二版。

皮錫瑞之說也！正如章太炎所說：「漢世有言孔子作春秋，未有言孔子作易。皮錫瑞以爲伏羲畫卦、孔子繫辭，繫辭者，謂卦爻下辭也。繫辭傳爲弟子所作。」〔註14〕以「人更三聖，世歷三古」之說爲據，論皮錫瑞之說不足取。

然皮氏之說並非無證。大抵諸說之討論，均爲東漢鄭玄、馬融以來的普遍看法，然西漢諸儒，無有此說者。皮氏即由此考察，而力主「卦爻辭爲孔子所作」，皮錫瑞云：

> 據孔疏之說文王作卦爻辭，及文王作卦辭，周公作爻辭，皆無明文可據，是非亦莫能決。今據西漢古義以斷，則二說皆非是。（第五章）

又說：

> 然以爻辭爲文王作，止是鄭學之義；以爻辭爲周公作，亦始於鄭眾賈逵馬融諸人，乃東漢古文家異說，若西漢今文家說皆不如是，史遷楊雄班固王充但云文王重卦，未嘗云作卦辭爻辭。當以卦爻之辭並屬孔子所作。蓋卦爻分畫於羲文，而卦爻之辭，皆出於孔子，如此則與易歷三聖之文不背；箕子岐山東鄰西鄰之類，自孔子言之，亦無妨。（同上）

是皮氏欲去東漢之說，而以求年代更前之西漢學者說爲證，以支持其主張。而同時學者康有爲之說，正提供皮氏間接證據矣！

（二）皮氏「孔子作卦爻辭」說之根據與發揮

1. 卦爻辭為孔子所作

康有爲《新學僞經考》曰：

> 據史記周本記，日者傳、法言問神篇、漢書藝文志、楊雄傳、論衡對作篇，皆謂文王重卦爲六十四卦，三百八十四爻，無有以爲作卦辭者。唯王輔嗣以六十四卦爲伏羲所自重。周易正義論卦爻辭誰作，云：「一說並是文王所作……。」則影響附會，妄變楊何傳史公之眞說，其可信乎？至周公作爻辭之說，西漢前無之。漢書藝文志云：「人更三聖，」韋昭注曰：「伏羲文王孔子，」即正義所引乾鑿度云：「垂皇策者羲，卦道演德者文，成命者孔。」通卦驗又云：「蒼才通靈，昌之成，孔演命，明道經。」晉紀瞻曰：「昔庖羲畫八卦，陰陽之理盡矣。文王仲尼係其遺業。三聖相承，共同一致，稱易準天，無復

其餘也。」（《晉書‧紀瞻傳》）亦無有及周公者。唯左傳昭二年韓宣
子來聘，見易象與魯春秋曰：「吾乃今知周公之德，」涉及周公，此
蓋劉歆竄亂之條，與今學家不同。歆周官爾雅月令無事不托於周公，
易爻辭之託周公亦此類。唯馬融（陸績同）學出於歆，故以爲爻辭
周公所作。周易正易又云：「二以爲驗爻辭多是文王後事……。」如
正義言，爻辭又不得爲文王作，則藝文志謂「文王作上下篇」者，
謬矣。三聖無周公，然則舍孔子誰作之哉？

……歆以上下二篇屬之演爻之文王，既不可通，因以己所僞作之序
卦雜卦附之河內女子所得之事，而以爲孔子作十篇爲十翼。奪孔子
所作而與之文王周公，以己作而冒之孔子，蹟張爲幻，可笑可駭。（《經
典釋文‧糾謬第十》）

康有爲以西漢學者討論周易時，均只言文王重卦，並未言及文王有作卦爻辭
者；何以至東漢坿，學者忽知文王作卦爻辭，或云文王作卦辭、周公作爻辭？
蓋東漢學者附會之語，無根據之詞也！康氏以經今文學者立場，言經古文學
者劉歆竄作經書，以孔子之作，賦與文王周公；其旨在貶古文家說經，不可
依信。

皮錫瑞因襲其說，以「六經爲孔子作」，然而康氏以古文乃劉歆竄亂之作，
此點不爲皮氏接受。其論「孔子作易」另有根據。皮錫瑞：

以卦辭爲文王作者，但據繫辭傳易之興也其于中古乎，下有是故履
德之基也云云當文王與紂之事耶，是故其辭危云云，遂以爲文王作
卦辭。實則履德之基也云云，共引九卦，正是文王重卦之證，則其
辭云云，當即六十四卦，非必別有卦辭。伏羲在未制文字之先，八
卦止有點畫，文王在制文字之後，六十四卦必有文字，有文字即是
辭，不必作卦辭而後爲辭也。孔疏云史傳讖緯皆言文王演易，今考
之史傳史記，但云文王演三百八十四爻，不云作卦爻辭；讖緯云卦
道演德者文，則演易即演三百八十四爻之謂，不必爲辭演說乃爲演
也。其云周公作爻辭者，但以箕子岐山東鄰等文，不當屬文王說，
惠棟周易述，用趙賓說而小變之，以箕子爲其子，又據禹貢冀州治
梁及岐，爾雅梁山晉望也，因謂岐山亦冀州之望，夏都冀州，王用
亨于岐山者，爲夏王。惠氏疏通爻辭可以解鄭賈諸人之疑矣。然以
爻辭爲文王作，止是鄭學之義；以爻辭爲周公作，亦始於鄭眾賈逵

馬融諸人，乃東漢古文家異說，若西漢今文家說皆不如是，史遷楊
雄班固王充但云文王重卦，未嘗云作卦辭爻辭。當以卦爻之辭並屬
孔子之作。蓋卦爻分畫於羲文，而卦爻之辭，皆出於孔子，如此則
與易歷三聖之文不背；箕子岐山東鄰西鄰之類，自孔子言之，亦無
妨。（第五章）

皮錫瑞以東漢學者所論述之根據乃《繫辭傳》，然而《繫辭傳》所言，仍止於文
王重卦，並未言文王作卦爻辭；皮錫瑞又引惠棟《周易述》，以證文王作卦辭、
周公作爻辭之說亦不可信，並強調證據以愈古愈可信，是以用西漢學者之說，
僅言文王重卦，無曰作卦爻辭者，以駁斥東漢以來馬、鄭之徒，所言非是；皮
錫瑞因而從此中體悟卦爻辭由孔子所作，則討論「父統子業」之問題，皆可迎
刃而解；以伏羲畫卦，文王重卦，孔子作卦爻辭，與「人更三聖，世歷三古」
相符，且卦爻辭所言及諸事，由孔子記載，亦無妨害。皮錫瑞又云：

以卦辭爻辭爲孔子作，疑無明文可據，然亦非盡無據也。古以繫辭
即爲卦辭爻辭，漢儒說皆如是，而今之繫辭上下篇，古以爲繫辭傳，
釋文王肅本有傳字，蓋古本皆如是，宋吳仁傑《古周易》以爻爲繫
辭，今考繫辭有云：「聖人設卦觀象，繫辭焉以明吉凶。」又云：「聖
人有以觀天下之物，而觀其會通，以行其典禮，繫辭焉，以斷其吉
凶，是故謂之爻。」又云：「繫辭焉而命之，動在其中矣。」又云：
「繫辭焉以盡其信。」據此諸文，明是指卦爻辭謂之繫辭。若謂繫
辭中四處所云繫辭，即是今之繫辭，孔子不應屢自稱其所著之書，
又自言其作辭之義，且不應自稱聖人。蓋繫辭即是卦辭爻辭，乃孔
子所作。今之繫辭乃繫辭之傳，孔子弟子所作，繫辭中明白有子曰，
必非出自孔子手筆。史記自序，引繫辭之文爲易大傳，是其明證。
凡孔子所作謂之經，弟子所作謂之傳，所云「聖人繫辭焉以斷吉凶，
乃孔子弟子作傳，稱孔子爲聖人，非孔子作繫辭，而稱文王周公爲
聖人也。……繫者屬也，繫辭猶云屬辭，據史記云：伏羲畫八卦，
文王重卦爲六十四，分爲三百八十四爻而無其辭，至孔子乃屬辭以
綴其下，故謂之繫，此其明文可據而不必疑者也。（第八章）〔註15〕

〔註15〕吳仁傑的說辭，在《四庫提要》有簡潔的介紹：「易圖說三卷，宋吳仁傑
撰。……，今之爻辭，當爲繫辭傳，繫辭傳當爲說卦傳。於諸家古易之中，
其說特爲新異，迴與先儒不合，然證以史記引同歸殊途二語爲大傳，不名繫

皮錫瑞以「繫辭」者，即爲卦爻辭，在今《繫辭傳》明文可識；如不以繫辭即爲卦爻辭，則《繫辭傳》之內容，多不可通；是以皮錫瑞有此體會與根據，直言卦爻辭爲孔子所作。皮錫瑞又根據現存之漢碑爲證，云：

> 博陵太守孔彪碑云：「易建八卦挼莕毄辭。」隸釋云：「碑以莕爲爻，
> 毄即繫字。」案碑云，建卦挼爻乃云繫辭，此以卦辭爻辭，即是繫
> 辭之證；所謂繫辭非今歈所謂繫辭也。（二十九章）

依皮氏之意，現存漢碑，多在西漢之時，離現今所存易學家數鄭玄、荀爽、虞翻等東漢學者之時代更早，故更可引以爲證。〔註16〕清儒阮福《易繫辭說》：

> 漢儒皆謂繫辭爲卦爻辭，至今從之，繫辭上下篇內云：「聖人設卦觀
> 象，繫辭焉以明吉凶。」又云：「聖人有以觀天下之物，而觀其會通，
> 以行其典禮，繫辭焉，以斷其吉凶，是故謂之爻。」又云：「繫辭焉
> 而命之，動在其中矣。」又云：「繫辭焉以盡其信。」據此諸文，明
> 是指卦爻辭謂之繫辭。孔子上下二篇乃繫辭之傳，不得謂之繫辭也。
> 其謂之繫辭者，繫、屬也。（《鬼谷子中經注》）繫辭者即屬辭。（《皇
> 清經解》卷一千三百八十四）

阮福之說，可爲皮氏旁證。然此說在《周易正義》已稍有提出：

> 謂之繫辭凡有二義：論字取繫屬之義，聖人繫屬此辭，於卦爻之下，
> 故此篇第六章云繫辭焉以斷吉凶。第十二章云繫辭焉以盡其言。是
> 繫辭於爻卦之下，則上下二篇經辭是也，文取繫辭之意，故字體從
> 繫。又音爲係者，取剛係之義，卦之與爻各有其辭，以釋其義，則
> 卦之與爻，各有剛係，所以音謂之係也。（〈繫辭〉上第七疏）

《周易正義》只在保存異說，並非贊同其義，至吳仁傑時，才特爲標榜；皮錫瑞引以爲用，並非無據。章太炎評其：「直以己意，斷其有無。」（同註 14文）實有待商議！

皮氏又據史遷之說。以司馬遷在《儒林傳》能明易學授受情形，豈不知《易經》作卦爻辭之人？其云：

> 周本紀但云文王重卦，魯世家不云周公作爻辭。則文王周公無作卦

辭傳。」

〔註16〕皮錫瑞以漢碑可以爲證，尚有一說：《百史卒史碑》云：「孔子作春秋，制孝
　　　經，述五經，演易繫辭，經緯天地，幽贊神明。」皮錫瑞則據此說，云：「碑
　　　以演易繫辭屬孔子說，則亦必繫辭爲卦爻辭，非今之所謂繫辭也。」詳說見
　　　二十九章。

－91－

爻辭之事。孔子世家云：序彖繫象。即卦爻辭在其中矣。（第九章）
又根據《周本紀》云：「西伯之囚羑里，蓋益易之八卦爲六十四卦。」自序亦
云：「西伯拘羑里演周易。」以證文王止演八卦爲六十四，未嘗有作卦爻辭也；
然張守節《史記正義》曰：

> 按、太史公言「蓋」者，乃疑辭也。文王著演易之功，作周易方贊
> 其美，不敢專定，重易故稱「蓋」也。

已明言史公此說之意，乃未定之詞。崔述作《考信錄》，更明張守節之說，曰：

> 近世說周易者，皆以彖詞爲文王作，爻詞爲周公作，朱子本義亦然，
> 余按傳前章云：「易之興也其於中古乎！作易者其有憂患乎？」初未
> 言中古爲何時，而憂患爲何事也，至此章始言其作於文王時，然未
> 嘗言爲文王所自作也，且曰「其當」曰「其有」曰「邪」曰「乎」
> 皆爲疑詞而不敢決，則是作傳者但就其文推度之，尚不敢決言其時
> 世，況能決知其爲何人之書乎？至司馬氏作史記因傳此文，遂附會
> 之以爲文王羑里所演，是以周本紀云：「西伯之囚羑里，蓋益易之八
> 卦爲六十四卦；」自序亦云：「西伯拘羑里演周易；」自是遂以易卦
> 爲文王所重。及班氏作漢書，復因史記之言，遂斷以詞爲文王之所
> 繫，是以藝文志云：「文王重易六爻作上下篇。」又云：「人更三聖，
> 世歷三古；」自是遂以易象爻之詞爲文王所作矣。然其中有甚可疑
> 者：明夷之五稱箕子之明夷，升之四稱王用亨於岐山，皆文王以後
> 事，文王不應預知而預言之。史漢之說不復可通，於是馬融陸績之
> 徒不得已乃割爻辭謂爲周公所作，以曲全之。而鄭康成王弼復以卦
> 爲包義神農所重，非文王之所演。然後後儒始獨以彖詞屬之文王，
> 而分爻詞屬之周公。而是言之，謂文王作彖詞，周公作爻詞者，乃
> 漢以後儒者因史記，漢志之文而展轉猜度之，非有信而可徵者也。
> （《豐鎬考信錄》卷五）

然崔述旨在糾正，東漢以來之學者誤會《史記》辭意，以疑詞作爲確論之句，
而加以演說，致使有東漢以來之易學者，具言文王作卦辭、周公作爻辭，此
舉均爲「展轉猜度之，非有信而可徵者」！然崔述未曾論證卦爻辭爲誰作。
而皮錫瑞湊合上述諸家之說法，斷然以卦爻辭爲孔子作，取證實有不足之處！
　　皮錫瑞另有取證，以明「孔子作卦爻辭」說；即以周代保氏教學題材觀
之，皮錫瑞云：

若卦爻之辭爲文王周公作，則當如後世欽定御纂之書，頒之學官，
以教士子矣。而當時造士止有禮樂詩書，則以易，但有卦爻而無文
辭，故不可與禮樂詩書，並立爲教。當時但以卜筮之書而已，至孔
子闡明其義理，推合於人事，於是易道乃著。（第六章）

若卦爻辭爲文王、周公所作，以二人之政治地位，勢必如後世帝王欽定，爲
學子必讀之書；但周禮「保氏」教學，僅取禮樂詩書，而未及「易」，故可旁
證「易」尚未有文辭，不能作爲教學之用也。皮錫瑞此證相當雄辯而有據；
今考《左傳・僖公二十七年》：

（晉）作三軍，謀元帥。趙衰曰：「郤縠可，臣亟聞其言矣，說禮樂
而敦詩書。詩書，義之府也；禮樂，德之則也；德義利之本也。夏
書曰：賦納以言，明試以功，車服以庸，君其試之。」

徐復觀先生由此而有體悟，其曰：

由此一故事，可以了解：（一）詩書禮樂，此時已連結成爲一組的
名稱。（二）說詩書是義之府，禮樂是德之則，詩書禮樂已與現實
生活連結在一起，發揮著教戒的作用。（三）趙衰數聞郤縠之言，
而所言者乃詩書禮樂，是此時的詩書禮樂，已成爲貴族間的基本教
材。〔註17〕

徐復觀先生取《左傳》之辭，作如此的理解，的確證明詩書禮樂是一套基本
教材。且《論語》亦載如斯之言。〔註18〕因此，顧亭林由此而悟六經之一貫
性，曰：

記者於夫子學易之言而繼之曰：子所雅言詩書執禮皆雅言也。是知
夫子平日不言易，而其言詩書執禮者皆雅言也。人苟循乎詩書執禮
之常而不越焉，則自天佑之吉無不利矣。（《日知錄》）

然而顧氏之意，只言「夫子學易」，並未有作易之說。皮錫瑞以周禮保氏之說
爲論證，仍不足爲其說提供旁證。

近代學者，對於卦爻辭何人所作之問題，有不同思考方向，蓋今人無科
舉之束縛，故較能客觀論述。如蘇淵雷以社會學的角度評論，嘗曰：

卦爻辭爲農業社會初期之產物。其所載不外禦寇婚媾涉川畋獵諸

〔註17〕《中國經學史的基礎》，頁3，學生書局，民國79年7月，初版二刷。

〔註18〕〈述而〉：「子所雅言詩書執禮皆雅言也。」〈泰伯〉：「子曰：興於詩立於禮成
於樂。」

事，於耕稼之事，除無妄卦有：不耕穫不菑畬外，不再見。蓋當時社會之物質生產方法，尚以狩獵牧畜爲主要，農業思想未占決定之力，故其精神之生產亦莫能外此。卦爻辭非孔子作，證之社會學可明矣。(《易學會通》)

顧頡剛所編之《古史辨》以卦爻辭所描述背景及史實，或曰西周時作、或曰成王時，然可證一點，即卦爻辭決非一時一人之作。〔註19〕朱伯崑《易學哲學史》亦說：

傳統的「人更三聖」說，也有其合理的因素，即承認周易包括傳文部份，非一時一人所作，而是陸續形成的。(卷一)〔註20〕

近代學者之說詞，均可反駁皮錫瑞之論述相當武斷。而章太炎批評皮錫瑞，就其使用材料，與以駁斥，顯現皮氏一廂情願的看法。章氏言：

漢世有言孔子作春秋，未有言孔子作易。皮錫瑞以爲伏羲畫卦、孔子繫辭，繫辭者，謂卦爻下辭也。繫辭傳則爲弟子所作。案左氏傳所載筮辭，錫瑞將謂古文難信，今姑不舉，且以大傳史記及他書所記爲質。(《文錄》)

因而條列十二條證據，〔註21〕或以文字創造經過以駁斥，或以史書記載以判

〔註19〕《古史辨》第三冊上篇，有詳細之討論。藍燈文化公司，民國76年11月初版。

〔註20〕《易學哲學史》卷一，頁9，藍燈文化公司，民國80年9月初版。
從訓詁學理論，分析「三」爲多數的代表，把《漢書》之說，重新理解，雖是合理，但恐非班固之意。而韋昭注三聖爲伏羲、文王、孔子，是根據班固前言之說，並非自我設定。

〔註21〕章氏原文如下：孔子世家曰：孔子晚而喜易，序彖繫象說卦文言，讀易韋編三絕曰：假我數年，若是，我於易則彬彬矣。若所云繫者即是卦爻下辭，彖象當何所指？若以象傳象傳當之，是自作卦爻自以象象說解其繆一也。重卦之象，人人能爲之，何必文王，若專定其名丈者，羑里之囚七年，所訂無過六十四名，何其短拙其繆二也。連山歸藏載在春官大卜，錫瑞或不信，桓譚新論曰：連山藏于蘭臺，歸藏藏于大卜，連山八萬言，歸藏四千三百言，此漢人所明見不可誣也：孔子亦云吾得坤乾，郭璞在晉，猶引歸藏齊母鄭母諸經，歸藏當殷已有辭，周易爲子亦云吾得坤乾，郭璞在晉，猶引歸藏齊母鄭母諸經，歸藏當殷已有辭，周易爲周時所用，不爲繫辭，而待魯國儒者于六百年後爲之補販，情事相違其繆三也。六十四卦，十五爲重名，四十九爲奇名，其字財七十九，夫百名以上書于策，不及百名書于方，蓋書契之恆制，七十九名書之版牘則足矣，安得有韋編，縱令在策，其文既穿，其義又少，諳誦其名數日則了，而遠待數年之功，繩爛革敝，乃得記識，何聖人之徇齊，而今鈍拙若是，其繆四也。論語云：五十以學易，學者非自習其著作之名，

斷，種種現象與證據，顯示皮氏謬誤之處甚多。章氏結論又云：

> 傳曰蓋有不知而作之者，我無是也，謂孔子作易者，太史公所不著，
> 施孟梁並所不言，錫瑞直以己意，斷其有無，吾見世之妄人多矣，
> 于皮氏得一焉。（《文錄》，同註21）

章氏就子之矛攻子之盾，皮氏復出，百口莫辯矣。而蔣伯潛另就使用角度判斷，
假使沒有卦爻辭，則六十四卦復有何意義。〔註22〕陳澧《東塾讀書記》云：

> 伏羲作八卦，其重爲六十四卦者何人，則不可知矣！然必在倉頡造
> 文字之後也。八卦之爲數少，可以口授卦名，至六十四卦，若無文
> 字以標題卦名，上古愚民安能識別乎？（卷四）

顯示皮錫瑞爲「孔子作卦爻辭」之說辭，雖尋求理據，然經歷代學者之研究，

故當抽讀他人成語，六十四卦卜筮者悉能舉之，若舊無卦爻辭，當何所學。
其繆五也。大傳曰：易之興也其於中古乎！作易者其有憂患乎！此言中古，
其爲文王則明，今云卦爻之辭作自孔子，又云大傳是弟子作，師徒相接，必
不謂之中古，中古以作，必不遠待孔子，若云重卦稱作，非必繫辭上遺經始
之功，下棄尼父成書之業，徒取中流，又無其義，其繆六也。　大傳曰：易
之興也，其當殷之末世，周之盛德邪！當文王與紂之事邪！是故其辭危。若
文王不繫辭，則大傳爲妄說，若曰卦名爲辭名，卦者其功微，成書者其功巨，
顧不曰易興定哀，當素王與七十二君之事，獨綢繆于姬氏舊王，而沒本師之
績，是舉其微而遺其巨，詳其遠而略其近，其繆七也。若以箕子岐山之屬，
非文王所宜言者，鄭眾馬融嘗以爻辭出周公矣，要之，文王親見箕子，何不
可錄其人；山川群神，帝王所常祀，寧知前王無享岐山者，必謂文王自擬乎！
且易當殷末故事，狀不及周世，徒有高宗帝乙箕子而已。若作自孔子者，當
有成康之事、五伯之跡，今近不舉周世，遠不舉虞夏，獨以殷事爲言，違其
情勢，其繆八也。文言爲孔子作，世家所明著，若自作爻辭，又自設問以明
其意，既非辭賦，何容有此，（自注：公羊穀梁夏小正喪服諸傳，皆弟子口問
師口答之，若設難之文，近起漢事，周時惟辭賦有此，未有施諸說經者也。）
其繆九也。若曰文言繫辭二傳皆有子曰之文，故不得言自著，尋子者，男子
之美稱，夫子者，卿大夫之尊號，誠不得自據也，然司馬遷官太史令，而自
署太史公，褚少孫亦自稱褚先生，此則後進相尋因以自號，非無其比，或言
遷書署太史公者，則東方朔爲書之，若然大傳稱子者何知非弟子別題，若以
兩字有疑，因謂大傳出於門下，可曰史記百三十篇，悉非子長所撰邪？其繆
十也。　序象象說卦文言皆傳也，卦爻辭則爲經。若繫即卦爻辭者，史記當
列文取先，何故退就序象之下，文在傳次，而以爲經，其繆十一。左氏記載
筮辭，容爲今文家所不信，太史公世治周易（談受易于楊何，遷亦自云正易
傳）于左氏內外傳所錄悉載在世家言，若知爲孔子作者，當辨左氏之非，縱
無駁證，猶當去其文，今則絲篇蕰牒，往往并見，曾無存疑之辭，既以遷書
爲據，而云辭由孔子，其繆十二也。

〔註22〕《十三經概論》，頁44，學海出版社。

皮公仍難以自圓其說，而被譏以「妄人」，在所難免！

2. 又作彖、象、文言為自作自解

雖然，皮氏以卦爻辭爲孔子所作，是經不起學術事實驗證；但皮氏仍亦尋求其理由證之，如上文所述；再者，皮氏又提出一證，即彖、象、文言等三傳，與卦爻辭之關係；皮錫瑞云：

> 或疑卦辭爻辭爲孔子作，彖象文言又孔子作，夫彖象文言，所以解卦辭爻辭也，是豈孔子自作之而自解之歟？曰：孔子正是自作之而自解之也。聖人作易，幽贊神明，廣大精微，人不易喻，孔子恐人之不能盡喻也，既作卦辭，又自作彖以解卦辭，既作爻辭，又自作象以解爻辭；乾坤爲易之門，各居卦之首，又特作文言以釋之，所謂言之不足，故長言之，所以開愚蒙導後學也。（第八章）

以《易經》精微難識，所以孔子作卦爻辭之後，又自注以示後人也；而彖、象、文言等三傳，即是孔子注易之作。皮錫瑞恐人疑自作自解，無此文體，是以舉《漢書‧揚雄傳》爲例，皮氏曰：

> 若疑自作自解，無此文體，獨不觀揚雄之太玄乎？太玄準易而作者也。漢書揚雄傳曰：「爲其泰曼漶而不可夂矣，故有首衝錯測攡瑩數文堄圖告十一篇，皆以解剝玄體離散其文，章句尚不存焉。」據此是雄作太玄，恐人以爲曼漶不可知，自作十一篇，解散其文，以示後人；正猶孔子作易，有卦辭爻辭，恐人不知，自作象象文言以示後人也。（第八章）

皮氏又說：

> 當時有難玄太深，雄解之，號曰「解難」，其辭曰：「是以宓犧氏之作易也，綿絡天地，經以八卦，文王附六爻，孔子錯其象而象其辭；然後發天地之藏，定萬物之基。」揚子但以文王爲附六爻，與《法言》所說同，文王但重卦而無辭，則卦爻辭必孔子作。雄以孔子作卦爻辭，又作彖象文言而自解之，故準易作太玄，亦作首贊以法卦爻辭，又作測與文而自解之。揚雄太玄自作自解，人未有疑之者，獨疑孔子不應自作自解，是知二五而不知十也。（同上）

皮氏引揚雄爲例，以揚雄著書，恐閱者不知其意，故自作自注；然揚雄作《太玄》，乃仿《易》而作，其內容已「受道家及陰陽五行說之影響」（勞思光語），今觀其書，可知一二，揚雄論「玄」：

玄者，幽攡萬類而不見其形者也，資陶虛無而生乎！規攄神明而定
摹，通同古今以開類，攡措陰陽而發氣。（《太玄》卷七）

與孔子思想相比較，明顯不同；且揚雄以摹仿成名，〔註23〕皮氏以揚雄作爲
說明孔子作易之旨，實有誣蔑孔子矣。再則，孔子嘗自言：「述而不作」（〈述
而篇〉）不知皮氏寧信旁證，而以今類古；或信孔子自說，有明顯依據者？

皮氏另有一證，亦極有力，其引高貴鄉公與淳于俊的對話，言及象、彖
連經之問題，《三國志・魏書》：

帝又問曰：「孔子作彖象，鄭玄作注，雖聖賢不同，其所解釋經義
一也。今彖象不與經文相連，而注連之，何也？」俊對曰：「鄭玄
合彖象於經者，欲使學者尋省易了也。」帝曰：「若鄭玄合之，於
學誠便，則孔子曷爲不合以了學者乎？」俊對曰：「孔子恐其與文
王相亂，是以不合，此聖人以不合爲謙。」帝曰：「若聖人以不合
爲謙，則鄭玄何獨不謙耶？」俊對曰：「古義弘深，聖問奧遠，非
臣所能詳盡。」

蓋高貴鄉公以十翼爲孔子所作，即是屬於解經之注，而有此問；然皮錫瑞強
作解人，曰：

不知彖象與卦爻辭，皆孔子一人作，既皆孔子所作，則皆當稱爲經，
並無經傳之分。（第八章）

此舉一來，替淳于俊作了解釋，再者以此論答，間證其說。

王弼注有周易，然其《繫辭傳》以下不注，致使形成一懸案，然必有其
用心，絕非因早逝而不及注，（後敍）而依皮錫瑞之說法：「易經皆孔子作，
象彖文言亦當稱經，惟今之繫辭，可稱傳耳。」（十六章）又說：「孔子作卦
辭爻辭，又作彖象文言，是自作而自解。」（八章）如此一來，王弼不注《繫
辭傳》以下諸傳，乃因非孔子所作，故無注解必要；經傳有別，王弼已替皮
錫瑞預藏伏筆矣！

高貴鄉公與王弼之說，雖可巧合的被皮錫瑞引以爲證；然十翼爲雜輯而成
（勞思光語），〔註24〕此說幾成定論；皮氏雖言彖、象、文言仍爲孔子作，而繫

〔註23〕班固本傳贊曰：「以爲經莫大於易，故作太玄；傳莫大於論語，作法言；史莫
　　　　善於倉頡，作訓纂；箴莫善於虞箴，作州箴；賦莫深於離騷，反而廣之；辭
　　　　莫麗於相如，作四賦。皆斟酌其本，相與倣依而馳騁云。」

〔註24〕《古史辨》第三冊收此類討論文章甚多，可一併參考。

辭以下爲孔門弟子所作，比起前賢言十翼皆爲孔子所作，是爲客觀體察內容而不盲從，然以卦爻辭爲孔子作，是又謬於前賢！然實有皮氏之時代用心也。

（三）時代感受

《續四庫提要》嘗云皮氏：「獨謂卦爻之辭皆孔子所作，於文周無與，則響壁虛造，振古所無有也。」然皮錫瑞氏，之所以振古所無有，實有其所處之時代感受也。

皮氏治經宗今文，以經學不明，則孔子不尊；而認爲漢代人才所以極盛，而治法最近古，由明經術而實行孔教之效也。進而主張：孔子以萬世師表之尊，正以其有萬世不易之經，經之大義微言亦甚易明，治經者，當先去其支離瑣細，而用漢人存大體，玩經文之法，勉爲通經致用之材，斯不至博而寡要，迂而無用矣。而學者若能身通孔子之教，乃足以治國，而皮氏堅定認爲「此萬世之公言，非一人之私論」。而主張把孔教理念，用來治國，以面對時下之困局。〔註25〕

皮氏時代，正值中國近代風雨飄搖的時代。就政治外交而言，是皇室權力傾軋，外患頻仍的時代；就社會現象言，是人心思變，高倡改革的時代；就學術發展而言，則是西學漸入，經世思想獲勝的時代。〔註26〕因此皮氏以其憫亂憂時之心情，獨以時世及學術相結合。其論「變易不易皆易之大義」一章云：

> 今之學者，不知窮變通久之義，一聞變法，群起而爭；反其說者，
> 又不知變易之中有不易者在，舉天地君臣父子不可變者亦欲變之，
> 又豈可爲訓乎！

甲午戰後，朝野倡言變法。皮氏獨以爲「宜先清內亂，嚴懲賄賂，刻繩贓吏，實事求是，且先改宋明陋習，不必皆從西俗。」〔註27〕是論易學之理以應用於時世。

又主張「君親以尊，臣子以順。」（第二章）乃不變之理，以反對革命黨之理論。蓋變與不變，以孔教爲主。在紛亂的時代，要求一致的理念，這是皮氏之感受，也是清末今文家復勝之原因之一。

〔註25〕 見《經學通論序》、《經學歷史》第一章。
〔註26〕 參閱許英才《皮錫瑞經學史觀及其經學問題之探討》，頁9～20。政大中文研究所，民國81年碩士論文。
〔註27〕 引自《皮鹿門先生傳略》，頁2。

皮錫瑞治易，特別標榜焦里堂，言其能通全經之學。今考焦里堂《易圖略》一書有云：「易之一書，聖人教人改過之書也。窮可以通，死可以生，亂可以治，絕可以續，故曰為衰世而作。達則本以治世，不得諉於時運之無可為；窮則本以治身，不得謝以氣質之不能化。」（《皇清經解》卷一千一百一十一）窮可以通，死可以生，亂可以治，絕可以續，皮氏對時世之用心，惟獨先賢能解！徐世昌：

> 鹿門經術，原以高密為宗，其後專治今文家言，涂轍稍變，經義引
> 而日新，時會然也。唯博洽精審，亦能折中群言，無所偏激。（《清
> 儒學案》卷一百九十三）

的確，大時代的壓力，帶給學者的感受。皮氏以其妄斷，正是，時會然也。而諸賢一致的指責皮氏妄斷，雖是證據確鑿，縱使皮氏復出，亦不得不承認其妄斷之處，但是，其用心之良苦，對世局之無力感，而激起以學術改造社會的用心，孟子云：「孔子曰：『知我者其惟春秋乎！罪我者其惟春秋乎！』」（〈滕文公下〉）皮公效之乎？〔註28〕

　　然而，個人學術主張，以主觀歷史攫取所需條件，而應證於當今，揚言聖人定六經，以教萬世，後人依循其「微言大義」，即可開展新時局，其衍生之危機，造成迷信風氣，對世局反而形成更大傷害，近人朱曉海云：

> 鴉片戰爭後，西方文明壓境，中國本土知識份子在找安慰或說補償
> 心理的驅使下，宣稱很多新觀念本汶陽故田，於是隨著一波波叩門
> 的西潮，一樣樣舶來品商標往自家臉上貼，康有為就是第一代新孔
> 子造像業中的翹楚。〔註29〕

皮錫瑞處此潮流，亦提倡「孔教救國」，不遺餘力；事實證明，對後世造成更

〔註28〕杭辛齋評虞翻之易學云：「虞仲翔生於易代之際，世道人心，江河日下，說易大師，有曲說阿時，以聖經為羌雁者也，故憤時疾俗，或不免有過激之論，如以坤初為子弒其父臣弒其君，謂坤陰漸而成遘弒父，漸而成否弒君，於象義亦未允當。要皆有為而言。言其納甲消息，皆與荀氏升降之說針鋒相對，意尤顯然。辛以之正立論，明天地大義，以既濟定也為歸，期人心之不正者胥歸於正，於是乎世亂或可少定，此虞氏之苦心孤詣，千載而下猶皦然可見者也。」見《學易筆談》卷三。杭辛齋之理解虞翻易學，如同皮氏之理解孔子易學，均為價值意識，而非事實。

〔註29〕《讀易小識》，頁121，書中引錢穆《中國近三百年學術史》十四章論康有為之繆，作為旁證：錢穆云：「康氏之孔子，並不以孔子之真相，乃自以所震驚於西俗者尊之，特曰西俗之所有，孔子亦有之而已。」文史哲出版社，民國77年1月初版。

大的反動，「五四運動」即是印證，以「孔子神化」救國之觀念，反而更加速
民國初，學者對孔子之誣蔑、以及全盤否定之態度。皮氏等人難辭其咎矣！

五、十翼之說於古無徵

皮錫瑞以卦爻辭爲孔子作，彖、象、文言亦爲孔子所作，其目的在明卦
爻辭，是孔子「自作自解」；然另有自古相傳《十翼》爲孔子著作之其餘著作
——《繫辭傳》、《雜卦傳》、《說卦傳》、《序卦傳》，皮氏亦有所討論。討論從
《繫辭傳》開始。皮錫瑞云：

> 今之繫辭乃繫辭之傳，孔子弟子所作，繫辭中明白有子曰，必非出
> 自孔子手筆。（第七章）

蓋因《繫辭傳》中有甚多之內容，明白指出爲「子曰」；若是孔子所自作，不
應有此發問之必要，故皮氏斷定非出自孔子之手。皮氏又說：

> 史記自序，引繫辭之文爲易大傳，是其明證。凡孔子所作謂之經，
> 弟子所作謂之傳，所云「聖人繫辭焉以斷吉凶」，乃孔子弟子作傳，
> 稱孔子爲聖人，非孔子作繫辭，而稱文王周公爲聖人也。（第七章）

經、傳之分，是皮錫瑞論經學之大前提；孔子所作爲經，弟子所作稱爲傳；
今觀司馬遷《史記》自序云：「易大傳：『天下一致而百慮，同歸而殊塗。』」
以《繫辭傳》之文稱之爲《大傳》，是史遷亦知經、傳之分，故皮錫瑞引此文，
作爲明示《繫辭傳》非孔子所作之證。因此，傳中所稱「聖人」者，乃後學
弟子稱之孔子者，非孔子稱文王周公者也。宋儒鄭樵《六經奧論》曰：

> 易大傳言繫辭者五，皆指爻辭曰繫辭，如上繫曰：繫辭焉而明吉凶。
> 繫辭以斷其吉凶有二，曰：繫辭焉而命之；孔子專指爻辭以爲繫
> 辭。……今之繫辭，乃孔門七十二子傳易於夫子之言，爲大傳之文；
> 則繫辭者，其古傳易之大傳歟？（卷一）

鄭樵以《繫辭傳》爲易大傳，爲孔門後學者，記載孔子解易之作；鄭樵之說，
實可爲皮錫瑞所論之旁證也。

易學史上，以伏羲作易，文王重之，並作卦爻辭（或云爻辭周公作），孔
子作傳爲十翼之說，幾已主導易學史上之定論。然而，皮錫瑞論經學，堅持
經、傳之分，不信卦爻辭爲文王周公作，而歸之於孔子，傳者爲弟子所作，
不得混淆也。皮錫瑞云：

> 孔子以前不得有經。漢書儒林傳云：「孔子晚而好易，讀之，韋編

三絕，而爲之傳。」則已誤，以孔子所作爲傳，與史記之說大異矣。歐陽修不信祥異，以繫辭云：河作圖，洛出書，聖人作之爲非孔子之言。不知繫辭傳本非孔子之言，乃孔子弟子所作以解釋孔子之言者也。史記孔子世家云：「孔子晚而喜易，序象繫象說卦文言。」史公既以今之繫辭爲易大傳，則不以爲孔子所作；世家所謂亦必指卦辭爻辭而言。繫者屬也，繫辭猶云屬辭，據史記云：伏羲畫八卦，文王重卦爲六十四，分爲三百八十四爻而無其辭，至孔子乃屬辭以綴其下，故謂之繫，此其明文可據而不必疑者也。

（第七章）

經、傳觀念既分，則歷代以降，所疑論點，皆可迎刃而解；如歐陽修《易童子問》之疑《繫辭傳》非孔子所作，蓋本非孔子之作，乃爲諸弟子記載編纂之文也。而《史記》之記載「孔子晚而喜易，序象繫象說卦文言」，序者敘也（《經籍纂詁》卷三十六），敘「象」之文；繫者屬也，屬「象」之文；皮氏以此理解《史記》文，是以斷言：「伏羲畫八卦，文王重卦爲六十四，分爲三百八十四爻而無其辭，至孔子乃屬辭以綴其下，故謂之繫，此其明文可據而不必疑者也」，可明確卦爻辭爲孔子作，而《漢書》班固之理解「孔子晚而好易，讀之，韋編三絕，而爲之傳」，以孔子所敘者爲傳，則完全錯誤。

至於說卦傳、序卦傳、雜卦傳等，皮錫瑞亦有論述。皮錫瑞說：

惟孔子世家引說卦頗疑有誤，論衡正說篇曰：「至孝宣皇帝之時，河內女子發老屋，得逸易禮尚書各一篇，奏之皇帝，下示博士，然後易禮尚書各益一篇。」所說易益一篇，蓋說卦也。隋書經籍志曰：「及秦焚書，周易獨以卜筮得存，唯失說卦三篇，河內女子得之。」所謂三篇，蓋兼序卦雜卦在內。據王充說，說卦至宣帝時始出，非史公所得見，故疑世家說卦二字，爲後人攙入者。說卦論八卦方位，與卦氣圖合，疑焦京之徒所爲。

據王充《論衡‧正說》篇，及《隋書‧經籍志》之說，蓋《說卦傳》乃出現於漢宣帝之時，而此《說卦傳》內含三篇，應爲〈說卦〉、〈序卦〉、〈雜卦〉等三篇。皮氏據此，疑《史記‧孔子世家》「說卦」二字，爲後人攙入；且「說卦」專言八卦方位，與孔子論學，注重人生義理不合，而與西漢末焦、京之徒所作《卦氣圖》類似，故皮氏疑《說卦》爲焦京之徒所作。皮錫瑞又云：

程迴古易考十二篇闕序雜卦，以爲非聖人之言。李邦直朱新仲傳選

卿，皆疑序卦；近儒朱彝尊亦然；戴震云：「昔儒相傳說卦說卦三篇，
與今文大誓同後出，說卦分之爲序卦雜卦，故三篇詞指，不類孔子
之言，或經師所記孔門餘論，或別有傳述，博士集而讀之，遂一歸
孔子，謂之十翼矣。」據此則古人皆疑說卦三篇，而十翼之說於古
無徵。漢書藝文志易經十二篇，又曰，孔子爲之象象繫辭文言序卦
之屬十篇；是已分爲十篇，尚不名爲十翼。孔疏以爲鄭學之徒並同
此說，是十翼出東漢以後，未可信據。歐陽修謂十翼之說，不知起
於何人，自秦漢以來大儒君子不論，後人以爲歐陽修不應疑經，然
十翼之說，實不知起於何人也。

皮氏引先賢之說，證《序卦》、《雜卦》，不似孔子論學內容，故所謂《十翼》
者，不應有此名。依皮錫瑞之意，以《繫辭傳》歸之於孔門弟子所作；而據
王充《論衡》之記載，認爲《史記·孔子世家》已遭後人攙入，〔註30〕蓋雜
卦、說卦、序卦絕非孔門著作；此說已較前賢客觀矣。〔註31〕

歐陽修雖認爲「繫辭……謂其說出於一人，則是繁衍叢脞之言也。其遂
以爲聖人之作，則又大謬也。」（《易童子問》）皮錫瑞則以爲非孔子作爲是，
然是爲孔門弟子所作。而歐陽修又云：「童子問曰：『繫辭非聖人之作乎？』
曰：『何獨繫辭焉，文言說卦而下，皆非聖人之作，而眾說淆亂，亦非一人
之言也。』」則文言說卦以下，爲皮氏有所取用。南宋葉適《學習記言》：

班固言孔子爲象象繫辭文言序卦之屬，于論語無所見；然象象辭意
勁屬，截然著明，正與論語相出入，其爲孔子作無疑。至所謂上下
繫文言序卦，文義複重，淺深失中，與象象異，而亦附之孔子者，
妄也。（卷三）

葉適與皮氏之主張類似。惟「文言」皮氏仍歸之孔子所自作。

皮錫瑞以爲《十翼》之說，非全爲儒門作品，後人不識，把十篇之作全
歸之於一類；殊不知，其中有孔子自作者：「象、象、文言」此應爲「經」的
一部份；有孔門後學者釋孔子之義者，繫辭即是；至於其餘部份，不僅後出，
且與孔門義理不合，是應剔除。

〔註30〕 康有爲《新學僞經考》：「……至序卦、雜卦所出尤後，史記不著，蓋出劉歆
之所僞，故其辭閃爍隱約。……」云云，見《史記經說足證僞經考》。
〔註31〕 《周易正義》卷一「第六論夫子十翼」曰：「其象象等十翼之辭，以爲孔子所
作，先儒更無異論。」

蓋《十翼》之說，首見於易緯《乾鑿度》，而流行於東漢；孔穎達說：

> 十翼云：上彖一、下彖二、上象三、下象四、上繫五、下繫六、文
> 言七、說卦八、序卦九、雜卦十；鄭學之徒，並同此說。（第六論夫
> 子十翼）

鄭玄之徒，已言《十翼》可爲證。然而以後說議前說，本不可依信。是以皮
錫瑞不取《十翼》之說。蓋皮氏論「易」，其目的爲「通經致用」，並要求「主
義理、切人事」，今觀《說卦傳》、《雜卦傳》、《序卦傳》內容，實難合乎此要
求，是以皮氏不采前賢之說，有其學術要求。

近來學者研究所得，不僅得出「說卦」以下非孔門著作，更言《繫辭傳》
亦非是，且皮錫瑞所堅持的彖、象、文言，亦非孔子所作。崔述《洙泗考信錄》：

> 杜氏春秋傳後序云：「汲縣冢中，周易上下篇與今正同；別有陰陽說，
> 而無彖象文言繫辭。疑于時仲尼造久於魯尚未播之於遠國也。」余
> 按汲冢紀年篇乃魏國之史，冢中書，魏人所藏也。魏文侯師子夏，
> 子夏教授於魏久矣，孔子弟子能傳其書者莫如子夏；子夏不傳，魏
> 人不知，則易傳不出於孔子而出於七十子以後之儒者無疑也。（卷三）

首證《易傳》非出於孔子之手；崔述年代早於皮氏之前，然皮氏並不依此說；
然崔述論證相當有力，後學者頗多引證。至錢穆、李鏡池等人更言「論語無
孔子學易事」。孟子自言願學孔子，亦不見孟子論述孔子學易之事，且孟子亦
不言易；至於荀子雖有言易之文，然其言易之文章，非荀子所作，故並不可
靠。〔註32〕唐君毅先生認爲孔子應有學易，然而其學問，不必自周易來；且
先秦諸子未見有言易者，而言易學一脈單傳至漢儒某某者，併是漢人之說，
足見易學在先秦之時，初非顯學。〔註33〕錢穆《論十翼非孔子作》第九條：

> 秦人燒書，不燒易經，以易爲卜筮書，不和詩書同樣看待。自從秦
> 人燒書後，一輩儒生無書可講，只好把一切思想學問牽涉到易經裡
> 面去講，這是漢化初年易學驟盛的一個原因。若是孔子作十翼，易
> 爲儒家經典，豈有不燒之理。

事實上，此類儒生，已非孔孟學派所要求之儒生，而是與言五行災異之
方士混合矣，而成爲秦帝國的附庸者；焚書坑儒，所坑之儒絕非作易傳之儒，

〔註32〕俱見《古史辨》第三冊。
〔註33〕見唐先生《中國哲學原論——原道篇二》第二十四章「易傳之道即易道以觀
　　　　天之神道」一文。

是以朱曉海先生言易傳，不僅與孔門無關，甚至與先秦儒學殆屬兩個系統。〔註34〕皮錫瑞欲言孔子作易卦爻辭、彖、象、文言，而把《繫辭傳》歸之門人所作，其餘諸傳則不信爲孔門系統，至此，方知皮氏之說不可採信矣！

第二節　漢魏易學（附戰國時期之易學）

一、戰國時期暨漢初易學合乎孔學精神

　　皮錫瑞以易經卦爻辭爲孔子所作，且作彖、象、文言，爲孔子自作自解；蓋以指導人生，使之合乎社會秩序，「君親以尊，臣子以順」。（第二章）皮氏又進一步言孔子所立易學精神，影響深遠，不僅在戰國時期，言易者主義理（皮氏曰：「論易至孔子始著於是學士大夫尊信其書」見第六章標題），至漢初依然延續此風；是知孔門易學在談義理、切學士大夫尊信其書」見第六章標題），至漢初依然延續此風；是知孔門易學在談義理、切人事，不言陰陽術數（皮氏曰：「論漢初說易皆主義理切人事不言陰陽術數」見第十章標題）。蓋主義理、切人事，「通經致用」，方爲皮錫瑞易學標的。

　　戰國時期，依時間斷代，本應置於「先秦易學」；然皮氏以爲，戰國時期學者論易，直接影響漢初學者，是以拙文附於「漢初易學」之內，以明傳承之旨。

（一）戰國時期之易學

　　皮錫瑞述戰國時期之易學，以此時學者均能循孔子所立之易學精神，而加以沿承運用。皮錫瑞云：

> 孔子以詩書禮樂教弟子蓋三千焉，身通六藝者，七十有二人；蓋易與春秋，孔門惟高才弟子乃能傳之，於是學士尊信其書，或論作易之大旨，或說學易之大用，或援易以明理，或引易以決事，而其教遂大明。（第六章）

蓋易學精神，經孔門弟子發揮與應用，至此遂爲顯學，士大夫多能言之，並作爲修身、治國、決事之依據也。屈萬里先生《先秦漢魏易例述評》作有「先秦諸子易例」一節，概引《論語》一事、《尸子》一事、《子思子》一事、《荀

〔註34〕見朱曉海先生〈今本易傳與先秦儒學關係的再審〉一文，收入《讀易小識》書中。文史哲出版社。

子》三弗、《國策》三事、《呂氏春秋》四事、《禮記》七事；胡自逢先生，更擴充其說，作《先秦諸子易說通考》廣收古籍，更證戰國學風，明識此時之易學風氣。

皮錫瑞以爲戰國時期易學，均以義理爲用，明易學之精神，作盡善之表現；如荀子之引用，最爲代表。皮錫瑞云：

> 如《荀子‧大略篇》曰：「善爲易者不占。」此以當時之用易者，專爲占卜，不知天地消長，人事得失，無不可以易理推測；故云善易者不占，以挽其失。」又曰：「易之咸，見夫婦之道，不可不正也。君臣父子之本也，咸感也，以高下下，以男下女，柔上而剛下，聘士之義，親迎之道，重始也。」此本象傳序卦之旨而引申之。〈非相篇〉曰：「好其實，不恤其文，是以終身不免埤污庸俗，故易曰括囊無咎無譽，腐儒之謂也。」此爲當日石隱者流，如沮溺丈人，匿跡消聲，介之推所謂身將隱，焉用文之，究非中道。〈大略篇〉又曰：「復自道，何其咎。」以爲能變也。（第六章）

蓋荀子之體會，「善爲易者不占」作一總結；考《論語‧子路篇》：「……不恒其德，或承之羞。子曰：『不占而已矣。』」皇侃《義疏》卷七引鄭玄曰：「或、常也。」今人楊伯峻先生《論語譯註》有一明快注解：

> 孔子又說：「這話的意思是叫無恆的人不必去占卦罷了。（因爲他只能有凶，不能有吉。）

是以荀子〈大略篇〉又言：「以賢易不肖，不待卜而後知土。」蓋與孔子之意，語反義合；儒家精神，即在要求，君子應具有此反省能力，以內心之誠，決外在之惑，不應期徒卜筮謀。〔註35〕皮錫瑞認同荀子之體會，活用易學精神。

戰國易學，不僅以義理說之；皮氏認爲，尚可作爲補足今本周易之誤。皮氏引《呂覽》之說，皮氏云：

> 《呂覽‧應同篇》曰：「平地注水水流濕，均薪施火火就燥。」闡發經義，簡明不支。《慎‧大覽篇》引易愬愬履虎尾終吉，可證今本之誤。〈召類篇〉引史默說渙群之義曰：「渙者賢也，群者眾也，元者吉之始也。渙其群元吉者，其佐多賢也。」可證注疏以渙爲渙散之非。元吉與大吉異，元吉以德言，大吉以時言。象曰：大哉乾（言）

〔註35〕朱曉海先生語。見〈今本易傳與先秦儒學關係的再審〉一文，收入《讀易小識》書中。文史哲出版社。

元，萬物資始。文言曰：乾元者，始而亨者也，故曰：元吉者，吉
之始。亦可證舊解元吉爲大吉之失。（第六章）

不僅「闡發經義，簡明不支」、亦可證「今本之誤」、「注疏之非」、「舊解之失」；
再者，皮氏論學取證，「解經以最初之說爲主」（第三章），戰國時期，離聖人
作經之時更近，其說必能爲證；是以皮錫瑞稱讚戰國易學，曰：「周末諸子引
易，具有精義如此。」（第六章）

（二）漢初時期之易學

皮錫瑞以爲漢初諸儒說易，不僅補述戰國易學（皮氏曰：史記蔡澤言亢
龍之義，上而不能下，信而不能決，不能自返。國策載春申君言狐濡其尾之
義，始之易，終之難。皆引易文以決時事，其說之精，亦可以補周末諸子之
遺也），亦沿承戰國時期，易學風氣。屈萬里先生《先秦漢魏易例述評》嘗云：

西漢武帝以前，說易者猷紹十翼之緒論，承先秦之遺風，惟務義理，
不尚象數。（〈西漢武前諸子易例〉）

屈先生以西漢初易學者，說易皆紹十翼，此論不無爭論（詳見拙文《十翼之
說於古無徵》），然其餘之說，可證皮氏論漢初易學有所根據矣！

皮錫瑞據引漢初《淮南子》、《新書》、《春秋繁露》及劉向之《說苑》、《列
女傳》等書；今約舉數條，以見一斑，皮錫瑞曰：

淮南子繆稱訓曰：「故君子懼失仁義，小人懼失利，觀其所懼，知各
殊矣！易曰：即鹿無虞，惟入於林中，君子幾不如舍，往吝。」又
曰：「如寢關暴嫌不得須臾安，故易曰：乘馬班如，泣血漣如。言小
人處非其位，不可長也。」又曰：「故至同者言同略，事同指，上下
一心，無歧道旁見者，過障之於邪，開道之於善，而民鄉方矣，故
易曰：同人於野，利涉大川。」（第十章）

又曰：

賈誼新書容經曰：「亢龍往而不返，故易曰有悔。悔者凶也。潛龍入
而不能出，故曰勿用。勿用者不可也。龍之神也，其爲蜚龍乎。（同
上）

又曰：

董子繁露精華篇曰：「其在易曰：鼎折足，覆公餗。夫鼎折足者，任
非其人也；覆公餗者，國家傾也。」（同上）

又曰：

劉向說苑法誡篇曰：「孔子讀易至於損益，則喟然而歎，子夏避席而

問曰：夫子何爲歎？孔子曰：自損者益，自益者缺，吾是以歎也。

子夏曰：然則學可以益乎？孔子曰：否，夫道成者未嘗得久也，夫

學者以需受之，故曰得，又曰謙也者，致恭以存其位者也。夫豐明

而動，故能大，苟大則虧矣，吾戒之。」（同上）

是知皮氏所引漢初諸儒，均以《易》爲義理之書。屈萬里先生更廣收同時期之書，而得更多之證，其書考得新語引易者二事，新書四事，《春秋繁露》三事，《韓詩外傳》六事，《淮南子》十二事，「史記以易處彌多」。屈先生結論云：

或詮釋其辭義，或引申其意旨，要皆類文言傳繫辭傳之說，未及一

語涉及象數也。（《先秦漢魏易例述評》）

屈先生之說，多能印證皮錫瑞之主張也。皮錫瑞總結云：

賈董漢初大儒，其說易皆明白正大，主義理切人事，不言陰陽術數，

蓋得易之正傳，田何楊叔之遺，猶可考見。（第十章）

是知孔門易學之沿傳，至漢初仍繼續其精神，說易主義理切人事，不言陰陽術數。而漢初諸儒之易學淵源，皮氏以其均爲田何、楊叔易學流風；屈先生又證云：

按陸賈之學，不知受自何人。賈誼學於吳公，吳公之學，受自李斯，

斯乃荀卿弟子。劉向荀子校錄，稱：「荀卿善爲詩禮易春秋。」其非

相大略兩篇所引述，已見前文。則賈誼之說，殆遠紹荀卿者矣。韓

嬰曾以易授人，推易義而爲之傳，事見漢書儒林傳，是亦易學大師。

司馬遷之學，受自其父談，談學易於楊何，何又田何之再傳弟子也。

是六弟子者，惟陸賈之師傳未明；餘者，推本其學，皆淵源有自。

於以見西漢初年說易之風尚，絕不如後世之穿鑿也。

蓋漢初學者論易，皆可推本其源；屈先生之印證，均明皮氏論漢初易學源流矣。

然而，司馬遷《史記》雖云：

孔子傳易於商瞿，瞿傳駔臂子弘，弘傳江東人矯子庸疵，疵傳燕人

周子家豎，豎傳淳于人光子乘羽，羽傳齊人田子莊何，何傳東武人

王子中同，同傳菑川人楊何，何元朔中以治易爲漢中大夫。（《仲尼

弟子列傳》）

但不及荀子、賈董諸儒，皮氏又引劉向之證，曰：

劉向治易，校書考其易說，以爲諸家說皆祖田何楊叔丁將軍者也。（第
十章）

然荀子易學之淵源，亦無從交代起（蓋田何在荀子之後，唯有田何源自荀子，
而不能荀子源自田何。）。蓋孔門傳易之說，有可疑之處，〔註36〕然皮氏《易
學通論》第九章亦引史遷上述之辭爲說，是皮氏認同史遷。雖說荀子亦以傳
孔子學爲職志，然從史遷文中，實無荀子傳孔子易學之證，是皮錫瑞此論難
解之處矣。

錢穆先生《論十翼非孔子作》其證八稱：「荀子也不講易。」並自注曰：「今
荀子書中有引及易的幾篇，並不可靠。」蓋〈大略篇〉爲其弟子、或再傳弟子
所作。且荀子〈勸學〉篇又曰：「禮之敬文也，樂之中和也，詩書之博也，春秋
之微也，在天地之間者畢矣。」在群經之描述中，並未言及易經；皮氏取〈大
略篇〉爲說，實有不妥之處，蓋皮氏取其可用之證，而遺其忽略之處；引荀子
之說，實未能明確顯示孔門易學傳承之證矣！〔註37〕戰國學者傳孔子易學之
說，既無明證，則皮氏言漢初學者又承戰國學風之言，勢必落空矣！

二、陰陽災變爲附易立說

（一）陰陽災異附「易」因緣

《周易》一書雖爲卜筮之書，然依皮錫瑞之意，在孔子之時，已作卦爻
辭，發明伏羲畫卦垂教本意，使後人能依據引用，學士大夫多能尊信其書（第
六章標題）。然而至漢時，除了漢初諸儒能沿續孔子易學精神外，漢武帝以後，
易學家卻巧立各種易學條例，名爲解易，實爲炫耀才學。皮錫瑞稱之爲「易
學別傳」，以區別其心目中之「易學正傳」。

先秦以來，所盛行之五行、天干、地支、陰陽等名目，本爲代表先民探
求自然界形成之各種現象，予與科學性研究與歸納，而得出之結果；其中有

〔註36〕錢穆先生嘗舉六疑，言孔門易學傳承不可信。見《先秦諸子繫年考辨》卷一。
拙文《十翼之說於古無徵》，亦舉多位學者之說，證其誤。

〔註37〕王忠林《新譯荀子讀本》中，論及《荀子》一書之考證，言今本《荀子》三
十二篇中，的確爲雜湊而成，王先生說：「今本荀子，的確有些篇章字句有問
題，但是我們在沒有獲得確切證據之前，不能一筆抹殺，完全不治，大致像
正名、解蔽、富國、天論、性惡、正論、禮論、禮論等篇，大家公認疑問很
少的，而這幾篇又是荀子學說的精華所在，我們應該多加鑽研採納。至於大
家所共同懷疑而問題較多的幾篇，不妨小心引用，以免誤入歧途。」三民書
局，民國76年5月五版。

對天時運之的體會，有對自然界物質使用之認識；此間種種，原是相當科學。然而至後學之徒，如鄒衍者，不力求進一步研究闡明，卻取之比附人事，奢言長生、預知未來；司馬遷稱當時「王公大人，初見其術，懼然顧化」（《孟子‧荀卿列傳》），可見影響之迅速且廣泛；荀子嘗提出諍言，要人「知天」，又「不求知天」，〔註38〕然而風氣已成，非一二人士所能改變；且人世間，實有甚多事，非人力所能得知及改變，自使信從冥冥之中，另有主宰之神，此信念乃脆弱人性，揮之不去之信仰。鄒衍之徒，即取天道以附合人事，言之成理，信者因而蔚然成風矣。而《易》為卜筮之書，有甚多之比附空間；至此，兩者合流，不分彼此。蔣伯潛《十三經概論》云：

> 自秦始皇漢武帝迷信方士神仙，加以提倡之後，起於戰國時齊燕二
> 國之方士，勢力大盛，不特其迷信妄誕之說深入人心，而曲學阿世
> 之經生亦復以求媚世主之故，采以緣飾經術，儒家已與方士混合為
> 一矣。（緒論）

蓋儒家孔孟精神，本強調行所應然，雖然行為後果未必能滿足道德意圖，也不因而改變方向與行為本身，至於該後果所可能帶給行動者本身利害得失，更不在決定行為考慮中，「君子之仕也，行其義也。道之不行，已知之矣。」（《論語‧微子》）此語最具儒家精義；世局如何並非不知，然而身為君子之基本要求，非同世局隨波逐流，而是要行其應然之義也。儒家後學者，卻未能掌握主體精神，是以蔣伯潛先生有此論述。

今觀漢儒易學傳承，《史記》、《漢書》各有所述；《史記‧仲尼弟子列傳》曰：

> 孔子傳易於商瞿，瞿傳馯臂子弘，弘傳江東人矯子庸疵，疵傳燕人
> 周子家豎，豎傳淳于人光子乘羽，羽傳齊人田子莊何，何傳東武人
> 王子中同，同傳菑川人楊何，何元朔中以治易為漢中大夫。

《漢書‧儒林傳》曰：

> 自魯商瞿子木受易孔子，以授魯橋庇子庸，子庸授江東馯臂子弓，
> 子弓授燕周醜子家，子家授東武孫虞子乘，子乘授齊田何子裝，田

〔註38〕詳見荀子《天論篇》。蔡仁厚先生說：「『不求知天』，是不求知『天職、天功』
之所以然，而『知天』是順天人之分而『知其所為、知其所不為』，『不求知
天』與『知天』，二者各有所指，而亦各有所當。」其書分析甚明。見《孔孟
荀哲學》第三部份《荀子之部》第二章「荀子的天論」。

何授東武王同子中，雒陽周王孫丁寬，齊服生，同授淄川楊何字叔
元，寬授同郡碭田王孫，王孫授施讎孟喜梁丘賀，繇是易有施孟梁
丘之學。

二書記載傳承脈絡，雖有異同，然應釐清者，非如皮錫瑞所言：

史漢載商瞿以下，傳授名字；子弘即子弓，矯疵即橋庇，周醜即周
豎，光羽即孫虞。史記以為子弘傳子庸，漢書以子庸傳子弓，各有
所據，而小異大同。（第九章）

僅為名字「小異大同」而已，問題應是，其傳承地均在燕齊，方士術數家之
發源地；是以其傳承之易學，難免融合方士之說，以進一步炫耀易學，此種
融合，顯現易義無所不包，漢易學者，以此邀睞君王，以鞏固其政治地位；
皮錫瑞對此現象，與予合理闡釋，其曰：

古之王者恐己不能無失德，又恐子孫不能無過舉也，常假天變以示撒
惕。禮記曰：「王前巫而後史，卜筮瞽侑皆在左右，王中心無為也，
以守至正。」易本卜筮之書，其掌卜筮者，必陳祥異占驗以左右王。
古卜筮與史通，周官馮相保章司天文者皆屬太史。故國語曰：「吾非
瞽史焉知天道。」左氏傳采占書，雖未必皆當時本文，而所載卜筮事，
皆屬史官占之，此古卜筮與史通之明證，亦古卜史借天道以撒君之明
證。後世君尊臣卑，儒臣不敢正言匡君，於是亦假天道進諫，以為仁
義之說，人君之所厭聞；而祥異之占，人君之所敬畏，陳言既效，遂
成一代風氣。故漢世有一種天人之學，而齊學尤盛，伏傳齊詩公羊春
秋，皆齊人所傳也。孟京非齊學，其言亦主陰陽災變者。卜筮占驗，
本與陰陽災變為近，故後世之言術數者，多託於易。（十一章）

蓋以仁義之說諫君，人君常厭聞；以祥異之占，人君必敬畏；故學者多假天
道，述為政之道，陳言既效，遂成風氣。皮氏之說，本於《史記》論述鄒衍，
曰：「鄒衍……其術皆此類也。然要其歸必止乎仁義節儉，君臣上下六親之施，
始也濫耳」。而卜筮占驗，與陰陽災變說為近，是以漢代易學至此與陰陽術數
合一，並言易學固有。唐君毅《中國哲學原論·原道篇二》云：

漢代易學之本質……，其中心問題，則為如何依于當時之自然知識，
配合于五行之系統，與易經所原有之八卦系統，而求形成一整個之
自然宇宙觀，以明天道，再用之于人事，以趨吉避凶，得福免禍，
而亦可合于公認之道德倫理政治之標準者。（第六章）

唐先生數語，揭示漢代易學與方士學融合之用心矣！然漢儒以天地萬象之事實義，比附道德倫理政治之價值義，是不能無譏也，蓋目的雖可敬，然手段不可取。皮錫瑞明知漢儒言易，多陰陽災變，與「易學正傳」切人事、明義理之旨不合，卻又云「假天變以示儆惕」，與予價值肯定，是皮氏論學之失也。

（二）孟喜京房比附易學

皮錫瑞之易學，其重點在以「易」能「指導人生義理」，而聖人「作易垂教所以理人倫而明王道之義」（第一章），皮氏以《論語》孔子言易，有明顯論旨；皮錫瑞云：

> 孔子說易言於論語者二條，一勉無過，一戒無恆：皆切人事而言。
> 戰國諸子及漢初諸儒言易，亦皆切人事而不主陰陽災變，至孟京出
> 而說始異。（十一章）

從孔子所訂出之易學本旨，經戰國、漢初等學者之發揚，均能在切人事，無陰陽災變等迷信色彩，然而傳至孟喜，其說始異也！皮錫瑞之說本《漢書・儒林傳》，《漢書・儒林傳》云：

> 孟喜字長卿，東海蘭陵人也。父號孟卿，善爲禮、春秋、受后蒼、疏廣世所傳后氏禮、疏氏春秋皆出孟卿。孟卿以禮經多，春秋煩雜，乃使喜從田王孫受易。喜好自稱譽，得「易家候陰陽災變書」，詐言師田生且死時枕喜膝，獨傳喜，諸儒以此耀之。同門梁丘賀疏通證明之，曰：「田生絕於施讎手中，時喜歸東海，安得此事？」又蜀人趙賓好小數書，後爲易，飾易文，以爲「箕子明夷，箕子者，萬物方荄茲也。」賓持論巧慧，易家不能難，皆曰「非古法也」。」云受孟喜，喜爲名之。

孟喜易學，雖傳自田王孫，然「喜好自稱譽」，並不以此滿足，又私下收集，因而得「易家候陰陽災變書」，至此，論易學災變者，皆言源自孟喜；如當時之趙賓，好「小數書」，並引之以入易，且言其據爲孟喜。即所有言易學災變者之始祖也。後人之論孟喜，大抵均從此角度論述之。屈萬里先生《先秦漢魏易例述評》嘗言：

> 孟喜生西漢中葉之後，正災異之說興盛之時。災異者，以陰陽五行，比附天地間之事物；復取其相生相剋之理，以牽附人事之吉凶者也。孟氏沾染習俗，別有會心，遂取陰陽災異之學，用以說易；馴至以象數釋卦爻辭。（卷下——以象數解易之始）

李新霖《清代經今文學述》亦說：

> 漢代社會風氣，篤信騶衍陰陽之說。災異符端之變，五行生剋之理，深入人心。儒者遭逢秦火之後，為興廢繼絕，迎合時君，乃附以陰陽家之言以說經，遂為今文經學之特色。其中尤以齊學為盛。……至光武以赤伏符受命，深信讖緯，五經之義，又皆以讖決，於是五經為外學，七緯為內學，蔚成一代風氣。（第一章第二節）

是知孟喜取《易》言陰陽災變，與時代風氣，甚有連繫；孟喜以二學比附，影響學術發展甚巨，後學者言《易》陰陽災變，均云源自孟喜。

《漢書藝文志》載：「孟氏京房十一篇、災異孟氏京房六十六篇。」依班固之意，已區分孟喜之學為二，即傳田何易學與孟喜自創災異學；皮錫瑞云：

> 據班氏說，則易家以陰陽災變為說，首改師法，不出田何楊叔丁將軍，始於孟而成於京。班氏既謂二家不同，而藝文志又有孟氏京房十一篇、災異孟氏京房六十六篇，似二家實合為一者。蓋又京氏託之孟氏，而非孟氏之本然也。（十一章）

是孟氏之學，一者傳田何以來之易學正傳，為朝廷所列於學官之「施、孟、梁丘」；再者，為傳「易家候陰陽災變者」，後為京房所託，此乃易學之別傳也。焦循《易圖略》分析孟喜易學，嘗云：

> 漢書儒林傳言孟喜得易家候陰陽災變書，詐言師田生且死時，枕喜䣅，獨傳喜，同門梁邱賀疏通證明之，曰：「田生絕於施讎手中，時喜歸東海，安得此事？」上聞喜改師法，遂不用喜。六日七分即所得陰陽災變託之田生者；藝文志「章句施孟梁邱氏各二篇」，此乃得之田王孫者。丁寬傳云：「寬授同郡碭田王孫，王孫授施讎孟喜梁邱賀，繇是易有施孟梁邱之學。」今說文、釋文中所引即此，班固以孟與施梁邱並稱，明此章句乃得之田生者也。藝文志又有孟氏京房十一篇，災異孟氏京房六十六篇，此與京房並稱，則所傳卦氣七分之學，梁邱氏疏通證明者此也。孔子之易授於商瞿，五傳至田何，何授丁寬，寬授田王孫，王孫授孟喜，至喜以災異為托，而商瞿以下，所授遂歧，班氏分析甚明。（〈論卦氣六日七分上第八〉）

焦循推崇班固，能很明確的區分孟學，而不致為其所誤；孟喜有傳易學正傳，然其《易家候陰陽災變》之書，務必區隔。皮錫瑞論孟喜易學，在取其易學正傳，蓋因孟喜乃漢易唯一可尋之線索，皮錫瑞云：

> 不特王同周王孫丁寬服生之易傳數篇無一字存，即施、孟、梁邱，
> 漢立博士授生徒以千萬計，今其書亦無有存者，轉不如伏生尚書，
> 齊魯韓詩，猶可稍窺大旨，豈非事理之可怪，而經學之大可惜者乎！
> 後惟虞翻注易，自謂五世傳孟氏易，其注見李鼎祚集解稍詳。近儒
> 張惠言爲之發明，此則孟氏之學支與流裔，猶有存者，而漢儒易學，
> 幸得存什一於千百也。（第九章）

漢儒說易，至今不存完本，惟獨虞翻易學尚可推敲，虞翻自承「五世傳孟氏易」，而孟氏易傳田氏易，田氏易傳先秦孔門易；如需明孔門易學，則孟氏《易學正傳》不可偏廢。此論不獨皮錫瑞說之，清儒張惠言亦持此言；張惠言《易義別錄》：

> 夫學者求田何之傳，則惟孟氏此文，求孟氏之義，則惟虞氏注，說
> 其大較也。（卷一孟氏）

至於孟喜《易學別傳》部份，雖然皮錫瑞只言其「卦氣」說（皮氏曰：經學有正傳，有別傳；以易而論，別傳非獨京氏而已，如孟喜之卦氣。見十一章），而其餘別傳部份，歸之於焦京所托；然諸多學者研究顯示，孟喜《易學別傳》，不僅有卦氣說，尚有十二月卦、六日七分法等。〔註39〕其後京房之徒更推衍其說，終成後人論漢易之代表。

　　西漢易學家有兩京房，一爲楊何弟子，梁丘賀之師，官至太中大夫，出爲齊郡太守，宣帝以前人；一爲焦延壽弟子，元帝年間人。推衍孟易者，蓋指後者也。《漢書・儒林傳》云：

> 京房受易梁人焦延壽；延壽云：「嘗從孟喜問易。」會喜死，房以爲
> 延壽易即孟氏學，翟牧，白生不肯，皆曰非也。至成帝時，劉向校
> 書，考易說，以爲諸易家說皆祖田何、楊叔、丁將軍，大誼略同，
> 唯京氏爲異黨。焦延壽獨得隱士說，託之孟氏，不相與同。

京房之學，源自焦延壽，而焦延壽又言來自孟喜之學，且焦延壽又有「獨得隱士之說」，故焦氏之說易，亦不相同於孟喜；京房處此，銜接二家，是能有說也。考京房說易，其條例名目相當繁盛；計有八宮卦變、世應、世建、納甲、納十二支、納五行、納六親、飛伏、互體等等，條例之多，已啓後學者依循之途。〔註40〕

〔註39〕詳細條列可見屈萬里先生《先秦漢魏易例述評》下卷。
〔註40〕同註39。

　　皮錫瑞對於孟喜、京房所言易學，除了上言孟喜亦傳田何之學，而給予肯定外；至於其他條例，則一概斥爲「易學別傳」，如皮氏云：

> 然其說有可疑者，六十四卦直日用事，何以震離兌坎四卦不在內，但主二至二分，乾坤爲諸卦之宗，何以與諸卦並列，似乎未免削趾適履，強合牽附。（十二章）

蓋此說乃評孟喜《卦氣圖》。所謂《卦氣圖》，依清儒惠棟《易漢學》之說明：

> 孟氏卦氣圖，以坎、離、震、兌爲四正卦，餘六十卦，卦主六日七分，合周天之數。內辟卦十二，謂之消息卦。乾盈爲息，坤虛爲消，其實乾坤十二畫也。繫辭云：乾之策二百一十有六，坤之策一百四十有四，凡三百有六十當期之日。夫以二卦之策，當一期之數，則知二卦之爻，周一歲之用矣。四卦主四時，爻主二十四氣，十二卦主十二辰，爻主七十二候；六十卦主六日七分，爻主三百六十五日四分日之一。辟卦爲君，雜卦爲臣；四正爲方伯，二至二分，寒溫風雨，總以應卦爲節。（卷一）

以震、離、兌、坎爲四正卦，其二十四爻，分主一年中二十四氣；而坎、離二卦的初爻分主二至，即冬至、夏至，震、兌二卦初爻分主二分，即春分、秋分。而震卦之所以象春分，乃因震卦☳初爻爲陽，二、三爻爲陰陰，象陽氣初萌，仍爲陰氣所蓋，然陽氣由下而上，象徵溫和之氣漸增；兌卦☱、坎卦☵、離卦☲皆倣此而象之。如附圖：

附圖（孟氏卦氣圖）

（上　兌☱）
兌初九秋分　兌九二寒露　兌六三霜降　離六五處暑　離九四立秋　離上九白露

（左　離☲）
離九三大暑　離六二小暑　離初九夏至　震上六芒種　震六五小滿　震九四立夏

（右　坎☵）
兌九四立冬　兌九五小雪　兌上六大雪　坎初六冬至　坎九二小寒　坎六三大寒

（下　震☳）
坎六四立春　坎九五雨水　坎上六驚蟄　震初九春分　震六二清明　震六三穀雨

其餘六十卦，則配合剩下之三百六十日，然尚餘五日又四分之一日，故以八十進位法，每卦得七分，是之為六日七分法。蓋此類說明，即在「寒溫風雨，總以應卦為節」，以六十四卦，相配於四時，更進而配與人事官爵，如圖所示：

六十四卦用事配七十二候圖

常氣	月中節 / 四正卦	初候 始卦	次候 中卦	末候 終卦
冬至	十一月中 坎初六	蚯蚓結　公中孚	麋角解　辟復	水泉動　侯屯外
小寒	十二月節 坎九二	雁北鄉　侯屯內	鵲始巢　大夫謙	野雞始雊　卿睽
大寒	十二月中 坎六三	雞始乳　公升	鷙鳥厲疾　辟臨	水澤腹堅　侯小過外
立春	正月節 坎六四	東風解凍　侯小過內	蟄蟲始振　大夫蒙	魚上冰　卿益
雨水	正月中 坎九五	獺祭魚　公漸	鴻雁來　辟泰	草木萌動　侯需外
驚蟄	二月節 坎上六	桃始華　侯需內	倉庚鳴　大夫隨	鷹化為鳩　卿晉
春分	二月中 震初九	玄鳥至　公解	雷乃發聲　辟大壯	始電　侯豫外
清明	三月節 震六二	桐始華　侯豫內	田鼠化為鴽　大夫訟	虹始見　卿蠱
穀雨	三月中 震六三	萍始生　公革	鳴鳩拂其羽　辟夬	戴勝降於桑　侯旅外
立夏	四月節 震九四	螻蟈鳴　侯旅內	蚯蚓出　大夫師	王瓜生　卿比
小滿	四月中 震六五	苦菜秀　公小畜	靡草死　辟乾	麥秋至　侯大有外
芒種	五月節 震上六	螳螂生　侯大有內	鵙始鳴　大夫家人	反舌無聲　卿井
夏至	五月中 離初九	鹿角解　公咸	蜩始鳴　辟姤	半夏生　侯鼎外
小暑	六月節 離六二	溫風至　侯鼎內	蟋蟀居壁　大夫豐	鷹乃學習　卿渙
大暑	六月中 離九三	腐草為螢　公履	土潤溽暑　辟遯	大雨時行　侯恆外
立秋	七月節 離九四	涼風至　侯恆內	白露降　大夫節	寒蟬鳴　卿同人
處暑	七月中 離六五	鷹乃祭鳥　公損	天地始肅　辟否	禾乃登　侯巽外
白露	八月節 離上九	鴻雁來　侯巽內	玄鳥歸　大夫萃	群鳥養羞　卿大畜
秋分	八月中 兌初九	雷始收聲　公賁	蟄蟲坯戶　辟觀	水始涸　侯歸妹外
寒露	九月節 兌九二	鴻雁來賓　侯歸妹內	雀入大水為蛤　大夫無妄	菊有黃華　卿明夷
霜降	九月中 兌六三	豺乃祭獸　公困	草木黃落　辟剝	蟄蟲咸俯　侯艮外
立冬	十月節 兌九四	水始冰　侯艮內	地始凍　大夫既濟	野雞入水為蜃　卿噬嗑
小雪	十月中 兌九五	虹藏不見　公大過	天氣上騰地氣下降　辟坤	閉塞而成冬　侯未濟外
大雪	十一月節 兌上六	鶡鴠不鳴　侯未濟內	虎始交　大夫蹇	荔挺出　卿頤

　　惠棟注解《卦氣圖》，其大旨如此。然皮氏對孟喜說易，配於四時，頗不以為然；蓋乾坤二卦，本為天地父母卦，今反而納入諸卦中，而四卦（震、離、兌、坎）反成四正卦，只因其卦爻之排列，二陽一陰，或二陰一陽，而取之應用說明，不論生成之過程，故皮錫瑞譏其「未免削趾適履，強合牽附」。皮錫瑞又說：

> 孟氏之學，以今考之，有與諸家相出入者：卦氣出於孟氏，而其書不傳，其說不詳；詳見於京氏書。漢書京房傳曰：分六十卦更直日用事，以風雨寒溫為候。孟康曰：分卦直日之法，一爻主一日，六十卦為三百六十日，餘四卦震離兌坎，為方伯監司之官，所以用震離兌坎者，是二至二分用事之日。其說亦見於易緯稽覽圖，所云卦氣起中孚，卦主六日七分，大誼略同。唐一行卦議引之以為十二月卦，出於孟氏章句。漢儒以緯為孔子作，固未必然，孔疏以讖緯起自哀平，亦不甚合，緯書之出最古，亦有漢儒傅會者。稽覽圖未知與孟京孰為先後，或緯竊孟京，抑或孟京竊緯，皆不可知。（十二章）

是知孟喜《卦氣說》亦見於《易緯・稽覽圖》，然因年代久遠，不知《稽覽圖》與孟京之說，孰為先後。《四庫提要》云：

> 其書首言卦氣起中孚，而以坆坎離震兌為四正卦，六十卦，卦主六日七分；又以自復至坤十二卦為消息，餘雜卦主公卿侯大夫，候風雨寒溫以為徵應，蓋即孟喜京房之學所自出。（〈易類六〉）

紀昀則主張，孟京之說，源自《稽覽圖》。而近人大陸學者朱伯崑，則主張《稽覽圖》襲取孟喜之說，朱伯崑云：

> 按孟喜於宣帝甘露三年，參加石渠閣經學會議，當時緯書尚未流行。緯書成於哀平之際。孟喜卦氣說，據一行所引孟喜章句，未配十二支，《稽覽圖》則是增益其說。（《易學哲學史》第一卷）

蓋以年代而論，緯書應出於漢哀帝或漢平帝時代，而在孟喜之後。然而皮氏之說：「孔疏以讖緯起自哀平，亦不甚合。」是早在唐時，孔穎達已提出此主張，然不為皮錫瑞接受，至於孰為先後，由於年代久遠，難以考識，而說者均有其理，故皮氏以「皆不可知」為說，蓋不知闕如也。且孟喜與《易緯》之說《易》，與皮氏心目中之易學定義，截然不合，因此，皮氏不深入討論，蓋《卦氣說》乃比附易學之作也。〔註41〕焦循《易圖略》嘗曰：

〔註41〕雖然唐僧一行云：「十二月卦，出於孟氏章句，其說易本於氣，後人以人事明

夫六十四卦三百八十四爻，與一歲三百六十五日四分日之一，本不可強配。……其取坎、離、震、兌爲四正卦，本諸說卦傳東西南北之位。其取十二辟卦，第以陰爻陽爻自下而上者以爲之度。其餘不足以配。於是乾、坤、復、姤等，既用以配十二月，又用以當一月中之六日七分。譬之羅經二十四向，於十餘則戊、己，於八卦止用乾、巽、坤、艮，其別有用意，原無關於易也。（〈論卦氣六日七分下第九〉）

孟學及其後學者，其用意乃在誇飾其易學，以此爭取利祿；其誇飾過程，完全爲比附，實無關於易學也。依皮錫瑞之易學用意，易學在「指導人生義理作」，然孟喜、京房之徒，所稱之易學，已遠離要求，是以皮氏稱其爲「易學別傳」，而簡師博賢亦稱之爲「附易立說」，良有以也。

三、以禮證易之鄭玄

（一）鄭易之流傳及其輯佚

康成於漢靈帝熹平三年以前注《尚書》中侯及易、書、詩、禮四經之緯。四年，在禁錮中，注《周官》、《儀禮》、《禮記》。光和五年著發《公羊》墨守，箴《九氏》膏盲，起《穀梁》廢疾。中平元年以後，注《古文尚書》、《毛詩》、《論語》，又撰《毛詩譜》、《論語釋義》、《仲尼弟子目》。獻帝初平二年，至徐州，居南城山，注《孝經》。時年六十五。知群經之注及他種要著，皆成於卜十有五以前，爲易尤未注。爾後養精蓄學，勤力弗已。當更思有以發明也。至建安五年，寢疾，時袁紹與曹操相拒於官渡，令其子譚遣使偪玄隨軍，欲挾以自重。不得已乃載病到元城縣，疾篤不進，乃注周易，注畢，知病不起，作自序。是年六月卒，年七十四。知易注成於易簀之前，最爲晚出，蓋畢生心力之所鍾也。至易注卷數，史志所載不一，七錄十二卷，釋文敍錄十卷、錄一卷。《隋志》、《舊唐書》九卷，《新唐志》十卷，宋《崇文總目》一卷，唯〈文言〉、〈說卦〉、〈序卦〉、〈雜卦〉四篇，餘皆佚。《玉海》云：「鄭氏所注第九，總文言、說卦、序卦、雜卦四篇，學者不能知其次，乃謂之鄭氏文言。」據此，則鄭氏易注，疑爲九卷也。何則？《周易》古本，原爲十二篇，今見漢石經殘字本可證。故《七錄》仍爲十二卷。鄭既合〈文言〉、〈說卦〉、〈序卦〉、〈雜卦〉爲一卷；十二篇內，除去此四篇，尚有八篇，合之則爲九

之。」有用之於人事，然周易無說氣者，而孟喜說之，是知仍屬比附之術也。

卷。〔註42〕

　　雖說康成，以博聞彊記之才，兼高節卓行之美；著書滿家，從學盈萬，當時莫不仰望，稱伊雒以東，淮漢以北，一人而已。《後漢書》本傳稱其始通京氏易，復因扶風馬融傳費氏易，自是鄭君兼通今古二家之學。皮錫瑞《經學歷史》：

> 蓋以漢時經有數家，家有數說，學者莫知所從；鄭君兼通古今，溝合爲一；於是經生皆從鄭氏，不必更求各家，鄭學之盛在此，漢學之衰亦在此。（〈經學中衰時代〉）

又說：

> 鄭君生當漢末，未雜玄虛之習、僞撰之書，箋注流傳，完全無缺，欲治漢學，舍鄭莫由。（〈經學分立時代〉）

是知康成經學，仍是皮氏論學典範；且在兩晉之時，亦是易學主導者；然而，至南北朝時，學術風氣一變，經學不專主鄭學。皮錫瑞又云：

> 晉以後，鄭易皆立學；南北朝時，河北用鄭易，江左用王弼易注；至隋鄭易漸衰，唐定正義，易主王弼，而鄭易遂亡。（第十三章）

今考《北史‧儒林傳》：

> 江左，周易則王輔嗣，尚書則孔安國，左傳則杜元凱；河洛，左傳則服子慎，尚書、周易則鄭康成，詩則並主毛公，禮則毛同遵於鄭氏。

又云：

> 南人約簡，得其英華；北學深蕪，窮其枝葉。

是至南北朝時，學術各有所治，〔註43〕鄭學已非獨專。《隋書‧經籍志》：

> 梁、陳，鄭玄、王弼二注，列於國學；齊代唯傳鄭義。至隋，王注盛行，鄭學浸微，今殆絕矣。（〈易類〉）

〔註42〕引自胡自逢先生《周易鄭氏學》前言，頁2。文史哲出版社，民國79年7月文一版。

〔註43〕簡師博賢《今存南北朝經學遺籍考》言：
北史儒林傳：「江左，周易則王輔嗣，尚書則孔安國，左傳則杜元凱；河洛，左傳則服子慎，尚書、周易則鄭康成，詩則並主毛公，禮則毛同遵於鄭氏。」此則大較之言。南齊劉瓛著乾坤義、繫辭義疏，闡微抉疑，多本馬、鄭，雖間從弼說，實漢義居多。陳張譏師事汝南周宏正；然遠紹鄭學，師弟異趣，實深漢學門徑。固皆南儒鄭學也。北史謂「江左周易則王輔嗣」知未盡然矣。
見書第一章。黎明文化公司民國64年出版。

是知不待唐《正義》之編纂，鄭學已亡矣！皮錫瑞以其今文家之立場，批評此段歷史云：

> 南學則尚王輔嗣之玄虛，孔安國之偽撰，杜元凱之臆解。此數家與鄭學枘鑿，亦與漢儒背馳。乃使涇渭混流，薰蕕同器，以致後世不得見鄭學之完全，並不得存漢學之什一，豈非談空空、覈玄玄者階之屬乎！（〈經學分立時代〉）

又云：

> 所謂約簡者，必如漢人之持大體，玩經文，口授微言，篤守師說，乃為至約而至精也。若唐人謂南人約簡得其英華，不過名言霏屑，騁揮麈之清談；屬辭尚腴，侈唯蟲之餘技。（同上）

是論北史之不知何謂「約簡」，亦復嘆今文學派之精神淪喪！

至宋王應麟，為之痛惜鄭易之佚，始自《周易集解》、《經典釋文》、諸經義疏、《文選》、《後漢書》注中，收拾殘缺，輯為《周易‧鄭康成》注一卷，規模初立，創始為難！後之作者，每疵其短。以為：王本每條注文未著其出處；篇第凌亂，與經傳又不相應；即一卦之內，六爻先後，亦紊其自然之序；繫傳中所引，尤為雜亂；此其顯失也。又用字不能畫一，如說悅之參差互出，逸豫之相互代用，皆是。而搜求不廣，絓漏滋多，又誤以鄭氏易緯之注為易注，此皆後人所易見者。然而一注參用數書，其間去取裁酌，頗見匠心之獨運，又瑕不掩瑜也。踵其後者，有明人胡孝轅、姚士粦，清儒元和惠氏，歸安丁小雅氏，袁陶軒氏，平湖孫步升氏，曲阜孔廣林氏，武進張惠言氏，甘泉黃奭九家。各有專著，互見短長。〔註44〕皮錫瑞《易學通論》云：

> 宋末王應麟始以蒐輯古書之學，輯鄭易注一卷。近儒惠棟以為未備，更補正為三卷，丁杰又以為有誤入者，復加釐定，稱為善本，是鄭君之成易注，視諸經為最後。鄭君書多亡佚，輯易注者，視諸書為最先。張惠言亦輯鄭易，而加以發明。（十三章）

皮氏舉其大要，知學者輯鄭易之始末，亦從而得知，清儒對鄭玄易學之重視，故皮錫瑞設專章討論，是有其經學論據也。

（二）爻辰說不可信

鄭玄注易，多立條例；知其功力雄渾，見解深刻。依徐芹庭先生《兩漢

〔註44〕同胡先生書，頁 7～15，有明確敘述。

十六家易注闡微》之研究，得知有創獲十四項，即：本《爾雅》《說文》以求經義之指歸、宗《十翼》以詮易理之幽微、旁徵於群經以融易義而一貫、徵驗於史事以闡易學之奧旨、觀象於天文以徵天人之祕奧、歸本於人事以孚修己治人之應用、釋易之三義以廣易學之理趣、闡爻位之律則以釋易義之幽賾、探象數之理以廣易義于無窮、研卦氣消息之意以見易氣之運行、發注經之條例以小學通經義之指歸、兼容並蓄蘊古今文而一之、創爻辰之說融天文人事於一爐、闡易之禮學蘊易禮於詁訓。〔註45〕然而，以後二事可屬鄭玄獨創外，其餘與於其他漢易學家，有可通之處；是以皮氏論鄭易，獨取爻辰與禮說，而言：「鄭據禮以證易，學者可以推翻，不必推補爻辰。」（十三章標題）今就皮氏之說，稍加論述。

按爻辰之說，乃以乾坤十二爻，配十二辰也，即乾初九配黃鐘於辰爲子（十一月），九二配大簇於辰爲寅（正月），九三配姑洗於辰爲辰（三月），九四配蕤賓於辰爲午（五月），九五配夷則於辰爲申（七月），上九配無射於辰爲戌（九月），坤初六配林鐘於辰爲未（六月），六二配南呂於辰爲酉（八月），六三配應鐘於辰爲亥（十月），六四配大呂於辰爲丑（十二月），六五配夾鐘於辰爲卯（二月），上六配中呂於辰爲巳（四月）。依惠棟《易漢學》釐識，其說始於京房，然易緯《乾鑿度》亦有所論；易緯《乾鑿度》云：

> 乾陽也，坤陰也，並治而交錯行，乾貞於十一月子左行，陽時六（康成注：貞正也，初爻以此爲正，次爻左右者各從次數之。）坤貞於六月未（注：乾坤陰陽之主，陰退一辰，故貞於未。）右行，陰時六（以順成其歲）。

惠棟《易漢學》注云：

> 乾鑿度之說與十二律相生圖合，鄭于周禮太師注云：「黃鐘初九也，下生林鐘之初六，林鐘又上生太蔟之九二，太蔟又下生南呂之六二，南呂又上生姑洗之九三，姑洗又下生應鐘之六三，應鐘又上生蕤賓之九四，蕤賓又上生大呂之六四，大呂又下生夷則之九五，夷則又上生夾鐘之六五，夾鐘又下生無射之上九，無射又上生中呂之上六。」
> （卷六）

鄭玄取《乾鑿度》與十二律相生圖合，用以說《周禮》，且以注《易》；惠棟

〔註45〕徐先生書第拾貳，《鄭氏易之特點與價值》。，頁 365～376。五洲出版社，民國 64 年 12 月版。

－120－

之說，可知「爻辰說」之始末。然，韋昭注《周語》、《漢書·律歷志》載劉歆三統說，均有所論，〔註46〕是知「爻辰」之說，各家有所取證說明，鄭玄取於各家之說，亦有小變之；於乾六爻則從京氏，於坤六爻則值未酉亥丑卯巳。惠棟嘗作十二月爻辰圖：

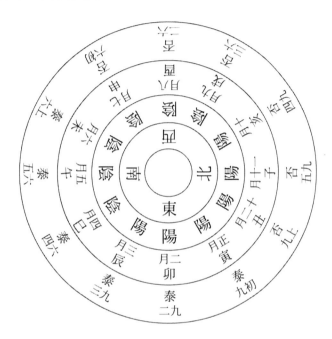

鄭玄由此乾坤二卦，並引申於其餘六十二卦，凡陽爻所值之辰視乾，陰爻所值之辰視坤。復配以十二辰之物象，及十二次之星象，於焉用以說易。

鄭注比初六爻辭曰：「爻辰在未，上值東井。井之水，人所汲。用缶，缶汲器也。」（《毛詩正義》卷七引）

鄭注明夷六二爻辭曰：「九三又在辰，辰得巽氣爲股。」（《禮記正義》二十七引）

鄭注中孚卦辭曰：「三，辰在亥，亥爲豕。」又云「四，辰在丑，丑爲鱉蟹。」(《毛詩正義》卷十一引)

然而皮錫瑞說：「鄭君用費氏易，其注易有爻辰之說，蓋本費氏分野一書。」（十三章）以鄭玄「爻辰說」本自《費氏分野》書而來，《費氏分野》今已佚，依馬國翰《玉函山房輯佚書》所輯有引《禮記正義·月令》：

費氏易林云：「震主庚子午，巽主辛丑未，坎主戊寅申，離主己卯酉，艮主丙辰戌，兌主丁巳亥。」

周予同《經學歷史注》云：

分野，本謂王者封國，上應星宿之位。費直說易，以八卦與星宿干支等相配；故亦曰分野。……按以八卦與干支相配，與鄭之爻辰說相同，故云爻辰出於分野。(〈經學中衰時代〉)

錢大昕《潛研堂集》：

康成初習京氏易，後從馬季長授費氏易；費氏有周易分野一書，其爻辰之法所從出乎？(〈答問〉)

錢氏僅以疑問口氣言之；是知費直之說，亦與鄭玄之說類似；然前有京房、《乾鑿度》之說，不得謂本《費氏分野》也，皮氏說辭，未有周嚴。

然爻辰之說，雖清儒易漢學家之抉發，但其爲附會，亦爲時人所論。王引之《經義述聞》曰：

舍卦而論爻，已與說卦之言乾爲坤爲者異矣；而其取義，又多迂曲。(卷一)

焦循《易圖略》曰：

爻辰自爲鄭氏一家之學，非本之乾鑿度，亦不必本於月律也。然以離九三爲艮爻，位值丑，丑上值弁星，弁星似缶；坎上六爻辰在巳，蛇之蟠蟠屈似徽纆；臨卦斗臨丑，爲殷之正月，以見周改殷正之數，謬悠非經義。至以焚如爲不孝之刑，女壯爲一女當五男，尤非聖人之義也，余於爻辰無取焉爾。(〈爻辰〉)

皮錫瑞以鄭氏爻辰，定爲易之別傳，當有取王引之、焦循之說，且皮氏論經學，在「通經致用」，不知「爻辰說」應致用於何處，故定其爲附會之說。皮錫瑞云：「經學有正傳，有別傳；以易而論，別傳非獨京氏而已，如孟氏之卦氣、鄭氏之爻辰，皆別傳也。」（十一章）以爲「易之別傳」不必推補。

然清儒猶有強申其義，爲鄭氏張其目者；如李林松《讀易述記》、趙坦《周

易鄭注引義序》、錢塘《爻辰論》、馮登府《十三經詁答問一》、戴棠《鄭氏爻辰補》，最具代表者以何秋濤《周易爻辰申鄭義》：

> 易之取象於互卦消息者，鄭與諸家同。至於以爻辰爲説，則康成之所獨。元和惠氏，嘉定錢氏，武進張氏皆有纂述，以明其意例，溯其源流。高郵王氏，江都焦氏獨起而攻之，抉剔垢瘢，摧堅陷鋭，比於箴膏盲發墨守，可謂辯已。竊意易涵萬象，不可執一，爻辰之法，於古必有所受，推之鐘律，考之次舍，往往相協，則鄭之立義不可誣也。（《皇清經解續編》卷一千二百七十八）

何以鄭玄慧識，取爻辰説易，必有所據，以爲王引之、焦循獨不信之，實爲強辯。殊不知，遠在三國時之王肅，已反其説矣。簡師博賢《今存三國兩晉經學遺籍考》：

> 唐成爻辰之法，以乾坤十二爻，配十二辰，以生十二律之位也。乾六爻自初至上，依次配「子寅辰午申戌」六辰；坤六爻則依次配「未酉亥丑卯巳」六辰。故比初六，爻辰在未；明夷九三，爻辰在辰；中孚六三，辰在亥；六四，辰在丑。辰舉而象著，此鄭君取象之法也。王肅注比初六云：「缶者，下民質素之器。」（《太平御覽》七百五十八引）但詁字明義，不取辰在未之説也。注明夷六二云：「般，旋也。」（《釋文》引）考二六二爻辭云：「明夷，夷於左股。」股，王肅作般，故云旋也。是不取辰得巽氣爲股之説也。注中孚則云：「三四在内，二五得中。」（李氏《集解》引）則全本象象取義；固皆異趣爻辰也。鄭氏爻辰，今存十二條（見惠棟《易漢學》卷六）上述三例而外，尚有九條；但肅易佚文，未之及注，是以斟比無由；然子雍排鄭，見一班已。（鄭王之爭）（案鄭玄之注上已引）

或訓詁取字義、或本彖傳、象傳取義，凡鄭玄爻辰説，一概不取。且李鼎祚《周易集解》「采鄭集，不采其言爻辰者」（皮氏十三章語），與王肅同一卓識；是知不待清儒，已見鼇清之識矣。

（三）以禮注易

禮家絕學，世推康成；蓋鄭學即禮學也。唐寅《兩漢三國學案》云：

> 然統康成一生著述而論之，三禮實爲專長。誠以兩漢諸儒無致力於禮者，一以師法之無傳，一以經文之泯滅故也。故高堂、后倉僅能推士禮以至天子，而叔孫制作，半雜秦儀，曹褒次序，又入讖記。

以其一代功令所關，亦無敢非之者，而禮益墜地。逮乎馬、鄭既出，
慨然以古學自任，而三禮之學，前儒不甚究心，故言之獨詳。是以
馬、鄭擅長於此，亦其勢然爾。（卷七）

鄭玄遍注群經，以禮學融入，一者知群經之共通性，再者明禮學乃古人最為
所重。皮錫瑞相當認同鄭玄以禮注易，其言：

鄭學最精者三禮，其注易亦據禮以證易義廣大，無所不包。據禮證
易，以視陰陽術數，實遠勝之。鄭注如嫁娶祭祀朝聘，皆合禮經，
其餘雖闕而不完，後儒能隅反而意補之，亦顓家之學也。（十三章）

論鄭氏易禮，最為詳切者明者，莫若張惠言《周易鄭氏義》。胡自逢先生《周
易鄭氏學》、徐芹庭先生《兩漢十六家易注闡微》，均取之而有詳細論述。今
以劉師培之說，稍為敘述，以明其略涯；劉師培概略歸納為：

郊祀之禮見于益、豫、鼎。

封禪之禮見于隨、升。

宗廟之禮見于觀。

時祭之禮見于萃、升、既濟。

饋食之禮見于損、困。

省方之禮見于觀。

賓王之禮亦見于觀。

時會之禮見于萃。

酬庸之禮見于大有。

朝覲之禮見于豐。

聘禮見于旅。

王臣出會之禮見于坎。

田狩之禮見于屯、師、比、大畜、解、巽。

婚禮見于泰、歸妹、咸、漸。

喪禮見于大過、益、萃、渙、小過。（《群經大義相通論》）

丁小疋鄭氏易注後定云：

記曰：「夫禮本於太一，分而為天地，轉而為陰陽，變而為四時；其
降曰命。」韓宣子見易象，曰：「周禮在魯矣！」是故易者禮象也。
是說也，諸儒莫能言；唯鄭氏言之。故鄭氏之易，其要在禮。若乃
本天以求其端，原卦畫以求其變，推象附事，以求文王、周公制作

之意；文質損益，大小該備。故鄭氏之易，人事也；非天象也。（《茗
柯文集》）

是知鄭玄以禮注易，前有承續；皮氏稱爲顓門之學矣。虞翻評鄭玄未得其門，
難以示世（《三國志》卷五十七〈虞翻傳〉注引翻別傳文），並非指以禮注易；
柯劭忞《續四庫提要》：

其實鄭君據禮經以說易，如婦人三月然後祭行，天子諸侯后夫人無
子不出，盥而不薦，爲諸侯卿大士賓士之禮，旅三爲聘客初與二爲
介；其學說非荀虞所及也。（《周易鄭荀義》）

蓋各有所專，不得以人廢言；爻辰之說，雖是附會，然以禮融易，遠有承續，
亦屬顓家之學；虞翻之說，不可從也。且以禮入易，正是明人事之用，是以
皮錫瑞曰：「可以推補。」（十三章）實爲鄭玄之創獲矣。

四、虞翻易學淵源及其易學特色

（一）虞翻易學淵源

皮錫瑞論及虞翻易學，言之：「虞氏傳孟學。」（十二章標題）又引張惠言
《易義別錄》之說：「虞翻雖傳孟學，亦斟酌其意，不必盡同。」（卷一）蓋以
虞翻易學上承於孟喜，又考究諸家，並創穫於其中；是以不必盡同於孟喜也。

虞翻字仲翔，三國吳人；屬治易世家，嘗云：

臣高祖父故零陵太守光，少治孟氏易；曾祖父故平輿令成，纘述其
業。至臣祖父鳳，爲之最密。臣先考故日南大守歆，最有舊書。世
傳其業，至臣五世。前人通講，多玩章句；雖有秘說，於經疏闊。
臣生遇世亂，長於軍旅，習經於枹鼓之間，講論於戎馬之上；蒙先
師之說，依經立注。又臣郡吏陳桃，夢臣與道士遇，放髮被鹿裘，
布易六爻，撓其三以飲臣；臣盡乞吞之。道士言：「易道在天，三爻
足矣。」豈臣受命，應當知經？所覽諸家解，不離流俗義；有不當
實，輒悉改定，以就其正。（《三國志・虞翻傳》）

虞氏家族，五世治易，至虞翻乃大有所成；虞翻又言其學易過程有與道士遇，
是知虞翻易學之多元化，故皮錫瑞言虞翻易學雜出道家，實有其論據矣；然
亦可言虞翻易學接觸面之廣，孔融觀其易注讚曰：

聞延陵之理樂，觀吾子之治易；乃知東南之美者，非徒會稽之竹箭
也。又觀象雲物，察應寒溫；原其禍福，與神契合；可謂探賾窮通

者也。（轉引自《中國歷代經籍典》卷八十九）

然又考虞翻本傳：「翻性疏直，數有酒失。權與張昭論及神仙，翻指昭曰：『彼皆死人而語神仙，世豈有仙人也。』權積怒非一，遂徙翻交州。」因此孔融所謂「原其禍福，與神契合」者，當純粹指其易學，而未融入人生處事態度矣。張惠言《易義別錄》：

> 夫學者求田何之傳，則惟孟氏；此文求孟氏之義，則惟虞氏，注說其大較也。（卷一）

張氏以虞翻為漢易一脈相傳之學；皮錫瑞頗不以為然，其曰：

> 張惠言易義別錄，首列孟氏，亦僅能舉說文釋文諸書之異字，而不能舉其義。（十二章）

蓋皮氏論易之主要用心，在以「易為指導人生義理作」，因此評張惠言考孟虞兩家異同，只就字詞，而未能申明虞氏大義；是以皮氏之有所論也。《三國志‧虞翻本傳》又記虞翻云：

> 穎川荀諝號為知易，臣得其注，有愈俗儒；至所說西南得朋，東北喪朋，顛倒反逆，了不可知。又南郡太守馬融，名有俊才，其所解釋，復不及諝。若乃北海鄭玄、南陽宋衷，雖各立注，而皆未得其門，難以示世。（約舉《三國志》卷五〈虞翻傳〉注引翻別傳文）

是虞氏以孟氏為宗，又兼覽荀爽、馬融、鄭玄、宋衷之學，參考略取四家之義。今依徐芹庭先生《兩漢十六家易注闡微》及《虞氏易述解》二書研究所得，知虞翻有源於孟氏者、源於馬融者、源於鄭玄者、源於荀爽者、源於宋衷者等諸家之說；〔註47〕蓋斯有所承，所以有所成也。虞翻易注，大抵均采

〔註47〕徐芹庭先生《兩漢十六家易注闡微》及《虞氏易述解》云：源於孟氏者繫辭下：「象也者象也。」釋文云：「像，眾家並云像，擬也。孟京虞董姚還作象。」
晉六五，失得勿恤。釋文云：「失，孟馬鄭虞王肅作矢。」
姤，后以施命告四方。說文云：「后，繼體君也，易曰后以施命告四方。」虞注：「后，繼體之君，姤陰在下，故稱后……。」
益上九象曰，莫益之，偏辭也。釋文云：「偏，孟氏作偏，云，周匝之也。」虞翻曰：「偏，周匝也。」
咸，咸其脢。說文云：「脢，背肉也，易曰咸其脢。」虞注：「脢，夾脊肉也，坎為脊，故咸其脢。」
坎初六，入于坎　凶。說文云：「窞，坎中小穴也，易曰入于坎。」虞注：「坎中小穴稱。」
坎九五，禔既平。說文云：「禔，安也，易曰禔既平。」虞注：「禔，安也，艮止坤安，故禔既平。」

訟上九，或錫之鞶带。說文：「鞶，大带也，易曰或錫之鞶带。男子带鞶。」
虞注：「鞶带，大带，男子鞶革。」

案說文稱易孟氏，故於說文中可見孟氏之佚文，以與虞氏易相較，其中頗
有相同者，事虞氏易源於孟氏猶可考知也。

源於馬融者：

睽六三：其人天且劓。馬氏云：「劓鑿其額曰天。」虞氏云：「黥額爲天。」
李道平云：「劓與黥同。」

寒六四，徒寒來連。馬氏云：「連亦難業。」虞翻曰：「連寒，寒難也。」

損六五，或益之十朋之龜。十朋之注，馬虞同據爾雅。

萃，王假有廟。釋文云：「亨，馬鄭陸虞等並無此字。」

艮九三，裂其夤。馬氏云：「夤，夾脊肉。」虞氏云：「夤，脊肉。」

漸九三，鴻漸于陸。馬氏云：「高平曰陸。」虞氏云：「高平稱陸。」

歸妹九四，歸妹愆期。馬氏云：「愆，過也。」虞氏同。

豐六二，風其蔀。馬氏云：「蔀，小也。」虞翻曰：「蔀小」。

源於鄭玄者：

謙君子以捋多益寡。釋文云：「稟、鄭荀嬗董蜀才作捋云取也。」集解引虞
翻亦作捋，亦訓爲取。

大畜九三，良馬逐逐，利艱貞吉，曰閑輿衛。釋文引鄭云：「良嬰逐鄭作逐
逐，云兩馬走也。曰人實反，曰習車徒，閑習。」虞注：「乾爲良馬，震爲
驚走，故稱逐也，坎爲閑習……故曰曰閑輿衛也。」

坎六四，尊酒簋貳用缶。鄭注：「貳副也，天子大臣出會諸侯，主國尊于簋，
副設元酒而用缶也。」虞注：「坎，酒之象，貳、副也，坤爲缶，禮有副尊，
故貳用缶耳。」

咸初六，咸拇。鄭注：「拇，足大指也。」虞作母，而訓同。上六象曰，滕
口說也。鄭注：「滕送也。」虞注同。

恒亨咎。鄭注：「恒久也。」虞注同。

明夷。鄭注：「夷，傷也。」虞注同。

萃上六，齊咨涕洟。鄭注：「自目曰涕，自鼻曰洟。」虞注同。

萃六二，孚乃利用禴。鄭注：「禴，夏祭名。」虞注：「禴夏祭也。」

源於荀爽者：

坤文言，陰於陽必戰，爲其兼於陽也。釋文云：「陰疑，荀虞姚信蜀才本作。
嫌，荀虞陸董作兼。」

屯。荀注云：「此本坎卦也。」李鼎祚云：「案初六升二，九二降初。」虞
氏曰：「坎二之初，剛柔交震。」

蒙。荀注：「此本艮卦。」李鼎祚釋之曰：「案二進取三、三降居二。」虞
注曰：「艮三之二。」

需九二，需于沙。荀注：「二應於五，水中之剛，故曰沙。」虞注：「沙謂
五、水中之陰，稱沙也。」

乾九二，見龍在田。荀注：「二當升坤五，故見龍在田。」虞注：「陽始觸
陰當升五爲君，時舍於二。」

升卦。荀注：「大人，天子謂升居五。」虞注：「升五得位。故有喜。」

與宋衷同者：

及漢易學家之說，是以張惠言《易義別錄》又云：

> 然虞氏雖傳孟學，亦斟酌其義，不必盡同。（卷一）

蓋虞氏傳孟氏學，間亦有所擇；宋翔鳳《周易考異》：

> 按明夷六五，箕子之明夷。作箕子者，博士施孟梁丘所傳之易也；蓋
> 博士授易，但以章句循誦，不能窮陰陽之變，惟孟氏別爲古文，以傳
> 梁焦延壽、蜀趙賓（注、《儒林傳》言：上聞喜改師法，遂不用喜。
> 此其切證。），漢書儒林傳，趙賓以爲箕子之明夷，陰陽氣亡箕子；
> 箕子者，萬物方荄茲也。蜀才箕作其，當是孟氏所傳之古文。（卷二）

按論「箕子」之字詞者或稱「其子」，或稱「荄茲」，章句訓詁，各有其說；
而孟氏傳古文作「其」，然依《左傳序疏》所云：

> 鄭眾、賈逵、虞翻、陸績之徒，以易有：箕子之明夷、東鄰殺牛。
> 皆以爲易之爻辭，周公所作。

是知虞翻採歷史之事，以殷紂忠臣「箕子」爲說，而不主孟學矣。簡師博賢
曰：

> 虞氏纘述家業，旁搜而遠紹；既傳孟喜之學，復擇精諸說。漢儒易
> 義，莫非所本；而莫能囿之，故集象數易學之大成矣。（《虞翻易學
> 研究》）

漢儒易義，皆爲虞翻所稱引，並擇精而用，是其特色即在集漢易之大成也。

虞翻自言其易學得之道士，所謂：「又臣郡吏陳桃，夢臣與道士遇，放髮
被鹿裘，布易六爻，橈其三以飲臣；臣盡乞吞之。道士言：『易道在天，三爻
足矣。』豈臣受命，應當知經？」（《三國志·虞翻傳》）是知虞氏易學旁雜多
家，道士之說，亦爲所取。然依皮錫瑞對「經」之定義，以「當知經爲孔子
所定，孔子以前有經。」（《經學通論序》）經書爲孔子一派之儒學精華；而虞
翻自言「應當知經」，卻以道士之說參雜，並存於孔子之說，此論當不爲皮錫
瑞所接受，蓋虞氏所言已不合矣！是以皮錫瑞云：

> 虞氏引參同契日月爲易，又言夢道士飲以三爻，則其學雜出道家，
> 故虞氏雖漢易大宗，亦有當分別觀之者。（十二章）

虞氏易學，旁收漢魏時有關易學之作，雖保留漢易，但也間雜道士煉丹之法，
是以皮錫瑞主張「當分別觀之。」以明虞翻易學之應有學術地位。

姤初六，羸豕孚。宋氏：「羸大索……巽爲風，動搖之貌也。」張惠言云：
「取象及義盡與虞同。」

（二）虞翻易學特色

兩漢易學，堪稱「象數易學」；蓋其條例用以說易，均與象數有關；其源始於孟喜，後經京房、鄭玄、荀爽、虞翻諸家之推衍，終成氣象，雖有王弼之掃象，而餘流不消，足成易學史上，最具代表之一例。而虞氏易學又有其特色矣。所謂「象數易學」者，簡師博賢有一明確定義：

> 夫象數易學，旨在推象通辭；而論者病之，是未究其說也。蓋推象通辭者，所以驗易辭之義，實卦所本有者；以明此卦之必有此辭，而此辭之義必蘊於此卦；因以證成卦與卦辭之必然綰合，而卦辭之所陳，遂為一理義自明而無須經驗證明者。（《魏晉四家易研究》序文）

是知卦象與卦辭，乃必然綰合，無需再假他義以證，亦非自由心證可說也。今考《周易集解》所錄虞翻之辭可知：

> 睽卦䷥初九：悔亡，喪馬，勿逐，自復。

> 虞翻注：無應，悔也；四動得位，故悔亡。應在于坎，坎為馬，四而之正入坤，坤為喪，坎象不見，故喪馬。震為逐，艮為止，故勿逐。坤為自，二至五體復，四動震馬來，故勿逐自復也。

案爻位，陽居初、三、五為當位，陰居二、四、上為當位，或稱得位、正位、位正當；反之稱失位，或稱非其位、未得位。凡言當位者皆吉，言不當位者皆凶。凡初四、二五、三上，陰陽互異曰應，不應則稱敵。〔註 48〕今睽卦刀與四皆陽爻，故曰無應，是有悔也；四本陰位，今陽爻居之不當，變陰則當位，而下應於初，故曰四動得位，而悔亡。初與九四本不應，而六三、九四、六五為坎象，坎為馬（見說卦），今九四之正為六四，坎象不見，故稱喪馬。而九二、六三、六四成震象，震為逐（見說卦），六四、六五、上九為艮象，艮為止（見說卦），故稱勿逐。九二、六三、六四、六五，四爻互體得復卦，震亦稱馬（見說卦），故稱四動震馬來，勿逐自復也。今見虞翻注易不採任何陰陽五行，其說解根據，均從本卦來，故簡師博賢稱之為「推象通辭」，良有以也。〔註 49〕

虞翻說易，雖與漢易學家條例類同，然用意有別，不可一概視之。張惠

〔註 48〕參閱屈萬里先生《先秦漢魏易例述評》卷上「彖象傳例」。

〔註 49〕至於虞翻注易條例，有所謂互體、旁通、反對、兩象易、半象、象不見、之正、卦變，雖與漢易學家名目相當，然意義有別，而虞翻有其學理根據，不得曰「巧立名目」。詳見簡師博賢《虞翻易學研究》。

言《周易虞氏義》序曰：

> 翻之言易，以陰陽消息，六爻發揮，旁通升降，歸於乾元用九而天
> 下治。依物取類，貫穿比附，始若瑣碎，及其沉深解剝，離根散葉，
> 暢茂條理，遂於大道，後儒罕能通之。……翻之學既世，又具見馬
> 鄭荀宋氏書，考其是否，故其義爲精；又古書亡而漢魏師說可見者
> 十餘家，然唯鄭荀虞三家，略有梗概可指說，而虞又較備，然則求
> 七十子之微言，田何、楊叔、丁將軍之所傳者舍虞氏之注，其何所
> 自焉。（《皇清經解》卷一千二百一十八）

張氏慧眼獨具，疏通虞翻易學；蓋以虞氏前有所承，且本身亦有所創，眞易
學之大家。然張惠言氏以氏爲上求七十子、田何之意，則亦太過其說。晁公
武《郡齋讀書志》云：「漢之易家，蓋自田何始，何而上未嘗有書。」（卷一）
而田何說易，蓋舉訓詁大誼而已，故未嘗有象數之說也。考《漢書·儒林傳》：
「（孟）喜好自稱譽，得易家候陰陽災變書，詐言師田生且死時，枕喜郲，獨
傳喜。」是知孟喜已參雜陰陽災異等比附之說，宜乎梁邱賀辨明其妄，以爲
田生無絕於孟氏手中之事。皮錫瑞評張氏之言曰：

> 錫瑞案張氏舉鄭荀虞，而斟酌其得失，皆有心；得於鄭義取其言禮，
> 不取其言爻辰，與李鼎祚集解采鄭集，不采其言爻辰者，同一卓識。
> 惟以卦氣十二辰之類，亦祖田何，則未必然。孟京以前，言易無有
> 主卦氣十二辰之類者，不可以後人之說誣前人，而以易之別傳爲正
> 傳也。（十三章）

是以言從虞翻之易學以窺全部之漢易，此話未能盡妥；然虞氏之用心，亦不
得與漢易之說，融而論之；漢易之用心有二，不可等同視之。簡師博賢曰：

> 夫象數易學，旨在推象通辭；而通辭之所趨，其別有二：以驗易辭
> 之義，實卦所本有者一也；以牽附五行、干支、而占驗災異者二也。
> （今存《三國兩晉經學遺籍考》）

虞翻易學之特色，正在前項也。然外表顯見之，差別無異，是以歷代各家，
均有評述，而未見其旨；如皮錫瑞所舉清儒對虞翻之評述爲例，皮錫瑞云：

> 近之漢學者多宗之，而亦有不盡然者。王引之謂虞氏以旁通說彖象，
> 顯與經違，虞氏釋貞以之正，違失經義，見《經義述聞》。錢大昕論
> 虞仲翔說易之卦，有失其義者，有自紊其例者，見《潛研堂答問》。
> 陳澧云：虞氏易注多不可通，所言卦象尤多譎巧，見《東塾讀書記》。

　　焦循《易圖略》雖取虞義，亦駁其非。（十二章）

王引之、錢大昕、陳澧、焦循四家對虞氏易之指責各有其識，〔註 50〕然只見

〔註 50〕四家之說如下：

陳澧《東塾讀書記》：

　　虞氏易注多不可通。如「履虎尾，不咥人，亨。」注云：與謙旁通，以坤履乾，以柔履剛，謙坤爲虎，艮爲尾，乾爲人，乾兌乘謙，震足蹈艮，故履虎尾。俗儒皆以兌爲虎，乾履兌，非也。兌剛鹵，非柔也。象曰：履、柔履剛也。注云：坤柔乾剛，謙坤藉乾，故柔履剛。澧案如虞說，乾爲人，坤爲虎，乾人履坤虎，是剛履柔，非柔履剛矣。乃又云：坤藉乾，故柔履剛，然藉者、在下者也，履者、履所藉也，坤藉乾，仍是乾履坤，剛履柔也。其說之繆如此，而輒詆人爲俗儒可乎！

　　虞仲翻注乾卦云成既濟。惠定宇《周易述》云：乾六爻二四上匪正；坤六爻初三五匪正。乾道變化，各正性命，保合大和乃利貞。傳曰：利貞，剛柔正而位當也。澧案、乾之所以利貞者，以變既濟，而六爻各正既濟，象傳乃說利貞二字之通例，此虞氏之最精處，亦惠氏最精處，此眞以十篇說經者矣。

　　虞氏所言卦象，尤多纖巧，其最甚者，既濟六二婦喪其髴，注云：離爲婦，泰坤爲喪，髴髮謂鬒髮也，坎爲元雲，故稱髴，詩曰：鬒髮如雲。其纖巧至此，坎爲雲，非爲髮也，而引詩，鬒髮如雲以牽合，之如此，則無不可牽合者矣。

　　（詩之言婦女者多矣，若可牽合於卦象，則乾爲玉，詩曰：有女如玉。可謂乾爲女乎！）

　　澧謂虞仲翔最紊其例者，無妄、大畜二卦也。凡仲翔之卦之例，以兩爻相易，其餘四爻如故。惟無妄注云：「遯上之初。」則以遯之上九置於初六之下而爲初九，而初六爲六二，六二爲六三，九三爲九四，九四爲九五，九五爲上九矣。大畜注云：「大壯初之上。」則以大壯之初九置於上六之上而爲上九，而九二爲初九，九三爲九二，九四爲九三，六五爲六四，上六爲六五矣。如無妄、大畜之卦之例是，則兩爻相易者非也；如兩爻相易之例是，則無妄、大畜以上爻置初爻之下，以初爻置上爻之上者非也。（俱見卷四）

王引之《經義述聞》：

　　虞仲翔發明卦爻，多以之正爲義。陰居陽位爲失位，則之正而爲陽，陽居陰位爲失正，則之正而爲陰；蓋本象象傳之言位不當者而增廣之，變諸卦失正之爻，以於既濟，可謂同條共貫矣。然經云位不當者，惟論爻之失正，未嘗言其變而之正也。夫爻因卦異，卦以爻分，各有部居，不相雜廁，若爻言初六、六三、六五，而易六以九；言九二、九四、上九，而易九以六，則爻非此爻，卦非此卦矣。不且紊亂而無別乎，遍考象象傳文，絕無以之正爲義者，既已無所根據矣，乃輒依附於經之言貞者，而以之正解之，虞氏言之正者，不可枚舉，而其釋貞以之正，最足以亂眞，故明辯之。（虞氏釋貞以之正違失經義）

焦循《易圖略》：

　　漢魏以來說易諸家最詳善者，莫如仲翔虞氏，非不鏤心刻骨，求合聖經；

其一不知其二，蓋虞氏易學條例多門，常以相互運用，以達其意，或旁通連之卦變、或反對暢於卦變，條例雖是反復，然實可理續出特點。既經簡師博賢作《虞翻易學研究》，則歷代之疑惑，實可掃除一空；而虞翻易學特色，亦可大明於易學史上矣！

五、瑕瑜不掩之王弼

（一）王弼易學淵源

王弼易注，不僅為現存漢魏說易者唯一完本，其注易之風格，更異於漢儒諸家；是以皮錫瑞必有所闡論。述王弼易學淵源。

王弼易學淵源，當可從兩方面以探索，一者時代潮流，再者家學承傳；分述如下。皮錫瑞論王弼易學淵源根據，仍從《漢書》與《後漢書》。皮錫瑞云：

> 漢易立博士者四家，施孟梁邱京氏，並今文說而皆亡佚，後世所傳者，費氏古文易也，而今之易又非古文，蓋為後人變改幾盡。說文間載古文，許慎以為孟氏，釋文所載異字，惟易獨多，然則漢時傳易者，尤為雜而多端，未知田何楊叔丁將軍之傳本，究如何也。漢書儒林傳曰：「費直字長翁，東萊人也，治易為郎，至單父令，長於卦筮，亡章句，徒以彖象繫辭十篇文言，解說上下經。瑯邪王橫平中能傳之。」後漢書儒林傳曰：「東萊費直能易，授瑯邪王橫為費氏學。本以古字號古文易，陳玄鄭眾皆傳費氏易，其後馬融亦為其傳，融授鄭玄，玄為易注，荀爽又作易傳，自是費氏興而京氏遂衰。」
> （十四章）

現存說易家派，非施、孟、梁丘、京氏之說，蓋諸家之說，是為今文說，已皆亡佚；現存者為費氏古文易也；而費氏易之特色，乃為「亡章句，徒以彖象繫辭十篇文言，解說上下經」，並經東漢學者馬融、鄭玄等人之傳承，因而費氏易興，而京氏說易遂衰。皮錫瑞又云：

> 王弼亦傳費易，而其說各異。費氏亡章句，止有文字，東漢人重古文，蓋但據其本文，而說解各從其意，此鄭荀王所以各異也。……王弼盡掃象數，而獨標卦爻承應之義，蓋本費氏之以彖象繫辭文言解經。（十四章）

是王弼易注，循費氏傳統，無章句，解說各以己意，故東漢以來，諸家說解乃求之于辭，鮮能畫一。（比例圖第五）

各異。然皮氏僅言今文家易說亡佚，而費氏古文家說興，而亡佚之原因只說：「豈非事理之可怪？」（第九章）〔註51〕事實上，興亡之理由，可從政治事件來作觀察。據《漢書儒林傳》記載，知悉京房治易明「災異」；孟喜治易明「易家侯陰陽災異」；梁丘賀治易明「變異」；而此三家均爲博士學官，觀此名詞，不難理解，均屬卜筮之流。占卜本有驗與不驗，而爲了不驗時，有另外解釋之根據，故創意伏世應八宮等附易立說，以作爲遁辭之門，然其有可能之解釋與遁辭之範圍，亦時見不足。故京房以易爲占卜，終遭殺身之禍。此一結局，不難讓人解易時，應轉換觀點；費氏易學，遂轉而只以十翼解經，回復初期之形式。唐君毅《中國哲學原論——原道篇二》說：

> 大率凡經學中之爲今文學者，氣象皆較闊大，喜比類而推，能編造系統。然亦多任想像，作擅斷，爲豫言，誇大而無實。古文學家則較樸實，重徵驗，不敢輕易任想像，作擅斷，更不爲預言。故當陰陽家與今文學家之浮誇之論，爲人所厭，其所爲之擅斷預言或占卜，又多不驗時，而在西漢之末，古文經學遂興。（第六章）

東漢易學家均屏棄「災異」方式，而邁向費直以解經爲宗旨，〔註52〕蓋亦有明哲保身之趣旨，修正易學論世之重心。然後人以西漢易學之亡，東漢費氏說易之興，其觀鍵在王弼，惠士奇《易說》：

> 今所傳之易，出自費直，費氏本古文，王弼盡改爲俗書，又創爲虛象之說，遂舉漢學而空之，而古學亡矣。（《清儒學案》卷四十三引）

以古漢學之亡，罪在王弼，而忽略當時政治因素，及學術走向，惠氏之說，實非確論！王弼身處學術潮流，且有其慧識，故不取占卜災異之說。（《世說新語・賞譽篇》：「王長史歎林公：尋微之功，不減輔嗣。」時人以王弼之慧

〔註51〕其實皮氏已有立場，且已設立答案，在第十六章「論以傳附經始於費直不始於王弼亦非始本於鄭君」中，有提到：「古文但有傳本而無師說，當時儒者若但以古正今文之誤，而師說仍用今文，博士所傳，則無鄉壁虛造之譏，亦無多歧亡羊之患，漢之經學，雖至今存可也。乃諸儒名爲慕古，實則喜新，傳本雖用古文，而解經各以意說，以致異議紛雜，言人人殊。學者苦其繁而無由折衷，以致漢末一亂，而同歸於盡。」以今文家立場，指責古文家之誤。

〔註52〕徐復觀先生以爲王弼注與費氏易無關，而此一錯誤，乃源自《後漢書・儒林傳》「本以古字號古文易」，以至相傳延續，均以諸大家爲傳費氏學，事實上，費氏無章句，且東漢及三國亦找不出費氏學之蹤影，何來傳承統緒。詳見《中國經學史的基礎》一書中《西漢經學史》「易的傳承及其傳承中的問題」。徐先生此說亦在指《四庫提要》之謬，可作爲拙文之證；致於費易與王易之關係，尚待討論，非筆者學識所能論述。

識，可作爲一判斷標準。）再者循馬融、鄭玄說易之風，王弼亦非獨創者；陳澧《東塾讀書記》云：

> 漢書儒林傳云：「費直以彖象系辭十篇文言，解說上下經。」此千古治易之準的也。孔子作十篇，爲經注之祖，費氏以十篇解說上下經，乃義疏之祖，費氏之書以佚，而鄭康成、荀慈明、王輔嗣，皆傳費氏學，此後諸儒之說，凡據十篇以解經者，皆得費氏家法者也。其自爲說者，皆非費氏家法也。說易當以此爲斷。（卷四）

是馬融以後學者，易學共識也。皮錫瑞根據陳澧之說而言：

> 王弼盡掃象數，而獨標卦爻承應之義，蓋本費氏之以彖象繫辭文言解經。（十四章）

然而，《四庫提要》曰：「弼之說易，源出費直」，吾人只言能說王弼說易方式與費直同，均以彖象諸傳言之，並非費直有何易學承傳；《四庫提要》之語，誤導後人；而皮氏在文中直接引用，不加按語，自是接受《四庫提要》之說法，即是一例！然而皮氏在第十六章引姚配中語曰：

> 蓋唯費無章句，以傳解經，傳其學者，不過用其本耳，是以注家言人人殊，而俱曰傳費氏易，極至王弼之虛言，亦稱爲費氏之學，此其明驗也。

而皮氏自加案語曰：「姚氏此說，可爲定論，其謂傳費氏學者不過用其本，是以注家言人人殊。」姚皮二氏，較《四庫提要》之語周延。〔註53〕

王弼易學，實家學所傳，乃遠有本源。《魏志・鐘會傳》裴注引《博物記》曰：

> 初，王粲與族兄凱，俱避地荊州。劉表欲以女妻粲，而嫌其形陋而用率；以凱有風貌，乃以妻凱。凱生業，業即劉表外孫也。蔡邕有書近萬卷，末年載數車與粲。粲王亡後，相國椽魏諷謀反，粲子與焉。既被誅，邕所與書悉入業。業字長緒，位至謁者僕射。子宏字宗，司隸校尉；宏，弼之兄也。（卷二十八）

〔註53〕杭辛齋有另一種看法，說「嘗疑東西二京，相去非遙，何以易學之驟然衰落，一至於是，此其中必有原因。嗣據今石家所探索，謂西漢無碑，因王莽惡稱頌漢德，故劃除殆盡，間有存者，非伏藏土中，或深埋窮谷，爲搜剔所不及者耳。於是悟易注之亡，亦或莽之所爲。蓋西漢易學既盛，而讖緯之說又成俗尚，西京士大夫，往往侈言陰陽，觀馬班諸書所錄書疏，可見其概，莽初則利爲己用，名位既成，惡而去之，乃勢所必然。」然《學易筆談》卷二。

此文證王弼易學淵源，有一明示線索，蓋爲荊州學風。焦循《周易補疏》敍：

> 東漢末，以易學名家者，稱荀劉馬鄭；荀謂慈明爽，劉謂景升表，
> 表之學受於王暢，暢爲粲之祖父，與表皆山陽高平人，粲族兄凱爲
> 劉表女婿，凱生業，業生二子，長宏次弼，粲二子既誅，使業爲粲
> 嗣，然則王弼者，劉表之外曾孫，而王粲之嗣孫，即暢之嗣元孫也。
> 弼之學蓋淵原於劉，實根本於暢。

則王弼之學原於劉表，而上窺王暢。考《隋志》載劉表《周易章句》五卷，
張惠言《易義別錄》云：「案其義于鄭爲近，大要兩家（劉表、宋衷）皆費氏
易也。」（《周易》宋氏劉氏序錄）焦循又說：「弼之易雖參以己見，而以六書
通借，解經之法，尚未遠於馬鄭諸儒。」（《周易補疏敍》）是則王弼易學淵源
有自，故能慧識早見，卓然出眾。

概言之，王弼在學風時代下，乃處於回復以傳解經之傳統；在家學之淵博傳
承，有豐富之學識涵養；二者交織，易學乃變。

（二）王弼注易之時代思潮

皮錫瑞云：

> 魏晉人尚清言，常以老易並舉，見於史者，多云某人善說老易，是其
> 時之所謂易學，不過藉爲談說之助，且與老氏並爲一談。（第十五章）

《世說新語》載此類資料甚多：

> 晉武帝始登祚，探策得一。王者世數，繫此多少。帝既不說，群賢
> 失色，莫能有言者。侍中裴楷進曰：「臣聞天得一以清，地得一以寧，
> 侯王得一以爲天下貞。」帝說，群臣歎服。（〈言語〉）

按、王弼注老子云：「一者，數之始，物之極也。各是一物所以爲主也。各以
其一，致此清、寧、貞。」裴楷此解，正得王弼之意；而晉武帝以新登位，
正是雄心萬丈之時，亦接受此一解釋，足見儒道合流矣。

> 何平叔注《老子》始成，詣王輔嗣，見王注精奇，迺神伏，曰：「若
> 斯人，可與論天人之際矣！」因以所注爲道、德二論。（〈文學〉）

按、王弼論老，精理可見，是以貴爲尚書之何晏，亦爲神伏。且何晏注有《論
語》，是知二書並注已成共識。

然《老》，《易》並舉之風，並非始於魏晉。早在揚雄《太玄賦》曰：「觀太
易之損益兮，覽老氏之倚伏。夫物有盛衰，況人事之所極！」桓譚《新論》亦
曰：「伏羲之易，老氏謂之道，孔子謂之元，而揚雄謂之玄。」是以儒道在東漢，

並不異爲職事。觀時人以玄爲名者，如鄭玄，劉玄，劉玄德，夏侯玄，玄通先生等等，是亦可見當時風氣矣。《後漢書・范升傳》曰：「升以梁丘易、老子教授後生。」《易》，《老》兼修，已開風氣之先，王弼、何晏不過增其事而踵其華。〔註54〕《直齋書錄解題》曰：

> 自漢以來，言易者多溺於占象之學。至王弼始一掃去，暢以義理；於是天下宗之，餘家盡廢。然弼好老氏，魏晉談玄，自弼輩暢之。易有聖人之道四焉，去三存一，於道闕矣。況其所謂辭，又雜異端之説乎！范甯謂其罪深於桀紂，誠有以也。（卷一）

然而，談玄之風，並非始自王弼，范甯謂其罪深於桀紂，亦非得當。容肇祖作《魏晉的自然主義》，在其第一章，即根據范甯之辭，並非得當，而以「何晏王弼的冤獄」爲主題，作了幾點申論：第一、晉代禍亂乃君主用人非當，而又有賈后之亂政、惠帝之呆癡、八王之爭，及胡漢雜居所引發之一連串禍亂。第二、何晏王弼死後，魏晉交替，受到依附司馬氏諸人的誹謗。第三、《三國志》作者立場不客觀，徒以平叔與司馬宣王有隙，而輔嗣說易與王肅父子異，晉武，肅之外孫也，故傳記二人不無誣辭（錢大昕、何晏論）。容氏綜合諸論，認爲何王乃魏晉間第一流人物。〔註55〕陳澧《東塾讀書記》又云：

> 朱竹垞王弼論云：毀譽者天下之公，未可以一人之是非偏聽而附和之也。孔穎達有言，傳易者更相祖述，惟魏世王輔嗣之注，獨冠古今，漢儒言易，或流入陰陽災異之説，弼使暢以義理，惟因范甯一言，詆其罪深桀紂，學者過信之，讀其書者，先橫高談理數，祖尚清虛八字於胸中，謂其以老莊解易。吾見橫渠張子之易説矣，開卷詮乾四德，即引「迎之不見其首，隨之不見其後」二語，中間如谷神、芻狗、三十輻其一轂、高以下爲基，皆老子之言；在宋之大儒，何嘗不以老莊言易，然則弼之罪亦何至深於桀紂耶？錢新楣亦云：若王輔嗣之易、何平叔之論語，當時重之，更數千載不廢，方之漢儒即或有閒魏晉，說經之家未能或之先也。澧案此皆公允之論。宋人趙師秀詩云：輔嗣易行無漢學。百年以來，惠氏之學行，又無輔

〔註54〕龔鵬程碩士論文《孔穎達周易正義研究》第一章中，有詳細説明漢魏學風之延續，並論證易玄合流，早在兩漢已見端倪，並非魏晉始有。請參閲原文，見臺灣師大國文研究所集刊第24號，葉3〜22。

〔註55〕原文收錄里仁書局出版《魏晉思想》。

嗣之學矣。講漢學者尤推尊虞仲翔，謂仲翔傳孟氏易乃漢學也。然
輔嗣傳費氏易，獨非漢學耶？輔嗣雜以老子之說，仲翔何嘗不雜以
魏伯陽之說耶？在乎學者分別觀之耳，若云好古，仲翔吳人，輔嗣
魏人，吳古矣，魏何嘗不古矣！（卷四）

陳澧以為學者讀書多存成見，因范甯言「王弼罪於桀紂」，其原由乃王弼以老
學注易學，然二書合流，亦非自王弼始；虞翻注易取道教魏伯陽之說，而清
儒卻不言，而僅明虞翻為漢易大家，乃上承田何之學；宋儒張載易說，亦多
取老子精義；何以學者，只識王弼以老注易，予以譏評，而不言虞翻、張載
亦類同；是評王弼太過矣！陳澧此論甚為客觀。蓋魏晉玄風，不可獨立為斷
代處理，且范甯之說，以人廢言，不得視為定論；王弼易注，有其學術融合
價值，非王弼一人獨為之也。

（三）易學理論——以道入易及掃象之根據

1. 以道入易

正如前述，儒道義理合述，遠在東漢，已有傾向；至魏晉時期，儒道會
通，更是學者之普遍職志，《世說新語》：

王輔嗣弱冠詣裴徽，徽問曰：「夫無者，誠萬物之所資，聖人莫肯致
言，而老子申之無已，何邪？」弼曰：「聖人體無，無又不可以訓，
故言必及有；老莊未免於有，恒訓其所不足。」（〈文學〉）

阮宣子有令聞，太尉王夷甫見而問曰：「老莊與聖教同異？」對曰：
「將無同。」（〈文學〉）〔註56〕

問者所問，答者所答，均為一致之理趣，即「儒道會通」。〔註57〕而自史記、
漢書以來，學者觀點，均以《周易》列為儒家經典，蓋《周易》乃「五經之

〔註56〕勞思光先生有不同之見解，他認為魏晉學人，未能釐清，本來就是兩系統的
　　　　儒道關係，而強以融通，顯見其思想之混亂。詳見《新編中國哲學史》卷二，
　　　　葉142～144。三民書局民國79年9月增訂五版。

〔註57〕其「以傳解經」一節，又分（一）以十翼的倫理思想解經者：（1）進德修業、
　　　　（2）遷善改過、（3）著信立誠、（4）存公忘私、（5）敬慎防患、（6）樂天待
　　　　時、（7）尚義斥利、（8）主正反邪、（9）執兩用中、（10）親人善鄰。（二）以
　　　　十翼的政治思想解經者：（1）為政以德、（2）小人勿用、（3）斷訟在直、（4）
　　　　征討有常、（5）法制應時。其「援老入易」一節，又分（一）攙附老子的人生
　　　　與政治哲學者：（1）自然無為、（2）主靜反躁、（3）貴柔不爭、（4）處下不先、
　　　　（5）尚謙惡盈、（6）素樸寡欲、（7）不為物累。（二）援用老子的本體思想者：
　　　　（1）復見其天地之心、（2）大衍論。　見台大西元1973年碩士論文第九章。

原」（《漢書》語），會通之要，自是從易、老著手；因之，皮錫瑞云：

> 王弼常注老子，世稱其善，其注易亦雜老氏之旨，雖名詞雋句，耐
> 人尋味，實即當時所謂清言。（第十五章）

王弼注易，雜老子道家旨意，合乎時人「清言」。然而，「易」「道」二學，理趣、作爲，各有殊途，強以爲會通，不能無疵矣！簡師博賢曰：

> 三玄融趣，而老易同宗；經籍之道，於是一變，何晏倡之於前，王
> 弼扇之於後；聯周當道，學術闢新矣。二家之學，皆以無爲本。……
> 輔賜辭才逸辨，好論儒道；化有而歸無，其失也誣。張子橫渠正蒙
> 云：「大易不言有無，言有無，諸子之陋也。」（〈大易篇〉）蓋無者
> 無矣，有無異疇，不相倚生；無而生有，則無亦非無矣。（王弼《易
> 學研究》）

是「易」不言有無，王弼強以老氏旨意加其間，暢言無有之際，云無而生有，是「易」自老氏來，混淆「經」「子」之別，以子學置經學之上矣！今考「復」象傳云：「復見其天地之心乎？」王弼注曰：

> 復者，反本之謂也；天地以本爲心者也。凡動息則靜，靜非對動者
> 也；語息則默，默非對語者也。然則天地雖大，富有萬物，雷動風
> 行，運化萬變，寂然至无，是其本矣。故動息地中，乃天地之心見
> 也。若其以有爲心，則異類未獲具存矣。

又輔嗣注《老子》「萬物並作，吾以觀復」一詞云：

> 凡有起於虛，動起於靜，故萬物雖並作，卒復歸於虛靜。

復象傳言復，蓋從其往來不窮，循環相續處而言，故又言：「反復其道，七日來復。」今王弼言「寂然至无，是其本矣。」又言「卒復歸於虛靜」，是王弼以老學通易矣。因之，簡師博賢曰：「王弼易學中之老氏思想，一言以蔽之，以無入有是矣。」（同上引）斯爲確言也。皮錫瑞引陳澧《東塾讀書記》卷四，言：「（輔嗣）造語雖精，然似自作子書，不似經注矣！」蓋王弼自爲申論，與經學無關也。

2. 掃象之根據

然王弼注「易」倡以義理，不言陰陽災異，回復孔子解易之精神，此點深爲皮錫瑞所讚同，並特加詳論，其曰：

> 王弼易注，孔疏以爲獨冠古今。程子謂學易先看王弼易，傳中不論
> 象、不論卦變，皆用弼說。王應麟謂輔嗣之注，學者不可忽也。（第

十五章）

並引陳澧《東塾讀書記》之論，作爲依據，陳澧曰：

> 乾元亨利貞，初九潛龍勿用。王輔嗣注云：文言備矣。九二見龍在
> 田，注云：出潛離隱，故曰見龍，處於地上，故曰在田。此眞費氏
> 家法也。元亨利貞之義、潛龍勿用之義，文言已備，故輔嗣不復爲
> 注。至見龍在田，象曰：德施普也。文言曰：龍德而正中者也。又
> 曰，時舍也。皆未釋見字田字，故皆爲之注，而又不可以意而説也，
> 文言曰，潛之爲言也，隱而未見，則見爲出潛矣，潛爲隱，則見爲
> 離隱矣。故輔嗣云，出潛離隱，據彼以解此也。繫辭傳曰：兼三才
> 而兩之，故易六畫而成卦，是五與上爲天，三與四爲人，初與二爲
> 地：初爲地下，二爲地上，故輔嗣云：處於地上也。此眞以十篇解
> 説經文者，若全經皆如是，則誠獨冠古今矣。（卷四）

掃象譏互，以兩漢來所呈現陰陽災異之風，予以廓清之功。王炎《讀易筆記》：

> 焦延壽、京房、孟喜之徒，遁入於小數，曲學無足深詰；而鄭學、
> 虞翻之流，穿鑿附會，象既支離，理茲晦蝕。王弼承其後，遽棄象
> 不論，後人樂其説之簡且便也；故漢儒之學盡廢，而弼之注獨存於
> 今。（自序）

此論最爲簡要，亦是代表著學者一般見解。然易道精神有四，王弼得其一而
捨其三，是亦有所不足矣。〔註58〕簡博賢師：

> 以象數説者，得其所據；以義理説者，得其所本；未可偏廢也。王
> 弼以義理説易，發易道奧蘊；是其特識也。然擯退象數，予奪失據；
> 是猶棄規矩而求其方圓也。（《王弼易學研究》）

概言之，所謂義理者，自由心證，直舒己意，而言人人殊矣。是以解易之注
雖多，然易學精神仍難明悉！王巽卿《大易輯説》曰：「聖人所繫卦辭、爻辭，
無一字不在六畫中取來。」（卷三）象數易學，正是明悉周易之不二法門。繫
辭下傳言：「八卦成列，象在其中矣。」由象中予以取義，方不失落其根據，
王心敬《易説》云：「易若不關象，不知義於何取？」（《清儒學案》卷二十九
引）王弼並不理會漢易之內容，而一概掃之廓之，其《周易略例》曰：

> 義苟在健，何必馬乎？類苟在順，何必牛乎？爻苟合順，何必坤乃

〔註58〕〈繫辭上〉：「易有聖人之道四焉：以言者尚其辭，以動者尚其變，以制器者
尚其象，以卜筮者尚其占。」

為牛？義苟應乾，可必乾乃為馬？而或者定馬於乾，案文責卦，有馬無乾；則偽說滋漫，難可紀矣。互體不足，遂及卦變；變又不足，推致五行。一失其原，巧愈彌甚。縱復或值，而義無所取；蓋存象忘意之由也。(〈明象篇〉)

此論述可見王弼對漢易之觀點；象所以表德，故凡合於乾健之德者，皆可為乾之表象；合於坤順之德者，皆可為坤之表象；不必定馬為乾，定牛為坤也。蓋漢儒執著於表象，欲尋牛馬之象，故不惜創立條例，予以曲解；是以王弼廓清，埽象譏互，良有以也。勞思光讚曰：

> 漢人說易，多喜取象數，附和災異祥瑞，而作荒繆之言。王弼則只從形上學觀念釋易。此雖與《十翼》或《易傳》同樣遠離易卦爻辭之本旨，但作為一理論看，自較象數之說進步多多。(同註56)

然漢易之用心有二，不可等同視之。簡師博賢曰：

> 夫象數易學，旨在推象通辭；而通辭之所趨，其別有二：以驗易辭之義，實卦所本有者一也；以牽附五行、干支、而占驗災異者二也。
> (今存《三國兩晉經學遺籍考序》)

然王弼視漢易，以一概全，未能明識漢儒用心；簡師因而評述王弼，實不知漢易也。簡師博賢又云：

> 王弼實不知象數有占說災異及證驗辭卦一體之兩支，故舉而掃之，是並其不可掃而掃之矣。(同上)

陳澧雖認同王弼（上已引），然對其掃象，亦覺太過；陳澧《東塾讀書記》曰：

> 渙象傳曰：「利涉大川，乘木有功也。」王注云：「乘木即涉難也。」
> 孔疏云：「先儒皆以此卦坎下巽上，以為乘木水上，涉川之象，故曰乘木有功，王不用象，直取況喻之義。」澧案巽為木，此不必案文責卦者，而輔嗣亦不用，此則偏矯太過矣。(卷四)

渙卦☲☵坎下巽上，坎為水、為川，巽為木（說卦文），是以象傳云：「利涉大川，乘木有功」，直接取象為說，簡單易明；然輔嗣不取，言之以譬喻，故陳澧譏其偏矯太過。

王弼主張「掃象譏互」，然其易學淵源，亦從漢學而來（前述），致使篤守未純，而時襲舊說。焦循評論曰：

> 弼天資察慧，通儁卓出，蓋有見於說易者，支離傅會，思去偽以得其真，而力不能逮，故知卦變之非，而用反對，知五氣之妄，而信

十二辟，唯之與阿，未見其勝也。解龍戰，以坤上六為陽之地，固
本爻辰之在巳；解文柔文剛，以乾二坤上言，仍用卦變之自泰來；
改換其皮毛而本無眞識也。至局促於乘承比應之中，顚頹於得象忘
言之表，道消道長，既偏執於扶陽，貴少貴寡，遂漫推夫卦主，較
量於居陰居陽，揣摹於上卦下卦，智慮不出乎六爻，時世繆拘於一
卦，洵童稚之藐視，不足與言通變神化之用也。（《周易補疏序》）

輔嗣欲去「卦變」，卻以「反對」說之；欲除「五行」，仍用「十二辟」；是以
焦循云王弼「思去僞以得其眞，而力不能逮」。今據簡師博賢之研究歸納，可
得王弼易學，幾點結論：「掃象而用象，譏互而用互一也。」「陰襲卦變爲說
二也。」「陰用五行說易三也。」（同上引）王弼復出，難辯其失也。而皮錫
瑞卻引程子之說而言：

程子謂學易先看王弼易，傳中不論象、不論卦變，皆用弼說。（十五
章）

又云：

若欲先明義理，當觀王（弼）注而折衷於程傳，亦不失爲易之正傳。
（二十一章）

是皮氏未能明識輔嗣之易學，而評論未能得當矣！

（四）後人之褒貶──瑕瑜不掩

程子之論王弼易曰：

易有百餘家，難爲偏看，如素未讀，不曉文義，且須看王弼、胡先生、
荆公三家，理會得文義，且要熟讀，然後可有用心處。（遺書十九）

又說：

王弼註易，元不見道，但只以老莊之意解說而已。（遺書一）

程子能以不同觀點，給予王弼不同的評價，不以人廢言；此點深爲皮錫瑞所
讚許，因此，皮錫瑞之言王弼易學，並不以偏概全，而能客觀分析，依其時
代、內容，賦予不同的價值判斷評價，皮錫瑞曰：

孔子之易，重在明義理，切人事，漢末易道猥雜，卦氣爻辰納甲飛
伏世應之說，紛然並作，弼乘其敝，掃而空之，頗有摧陷廓清之功；
而以清言說經，雜以道家之學，漢人樸實說經之體，至此一變。宋
趙師秀詩云：輔嗣易行無漢學。可爲定論。范武子謂王弼何晏罪浮
桀紂，則爲太過矣。弼注之所以可取者，在不取術數而明義理，其

所以可議者，在不切人事而雜玄虛。（十五章）

又曰：

> 錫瑞案程子之取王弼者，以其說多近理；朱子之不取晉人者，以其
> 文太求工，言非一端，義各有當（同上）。

然皮氏之言，看似客觀，實亦不明象數與義理，是易學的本質與表現，非是
二分法可論斷。今考前賢諸家，均採此類態度，稱王弼黜象數，明義理；或
有稱論過當者，如《周易正義序》：

> 唯魏世王輔嗣之注，獨冠古今，所以江左諸儒，並傳其學。

乃就其注中，未參雜釋氏之旨，而稱論之。又如黃宗羲《易學象數論》：

> 有魏王輔嗣出而注易，得意忘象，得象忘言；日時歲月，五氣相推，
> 悉皆擯落，多所不關，庶幾潦水盡而寒潭清矣！顧論者謂其以老莊
> 解易，試讀其注，簡當而無浮義，何曾籠落元旨，故能遠歷於唐，
> 發爲正義，其廓清之功，不可泯也。（自序）

經前文析述，是亦知黃宗羲之言，從象數、老莊之論，是其一家之言，蓋非
實論。胡渭以比較法，并比王弼易與宋圖書易，亦給予王弼正面肯定；胡渭
《易圖明辨》云：

> 今觀弼所注易，各依象爻以立；解閒有涉於老莊者，亦千百之一二，
> 未嘗以文王周公孔子之辭，爲不足貴，而糟粕視之也。獨爲先天學
> 者，欲盡廢周孔之言，而專從羲皇心地上尋求，是其罪更浮於王何
> 矣。（《象數流弊》）

或有貶責不實者，如《魏志・鐘會傳》注引孫盛曰：

> 易之爲書，窮神知化；非天下之至精，其孰能與於此。世之注解，
> 殆皆妄也。況弼以附會之辨，而欲籠統玄旨乎？故其敍浮義，則麗
> 辭溢目，造陰陽則妙頤無閒。至於六爻變化，群象所效，日時歲月，
> 五氣相推；弼皆擯落，多所不關。雖有可觀者焉，孔將泥夫大道。（見
> 何劭撰《王弼別傳》）

以漢易作爲解「易」正法，而忽略其言迷信部份，至使清儒漢學家，視漢易
學爲正宗，而未能區別，如惠士奇《易說》：

> 今所傳之易，出自費直，費氏本古文，王弼盡改爲俗書，又創爲虛
> 象之說，遂舉漢學而空之，而古學亡矣。（《清儒學案》卷四十三引）

又如其子惠棟《易漢學》自序：

惟王輔嗣以假象說易，根本黃老，而漢經師之義，蕩然無復有存者矣。
而採全面整理漢易之態度，不論其迷信或學術；故譏王弼易學。

今分析上述諸家，不論贊之者，或議之者，均未能得適，確中核心；焦
循論之曰：「（王弼）惜乎秀而不實，稱道者徒飫其糠粃，譏刺者莫探其精液，
然者弼之易，未可屏之不論不議也。」（《周易補疏敘》）堪爲客觀之公論；因
此皮錫瑞評論清儒漢易推崇者云：「近人復理焦京之緒又生一障。」（第二十
章）又說：「說易不可盡掃象數，亦不可過求之象數。」（第二十二章）足見
皮錫瑞治學，客觀而不依傍權威！

《四庫提要》曰：

> 弼之說易，源出費直，直易今不可見，然荀爽易即費氏學，李鼎祚
> 書尚頗載其遺說，大抵究爻位之上下，辨卦德之剛柔，已與弼注略
> 近，但弼全廢象數，又變本加厲耳。平心而論，闡明義理，使易不
> 雜於術數，弼與康伯深爲有功；祖尚虛無，使易竟入於老莊者，弼
> 與康伯亦不能無過。瑕瑜不掩是其定評。諸儒偏好偏惡，皆門戶之
> 見，不足據也。（本書提要）

今除「弼之說易，源自費直」一句，有待爭議外，其餘之言，實爲確論；因
此皮錫瑞引用此段，所謂「瑕瑜不掩」，作爲結論，亦是有見。

（五）不注「繫辭、說卦、序卦、雜卦」原因之釐測

皮錫瑞曰：

> 南朝好玄理，重文詞，故弼之書盛行；北人尚樸學，易主鄭玄，不
> 主王弼，自隋以後，北學并入南學，唐人以爲獨冠古今，於是易專
> 主王弼注，及晉韓康伯之補注矣。（十五章）

皮氏之言「唐人以爲獨冠古今，於是易專主王弼注，及晉韓康伯之補注」，乃
根據《四庫提要》之語。《四庫提要》：

> 周易註十卷。上下經註及略例，魏王弼撰；繫辭傳說卦傳序卦傳雜
> 卦傳，晉韓康伯撰。隋書經籍志以王韓之各著錄，故易註作六卷、
> 略例一卷，繫辭註作三卷。舊唐書經籍志、新唐書藝文志，皆載弼
> 註七卷，蓋合略例之。今本作十卷，則并韓書計之也。（本書提要）

《提要》對於書籍源流介紹，提供簡明且扼要之認識，故皮氏直接引用。然
而此中，有一疑點：「何以王弼繫辭以下不注？」據《漢書‧藝文志》：「孔氏
爲之彖象繫辭文言序卦之屬十篇。」又〈費直傳〉：「費直⋯⋯長於卦筮，亡

章句，徒以彖象繫辭十篇文言解說經上下。」此一傳統已顯示，易傳與易經，至東漢已經是一種整體結構，而王弼所採用乃費氏本，自應循費氏本之型式；然而，王弼獨於繫辭以下無注，此中是否有任何因素？依林麗真先生之看法，分成四點：

一、繫辭以下也是解經的文字，但文辭簡易，不須加注已淺顯易瞭。況且王弼在略例及易注中，引用繫辭者也不算少數，故不復別注。

二、繫辭以下稍嫌零雜，不類彖象之有體系。而且王弼既附彖象文言於經，故順手注之，乃是理所當然；而繫辭以下獨立成篇，故不加注。

三、天不假年，王弼只活了短短的二十四年。可能在他剛注完六十四卦及彖、象、文言的時候，即罹重病而卒，因此而未及完成整部易注。

四、王弼易注以摒除占驗卦變等象數易說為主。但在十翼之中，繫辭傳有涉占筮，說卦傳三篇廣衍卦象，皆不類彖象文言之純重義理，故為貫徹其易注的一貫主張，便捨棄繫辭、說卦、序卦諸篇而不注。

四點中，林麗真先生採日人狩野直喜《魏晉學術考》之看法，而以第四種最為可能。〔註59〕以下拙文試衍釋其內容，並抒拙見。

1、今本繫辭上篇，據《周易正義》之記載有幾家之分：「周氏十二章」，「馬季長、荀爽、姚信十三章」，「虞翻十一章」，而正義「今從先儒以十二章為定」；而朱子《周易本義》亦分十二章，然內容斷句與正義另有不同。繫辭下篇，正義曰：「劉獻為十二章以對上繫十二章也，周氏莊氏並為九章，今從九章為說也。」而朱子本義分十二章（與劉獻之之分不知同否？）蓋分章斷句不同，可得不同義理解釋，可知異說之並行，至朱子南宋之時，尚無一定之說法。《世說新語・賞譽篇》：「王長史歎林公：尋微之功，不減輔嗣。」時人以王弼之慧識，已作為一判斷標準。因此，王弼不注繫辭傳，不捲入分章斷句之未定論，或有王弼之慧識！

2、大有上九爻辭：「自天祐之，吉，无無利。」王弼注：「……繫辭具焉。」考繫辭上二章：

是故君子居則觀其象而玩其辭，動則觀其變而玩其占，是以自天祐之，吉无不利。

十二章：

易曰，自天祐之，吉无不利。子曰，祐者，助也，天之所助者，順

〔註59〕文引自同註57，葉80～82。

也，人之所助者，信也，履信思乎順，又以尚賢也，是以自天祐之，
吉无不利。

王弼注乾卦：「文言備矣。」簡單扼要，不煩贅語。「繫辭俱焉」，亦是表明其
所注之辭外，另有取於繫辭之意，觀者應酌加參考。

王弼略例《明卦適變通爻》云：

是故用无常道，事无軌度，動靜屈伸，唯變所適。

繫辭下八章：

易之為書也不可遠，為道也屢遷，變動不居，周流六虛，上下无常，
剛柔相易，不可為典要，唯變所適。

觀此二文，當是王弼有取用於繫辭無疑。另有數處，亦可見略例與繫辭之關
係。〈明象篇〉：

夫眾不能治眾；治眾者，至寡者也。夫動不能制動；制天下之動者，
貞夫一者也。故眾之所以咸存者，主必致一也。動之所以得成渾者，
原必无二也。

考繫辭上一章，從「天尊地卑」等眾多現象，企圖把內容給予安排，「方以類
聚，物以群分」，各有歸類，使天下之物「易簡而天下之理得矣」，故又言「天
下之動，貞夫一者也。」（繫辭下一章）〈明象篇〉又言：

物无妄然，必由其理。統之有宗，會之有元；故繁而不亂，眾而不
惑。……故自統而尋之，物雖眾，則知可以執一御也。由本以觀之，
義雖博，則可以一名舉也。故處璇璣以觀大運，則天地之動未足怪
也。據會要以觀方來，則六合輻輳未足多也。

王弼認為天下萬物雖殊，然必有一統宗而會元之原理。以其為宗為元，故能
含萬理而成萬物。而《繫辭傳》亦有多處在闡發此「天下之動，貞夫一者也」
之理，使學者能由此體會，以達「能通天下之志」，「能成天下之務」，「寂然
不動，感而遂通天下之故」。（上十章）王弼有「初上无位說」，〈辯位篇〉云：

案象无初上得位失位之文。又繫辭但論三五、二四同功異位，亦不
及初上……

位有尊卑，爻有陰陽，尊者陽之所處，卑者陰之所履也；故以尊為
陽位，卑為陰位。

去初上而論分位，則三五各在一卦之上，亦何得不謂之陽位？二四
各在一卦之下，亦何得不謂之陰位？

〈繫辭〉下九章云：

> 二與四同功而異位，其善不同，二多譽，四多懼，近也。柔之爲道
> 不利遠者，其要客，其用柔中也。

> 三與五同功而異位，三多凶，五多功，貴賤之等也。其柔危，其剛
> 勝邪？

或云王弼「截取所須，而去所不須，不免斷章取義。」（簡師博賢語）然王弼
此論根據，必取於〈繫辭〉，定然不誤。是以論王弼不注〈繫辭〉，蓋有取於
〈繫辭〉以注經、彖、象，故不必再重復注之矣。《南齊書・陸澄傳》載澄與
王儉書曰：「弼於注經中，已舉繫辭，故不復別注。」正是此意。唐邢璹《周
易略例序注》云：

> 略例者，舉釋綱目之名，統明文理之稱；略不具也，例舉並也。輔
> 嗣以先儒注二十餘家，雖小有異同，而迭相雜述推比，所見特殊；
> 故作略例，以辨諸家之惑。錯綜文理，略錄之也。

是略例之作，所以明其易注之本，而其中多引〈繫辭〉以下之說，因此不復
別注。

隨上六爻辭王注：「兌爲西方，處西方而爲不從，故王用通于西山。」兌
爲西方，乃說卦「帝出乎震」一節所引。

中孚六三爻辭王注：「三居少陰之上，四居長陰之下，對而不相比，敵之
謂也。」〈說卦傳〉：「巽一索而得女，故謂之長女。……兌三索而得女，故謂
之少女。」

中孚䷽兌下巽上，六三在下兌之上，故注云三居少陰之上；六四在上巽
之下，故注云四居長陰之下。弼於注經中，不僅舉〈繫辭〉，亦舉用了《說卦》
矣。

3、〈繫辭〉有多章是用來解釋「專有名詞」，正如傅隸樸所說：「學易者
的筆記」（《周易理解序》），如：

> 吉凶者，失得之象也。
> 悔吝者，憂虞之象也。
> 變化者，進退之象也。
> 剛柔者，晝夜之象也。（上一章）

> 彖者言乎象者也；爻者言乎變者也。
> 吉凶者，言乎其失得也。

悔吝者，言乎其小疵也。

无咎者，善補過也。（上二章）

吉凶悔吝者，生乎動者也。

剛柔者，立本者也。

變通者，趣時者也。

吉凶者，貞勝者也。

爻也者，效此者也。

象也者，像此者也。（下一章）

易者，象也。

象也者，象也。

彖者，材也。

爻也者，效天下之動者也。（下三章）

諸如種種，已經解釋相當清楚，是以王弼不復注矣。

4、〈繫辭〉上九章提到占筮之法，此種占筮之法是自殷周之際流傳。吾人從《左傳》《國語》大致可見其使用情形與順序，而與之〈繫辭〉上之記載比較，方法或許有所差異。然王弼主張以義理，去重新理解周易，自是不用注此古老的傳說；但仍把此說，轉化成「統之有宗，會之有元」的「貞一」之理。韓康伯引王弼語：

演天地之數，所賴者五十也，其用四十有九，則其一不用也，不用而用，以之通非數，而數之以成，斯易之太極也；四十有九，數之極也。夫无不可以无明，必因於有，故常於有物之極，而必明其所由之宗也。（大衍之數五十其用四十有九注）

言其義理，不言占筮。

5、《繫辭傳》下提到伏羲氏、神農氏、黃帝堯舜等聖人，觀象制器說：

包羲氏……作結繩而爲罔罟，以佃以漁，蓋取諸離。

神農氏作，……斲木爲耜，揉木爲耒，耒耨之利，以教天下，蓋取諸益。

黃帝堯舜，……重門擊柝，以待暴客，蓋取諸豫。

韓康伯注：

離，麗也，罔罟之用，必客物之所麗也，魚麗于水，獸麗于山也。（包

義氏段注）

制器致豐，以益萬物。（神農氏段注）

取其豫備。（黃帝堯舜段注）

康伯之注意在補王弼之不足，今觀《正義》以至《四庫提要》，均把二人相提並論，足見先賢均同意康伯可補弼之不足。然今見上例，康伯之注並未能幫助我們明瞭傳文，然考集解所引，卻展現出豐富之內容：

虞翻曰：離爲目，巽爲繩，目之重者唯罟，故結繩爲罟，坤二五之乾乾成離，巽爲魚，坤二稱田，以罟取獸曰田，故取諸離。

虞翻曰：否四之初也，巽爲木，爲入，艮爲手，乾爲金，手持金以入木，故揉木爲耒，耜止所蹈，因名曰耒；艮爲小木，手以橈之，故揉木爲耜，耒耕耤器也；巽爲號令；乾爲天，故以教天下下；坤爲地，巽爲股進退，震足動耕，進退田中，耕之象也；益萬物者莫若雷風，故法風雷而作耒耕。

九家易：下有艮象，從外示之，震復爲艮，兩艮對合，重門之象也；柝者，兩木相擊以行夜也。艮爲手，爲小木，又爲上持；震爲足，又爲木，爲行；坤爲夜；即手持二木，夜行擊柝之象也；坎爲盜暴水暴長無常，故以待暴客，既有不虞之備，故取諸豫矣。

《集解》所引漢易學家，其注解之法用到了互體、旁通、卦變……以及說卦之文，把一部周易闡釋的相當玄妙精彩有之，索奇弄怪亦有之；因此，顧頡剛判斷說：

因爲這一章（〈繫辭〉）文字的基礎是建築于說卦物象上的，是建築于九家易的互體和卦變上的。必須用了物象、互體、卦變等等來講，才能講的出神入化，見得伏羲、神農一班聖人的睿明通知。（《古史辨——論易繫辭傳中觀象制器的故事》）

是知曉說卦、雜卦，才能通此繫辭之文。今再考查說卦，從「乾健也，坤順也……兌爲羊爲羊」，康伯未注一字，相反的集解所引之注卻相當豐富。康伯想補弼之不足，實際上有其先天上無法衝破之困局，因爲，這一章是：「京房或是京房的後學們所作的。」（顧頡剛語，同上）因此主張「掃象譏互」的王弼，唯有擯除不注，而康伯對此章，也唯有「視而不見」，方申《周易卦象集證》自序云：

韓康伯……遂於說卦傳之言象者，全不注釋，蓋幾於惡其害己，而
欲去其籍矣。（《清儒學案》卷一百五十二引）

康伯未必欲去其籍，然與義理注易之立場相違背，較爲可能。

6、王弼解易，以無入有，用老莊玄理，並以「繫辭具焉」爲說，可見〈繫
辭〉已提供道家解釋的空間，是以王弼可以暢引，然《史記・孔子世家》：

孔子晚而喜易，序彖繫象說卦文言，讀易韋編三絕，曰，假我數年，
若是，我於易則彬彬矣。

是十翼乃孔門一派之作，然王弼卻可以在〈繫辭〉中引用而暢談玄理，是王
弼或已不信〈繫辭〉爲孔子之作乎？今更分析〈繫辭〉條文，或可見一二。

《莊子・天下篇》：「天下多得一察焉以自好。」乃言諸子之見是「見仁
見智」，各有所得，亦各有所偏。《繫辭上》五章：「仁者見之謂之仁，知者見
之謂之知，百姓日用而不知，故君子之道鮮矣。」君子之道所以未揚，蓋亦
「見仁見智」取捨有偏，是以「道術將爲天下裂。」

或有云〈天下篇〉與儒家甚有淵源（見《僞書通考》），然莊子成書在《漢
書藝文志》有五十二篇，是知漢人把〈天下篇〉已歸道家，因此〈繫辭〉與
〈莊子〉二篇誰襲取誰，雖難辯證，然義理卻可相通。〔註60〕

《韓非子・八經篇》：「明主，其務在周密，是以喜見則德償，怒見則威
分，故明主之言，隔塞而不通，周密而不見。」〈繫辭上〉八章：「不出戶庭，
无咎。子曰，亂之所生也，則言語以爲階，君不密則失臣，臣不密則失身，
幾事不密則害成，是以君子愼密而不出也。」此語出自節卦初九爻辭，然其
意本由節卦䷻卦辭：「苦節不可貞。」乃大環境之不利，故出初九雖有六四匹
應，但仍誡之「不出戶庭」方能「无咎」；而〈繫辭〉引用發揮，卻取之法家
君王用人之術矣！是以勞思光說《易傳》是「雜輯許多資料湊成」（《中國哲
學史》卷二）。因此，王弼不注，更見其慧識。

7、或云輔嗣英年早逝，是以不及注〈繫辭〉以下者；此論是不能無議也。
今考《四庫提要》，對易程傳之介紹云：

其書但解上下經，及彖象文言，用王弼注本；以序卦分置諸卦之首，
用李鼎祚周易集解例，惟繫辭傳說卦傳雜卦傳無注。

〔註60〕依顧頡剛《古史辨》之說，他認爲易傳之作者，大部份是曾受道家深刻暗示
的儒者。見第三冊《論易繫辭傳中觀象制器的故事》如依此說，則王弼引道
入易，實早在兩漢已具備矣。

程頤享年七十五（西元 1033～1107 年），而易傳序曰「元符二年」（西元 1099 年），是知易傳乃其晚年作品。程子注易亦不注繫辭以下，但又標舉論卦，是有採於王弼，而另有見解。因此吾人不得說程子亦不及注，是亦不得說王弼不及注矣！

《周易正義》：「其彖象等十翼之辭，以爲孔子所作，先儒更無異論。」（第六論）事實上，由以上推論，或許王弼已經注意到繫辭以下諸篇是雜糅而成，只是未明示指出。因爲是成於眾人之手，是以有可用者，有不可用者；可用者則直接注於經文中，或暢引至略例篇，不可用者，如象數派之作品，與其主張有別，則置之不注。康伯不知此意，企圖補足，無乃畫蛇添足，因此在三卷中，也顯得顧此失彼，以至於很多傳文中未注、或是注的不清楚，蓋康伯心中橫梗著十翼是完整的篇幅，是不可割裂，以致於有如此的作為。

賴惠美作《彖傳時義研究》，整理前賢對十翼之看法，云：

> 到了宋代，才開始有人對這套說詞產生懷疑。歐陽修在其所著之《易童子問》中，便以問答論辯的方式，駁斥《易傳》出於聖人之手。」
> （中山大學中研所民國 82 年碩士論文）（或許王弼之慧識已見十翼之端倪，而下開北宋歐陽修之疑論乎？）

然依皮錫瑞之說法：「易經皆孔子作，彖象文言亦當稱經，惟今之繫辭，可稱傳耳。」（十六章）又說：「孔子作卦辭爻辭，又作彖象文言，是自作而自解。」（第八章）又說「十翼之說於古無徵」（第七章）；如此一來，王弼不注〈繫辭傳〉以下，是因爲不是孔子所作；經傳有別，王弼已替皮錫瑞寫下注腳了；千年來，王弼隱而不語之意，獨發舒於皮錫瑞乎！

六、以傳附經之始末

（一）歷代各家對於以傳附經之幾種說法

皮錫瑞云：「古本易經與今本不同。」（十六章）所謂古本者，蓋指《漢書藝文志》所記載：「易經十二篇。」顏師古注：「上下經及十翼。」孔穎達亦言：

> 文王易經，本分爲上下二篇，則區域各別，彖象釋卦，亦當隨經而分，故一家數十翼云：上彖一、下彖一、上象三、下象四、上繫五、下繫六、文言七、說卦八、序卦九、雜卦十。（第六論夫子十翼）

是知當時易經本，經、傳各分，不相混合。然《漢書・儒林傳》、〈費直傳〉均云：

> 費直，……治易爲郎，至單父令；長於卦筮、亡章句，徒以彖象繫
> 辭十篇文言解說上下經。

所謂「徒以彖象繫辭十篇文言解說上下經」，而開啓「十翼解經」說之根據。
如歐陽修《傳易圖》序：

> 凡以彖象文言等參入卦中者，皆祖之費氏。……今行世者，惟有王
> 弼易，其源出於費氏也。

又如晁公武《郡齋讀書記》：

> 先儒謂費直專以彖象文言參解易爻，以彖象文言雜入卦中者，自費
> 氏始。其初費氏不列學官，唯行民間，至漢末，陳元方、鄭康成之
> 徒皆學費氏，古十二篇之易遂亡。（徂徠先生《周易》五卷案語）

二家之說，主張「以傳解經」者，始自費直，故彖象文言雜入卦中，成爲今
本易經，亦應自費直始。然另有一說，以爲彖象文言雜入卦中者，乃鄭玄爲
之；以《三國志・魏書》「高貴鄉公與淳于俊」之對話爲由，云：

> 帝又問曰：「孔子作彖象，鄭玄作注，雖聖賢不同，其所解釋經義一
> 也。今彖象不與經文相連，而注連之，何也？」俊對曰：「鄭玄合彖
> 象於經者，欲使學者尋省易了也。」帝曰：「若鄭玄合之，於學誠便，
> 則孔子曷爲不合以了學者乎？」俊對曰：「孔子恐其與文王相亂，是
> 以不合，此聖人以不合爲謙。」帝曰：「若聖人以不合爲謙，則鄭玄
> 何獨不謙耶？」俊對曰：「古義弘深，聖問奧遠，非臣所能詳盡。」

淳于俊言「鄭玄合彖象於經者，欲使學者尋省易了」，此言不知根據何在？蓋
爲淳于俊臆測之言，是以高貴相公再問，即無辭以對。然後人有以此作爲根
據者，如吳仁傑《古周易說》云：

> 惟費氏經與古文同，由是諸家之學寢微於漢末，而費氏獨興，康成
> 因之，遂省六爻之畫與覆卦之畫，移上下體於卦畫之下，而以卦名
> 次之，移初九至用九之文，而加之爻辭之上，又以彖象合之於經，
> 而加「彖曰」「象曰」之文。今王弼易卦自文言以前，故鄭氏本也。
> （自序）

以及呂祖謙《古易》亦有此相似說法：

> 鄭未注六經之前，彖象不連經文矣。自康成合彖象於經，故加曰「彖
> 曰」「象曰」以別之，諸卦皆然。

以爲費直，但取十翼精義解經；合彖象於經文者，則出自鄭玄之手。然而，

主此說者，未能言及「文言」傳附經之疑，是有主始自王弼者。孔穎達《周易正義》云：

> 夫子所作象辭，元在六爻經辭之後，以自卑退，不敢干亂先聖正經之辭；及至輔嗣之意，以爲象者，本釋經文，宜相附近，其義易了，故分爻之象辭，各附其當爻下猶如元凱注左傳，分經之年，與傳相附。（坤六二小象疏）

孔氏以爲至王弼時，上承孔子精義，始合象、象、文言於經文中。三家說法，莫衷一是，是以有調合之論。朱熹《呂祖謙古易》跋：

> 王弼注本之乾卦，蓋存鄭氏所附之例也。坤以下六十三卦，又弼之所自分也。

張惠言《周易鄭氏義》：

> 費氏之易，至馬融始作傳，融傳鄭康成，康成始以象象連經文。所謂經文者，卦辭爻辭，通言之也，即費傳所謂上下經也。王弼又以文言附于乾坤二卦。故自康成，其本加「象曰」「象曰」，自王弼而加「文言曰」。至繫辭上下、說卦、序卦、雜卦，則仍舊篇。（《象象附經》）

以費直先開十翼解經之形式，而康成始合象象，輔嗣始合文言，足成今本易經之編排內容。〔註61〕皮錫瑞之論「以傳附經」，對於上述三派之說，亦有所取，然而，皮氏實有其內在涵意，並非要釐清紛爭，堅持某說爲是。

（二）皮錫瑞論「以傳附經」之用心

皮錫瑞論「以傳附經」問題，主清儒姚配中之說。姚配中《周易姚氏學》云：

> 經傳之合始自費直。魏志高貴鄉公紀帝問曰：孔子作象象，鄭玄作注，雖聖賢不同，其所釋經義一也。今象象不與經文相連，而注連之，何也？易博士淳于俊對曰：鄭氏合象象於經，欲使學者尋省了也。據此則經傳之合，使自鄭矣。然案儒林傳云：費直治易無章句，亡章句，徒以象象繫辭文言解說上下經，以傳附經，則必以傳合經，經傳之連，實當始自費，非始自鄭也。而高貴鄉公淳于俊，並云鄭者，蓋費氏亡章句，徒以象傳解經，則傳即爲其章句，注者因費氏

〔註61〕近代學者多主費直、鄭玄、王弼三家爲「以傳附經」之承傳，以此較合乎學術演進。詳見林麗眞台大碩士論文《王弼及其易學》，頁71～79。

之本，既注經即還注傳，而合傳於經之名，遂獨還注之者矣。且直以古字號古文易，劉向以中古文易校諸家，唯費氏經與古文同，費氏經傳既與中古文同，而又亡章句，非合傳於經，則傳其書者，直云傳古文耳，烏得以直既無章句，又無異文，而乃獨以其學歸之費氏耶！尚書有今古文之學，此其可證者也。後漢書儒林傳云：陳元鄭眾皆傳費氏易，其後馬融亦爲其傳。案馬融注周禮，尚欲使學者兩讀，其爲易傳，當亦必仍費氏之舉；高貴鄉公不言馬融，獨言鄭連之者，時方講鄭學，據鄭言也。蓋唯費無章句，以傳解經，傳其學者，不過用其本耳，是以注家言人人殊，而俱曰傳費氏易，極至王弼之虛言，亦稱爲費氏之學，此其明驗也。（《皇清經解續編》卷八百八十二）

姚氏是主費直始以傳附經，其言：「以傳附經，則必以傳合經。」而皮錫瑞十六章標題云：「論以傳附經始於費直，不始於王弼，亦非始本於鄭君。」蓋費直無承傳，無家法，徒以十翼解經作爲模式，雖是回復西漢武帝以前之傳統，〔註62〕然皮錫瑞治經本今文家立場，重師法，主家法，因此以費氏易之問題，適時闡述古文家之繆誤，及今文家之勝處，皮錫瑞云：

錫瑞案姚氏此說，可爲定論，其謂傳費氏學者不過用其本，是以言人人殊，尤可以見漢時傳古文者之通例，非特周易一經，即如尚書傳古文者，衛賈馬鄭皆用杜林本，而鄭不同於馬，馬亦未必同於衛賈，正與鄭荀王皆傳費氏易而言人人殊者相似。漢時傳今文者，有師授、有家法；傳古文者無師授、無家法，其崇尚古文者，以古文之本爲是，今文之本爲非，如易則云諸家脫無咎悔亡；書則云酒誥脫簡一、召誥脫簡二，故好古者以古文經相矜炫。（十六章）

皮錫瑞亦承認，今古文兩家，亦各有優劣，故提出其調合之論：

古文但有傳本而無師說，當時儒者若但以古正今文之誤，而師說仍用今文，博士所傳，則無鄉壁虛造之譏，亦無多歧亡羊之患，漢之經學，雖至今存可也。乃諸儒名爲慕古，實則喜新，傳本雖用古文，而解經各以意說，以致異議紛雜，言人人殊。學者苦其繁而無由折衷，以致漢末一亂，而同歸於盡，不得謂非諸儒之咎矣！（同上）

皮氏主張，因古文有傳本，但聖人之微言大義不顯，故可參以今文家之師說

〔註62〕本屈萬里先生《先秦漢魏易例述評》頁71之說。學生書局出版。

承傳，二家之學互補不足，則無鄉壁虛造之譏，亦無多歧亡羊之患，是古漢學應不至於亡佚，聖人經說，可得而聞也。皮氏用心之處，時見其慧識也。

皮錫瑞在《經學歷史》文中，亦曾言：

> 經籍道息，漢學衰廢，不能盡咎鄭君；而鄭采今古文，不復分別，使兩漢家法亡不可考，則亦不能無失。（〈經學中衰時代〉）

又言：

> 鄭君雜糅今古，近人議其敗壞家法；肅欲攻鄭，正宜分別家法，各還其舊，而辨鄭之非，則漢學復明，鄭學自廢矣。乃肅不惟不知分別，反效鄭君而尤甚焉。（同上）

主張以今文為根據，並參以古文，並非如鄭玄、王肅任隨以己意，〔註63〕破壞家法，且無任何旁證；由此可知，皮氏治經，雖持經今文學，然權變之際，苟古文說有可取之處，亦應參考，非如其他學者，堅守家派，毫無商量餘地；正如皮錫瑞自云：「不變者道也，當變者法也。」（第一章）以合乎「變易不易皆易之大義」；蓋發揚聖學，方為目標，至於方法，可適時權變也。

〔註63〕簡師博賢釐清鄭玄與王肅「雜揉今古」之真象，蓋鄭以「尊尊為主」，王以「親親為重」取捨各有所專，並非以反對為反對；詳見《今存三國兩晉經學遺籍考》，三民書局出版。

第五章　皮錫瑞對歷代易學之闡述（下）

第一節　唐代易學

一、對《周易正義》之補述

　　《五經正義》，唐孔穎達奉詔修定，據《新唐書藝文志》記載，參與編訂者，另有顏師古、司馬才章、王恭、馬嘉運、趙乾叶、王談、于志寧等人；名孔穎達者，蓋其總其事也。《周易正義》共十六卷，採王弼、韓康伯注，其序曰：

> 江南義疏，十有餘家，皆辭尚玄虛，義多浮誕。原夫易理難窮，雖
> 復玄之又玄；至於垂範做作者，便是有而教有；若論住內住外之空，
> 就能就所之說，斯乃義涉於釋氏，非爲教於孔門。

是知當時說解眾多，甚至有引佛道二家者，而漸偏離孔門義理；因此孔穎達諸人，立一標準，取捨諸家；陳澧《東塾讀書記》稱其：「有廓清之功」（卷四），蓋非過譽，實有其價值也。《周易正義》序又曰：

> 今既奉勑刪定，考察其事，必以仲尼爲宗。義理可詮，先以輔嗣爲
> 本：去其華而取其實，欲使信而有徵。其文簡，其理約，寡而制眾，
> 變而能通。

由此可知《正義》編撰大義，在於使學子有規範可循；而其規範藍本，則由王弼之注本始。永徽四年，頒佈於天下，每年明經依此考試，遂使《周易正義》爲學子必讀之書，其影響可謂大且巨矣。

　　皮錫瑞論易學，亦多取於《周易正義》之意。其開宗明義「論變易不易

皆易之大義」章中，取《周易正義》序論第一「論易之三名」，並稱其爲「引證詳明」。第二章「論伏羲作易垂教在正君臣父子夫婦之義」，亦取「序論第一」之文爲說，以證皮氏易學在定社會秩序之用心。然皮氏亦有駁斥《周易正義》之說者，是知《周易正義》雖爲長年以來之經學範本，但是，皮錫瑞氏之論學，並未被傳統、權威所震攝，亦能提出其一己之見，而用心於世。

（一）皮氏易學與《周易正義》之說不同者

1. 論重卦之人

孔穎達《周易正義》序曰：

> 重卦之人諸儒不同，凡有四說：王輔嗣等以爲伏羲重卦；鄭玄之徒以爲神農重卦；孫盛以爲夏禹重卦；史遷等以爲文王重卦。其言夏禹及文王重卦者，案繫辭神農之時，已有蓋取益與噬嗑，以此論之，不攻自破。其言神農重卦，亦未爲得，今以諸文驗之，案說卦云：昔者聖人之作易也，幽贊於神明而生蓍。凡言作者創造之謂也，神農以後，便是述修，不可謂之作也。則幽贊用蓍謂伏羲矣。（第二論重卦之人）

孔穎達之前，論及重卦者，蓋約有四說，即王弼之伏羲重卦說、鄭玄之神農重卦說、孫盛之夏禹重卦說，以及史遷之文王重卦說；而此四說，孔穎達採王弼之說，以〈繫辭傳〉之文有「神農氏作……蓋取諸益」「黃帝堯舜……蓋取諸乾坤」等文，知神農以後諸人是有取於六十四卦之名而作器，因而在神農之前，六十四卦已具備矣；孔氏以此證其他三家之不可信，故《周易正義》序又云：

> 今依王輔嗣，以伏羲既畫八卦，即自重爲六十四卦，爲得其實；……伏羲之時，道尚質素，畫卦重爻，足以垂法。（同上）

然而皮錫瑞不依此說；其論重卦者，依《史記》之說，其明顯理據，以司馬遷時代早於王弼等諸家，故其資料亦明顯可據，皮氏曰：

> 錫瑞案解經以最初之說爲主：《史記·儒林傳》曰：「自魯商瞿受易孔子，傳六世至齊人田何字子莊，而漢興田何傳東武人王同子仲，子仲傳菑川人楊何，言易者本於楊何之家。」是楊何上距商瞿凡八傳。漢初言易皆主楊何，太史公父談亦受易於楊何，史公言易必用楊何之說；周本紀曰：「西伯蓋即位五十年，其囚羑里，蓋益易之八

卦爲六十四卦。」日者傳曰：「自伏羲作八卦，周文王演三百八十四
爻，而天下治。」正義謂史遷以爲文王重卦，其說甚明；且非獨史
遷之說爲然也。楊子法言問神篇曰：「易始八卦，而文王六十四，其
益可知也。」問明篇曰：「文王淵懿也，重易六爻不亦淵乎。」漢書
藝文志曰：「至於殷周之際，紂在上位，逆天暴物；文王以諸侯順命
而行道，天人之占可得而效，於是重易六爻。」論衡對作篇曰：「易
言伏羲作八卦前，是未有八卦，伏羲造之，故曰作也；文王圖八，
自演爲六十四，故曰演。」正說篇曰：「伏羲得八卦，非作之，文王
得成六十四，非演也。」是以文王重卦者，非獨史遷，更有揚雄班
固王充。故正義以爲史遷等。揚雄西漢末人，班固王充東漢初人，
皆與史遷說同。（第三章）

以《史遷》之記載，從孔子至漢儒之易學傳授，脈絡可明；既知傳授之脈絡，
亦應明知重卦者誰；其後之揚雄、王充、班固等人，亦主張與《史記》同，
且論證相當有力，與其他諸家（鄭玄、孫盛、王弼），憑空猜測，更具論證根
據。〔註1〕

2. 論三易

孔穎達《周易正義》云：

案周禮大卜三易云：一曰連山、二曰歸藏、三曰周易。杜子春云：「連
山伏犧、歸藏黃帝」。鄭玄易贊及易論云：「夏曰連山，殷曰歸藏，
周曰周易。又釋云：連山者，象山之出雲，連連不絕；歸藏者、萬
物莫不歸藏於其中；周易者，言易道周普，無所不備。」鄭玄雖有
此釋，更無所據之文，先儒遂爲文質之義，皆煩而無用，今所不用。
案世譜等群書，神農一曰連山氏，亦曰列山氏；黃帝一曰歸藏氏，
既連山歸藏並是代號，則周易稱周，取岐陽地名。毛詩云周原膴膴
是也。又文王作易之時，正在羑里，周德未興，猶是殷世也，故題
周別於殷，以此文王所演，故謂之周易，其猶周書周禮，題周以別
餘代，故易緯云「因代以題周」是也。先儒又兼取鄭說云：既指周
代之名，亦是普遍之義，雖欲無所遞棄，亦恐未可盡通，其易題周，
因代以稱周，是先儒更不別解。（第三論三代易名）

〔註 1〕參閱拙文「文王重卦」章節。本節雖引自此，然因標題不同，遂有必要重引，
　　　　而加以論述；後仿此。

－157－

「三易」之名首見於《周禮》，言爲「連山」、「歸藏」、「周易」，但是三易作爲何解，時有爭議；依鄭玄之意，蓋以「周」字，言易道周普，無所不備，取其義名；至於連山、歸藏，亦取其義名，而不作代號解。然孔穎達氏以鄭玄之說「無所根據之文」，而另求證據；孔穎達以「世譜」言神農氏又稱連山氏、黃帝又稱歸藏，均爲代號，因此論及周易之「周」亦應是；而且文王演易之時，正爲殷紂之階下囚，故文王題其演之易爲「周」，以區別於殷；孔穎達以此二理由，故主張「周」應爲化號，較爲可信。然與孔氏同時學者賈公彥，並不讚成孔疏，仍以鄭玄之爲據〔註2〕而皮錫瑞則取賈疏之語，不以孔疏爲是。

3. 論卦辭爻辭誰作

卦爻辭誰作之問題，乃皮錫瑞氏易學之重要關鍵；蓋與其經學理論與立場，息息相關，是以討論篇幅之比例，亦明顯增多。

孔穎達《周易正義》序：

> 周易繫辭凡有二說：一說所以卦辭爻辭並是文王所作；知者案繫辭云：易之興也其於中古乎！作易者其有憂患乎！又云：易之興也其當殷之末世周之盛德邪！當文王與紂之事邪？又乾鑿度云：垂皇策者犧，卦道演德者文，成命者孔。又云：蒼牙通靈昌之成，孔演命明道經。準此諸文，伏犧制卦，文王繫辭，孔子作十翼；易歷三聖，只謂此也，故史遷云：文王囚而演易。即是作易者其有憂患乎。鄭學之徒，並依此說也。二以爲驗爻辭多是文王後事，案升卦六四：王用亨于岐山。武王克殷之後始追號文王爲王，若爻辭是文王所制，不應云王用亨于岐山。又明夷六五：箕子之明夷。武王觀兵之後，箕子始被囚奴，文王不應豫言箕子之明夷。又既濟九五：東鄰殺牛，不如西鄰之禴祭。說者皆云西鄰謂文王，東鄰謂紂。文王之時，紂尚南面，豈容自言己德，受福勝殷，又欲抗君之國，遂言東西相鄰而已。又左傳：韓宣子適魯見易象云：吾乃知周公之德。周公被流言之謗亦得爲憂患也。驗此諸說，以爲卦辭文王、爻辭周公。馬融、陸績等並同此說。今依而用之。所以只言三聖不數周公者，以父統子業故也。（第四論卦辭爻辭誰作）

〔註2〕 依簡師博賢之歸納，賈疏之特色爲：一是深於鄭注禮經之例，二是援引鄭氏推約注經之法以補經，三是疏語精要而得缺疑之義。見《唐代經學遺籍考》，民國56年師大碩士論文。

以卦辭文王所作、爻辭周公所作，是孔氏所採之立場。然而，皮錫瑞云：

> 據孔疏之說文王作卦爻辭，及文王作卦辭，周公作爻辭，皆無明文
> 可據，是非亦莫能決。今據西漢古義以斷，則二說皆非是。以卦辭
> 爲文王作者，但據繫辭易傳之興也其于中古乎，下有是故履德之基
> 也云云當文王與紂之事耶，是故其辭危云云，遂以爲文王作卦辭。
> 實則履德之基也云云，共引九卦，正是文王重卦之證，則其辭云云，
> 當即六十四卦，非必別有卦辭。伏羲在未制文字之先，八卦止有點
> 畫，文王在制文字之後，六十四卦必有文字，有文字即是辭，不必
> 作卦辭而後爲辭也。孔疏云史傳讖緯皆言文王演易，今考之史傳史
> 記，但云文王演三百八十四爻，不云作卦爻辭；讖緯云卦道演德者
> 文，則演易即演三百八十四爻之謂，不必爲辭演說乃爲演也。其云
> 周公作爻辭者，但以箕子岐山東鄰等文，不當屬文王說，惠棟周易
> 述，用趙賓說而小變之，以箕子爲其子，又據禹貢冀州治梁及岐，
> 爾雅梁山晉望也，因謂岐山亦冀州之望，夏都冀州，王用亨于岐山
> 者，爲夏王。惠氏疏通爻辭可以解鄭賈諸人之疑矣。然以爻辭爲文
> 王作，止是鄭學之義；以爻辭爲周公作，亦始於鄭眾賈逵馬融諸人，
> 乃東漢古文家異說，若西漢今文家說皆不如是，史遷揚雄班固王充
> 但云文王重卦，未嘗云作卦辭爻辭。當以卦爻之辭並屬孔子所作。
> 蓋卦爻分畫於羲文，而卦爻之辭，皆出於孔子，如此則與易歷三聖
> 之文不背；箕子岐山東鄰西鄰之類，自孔子言之，亦無妨。（第五章）

又說：

> 若卦爻之辭爲文王周公作，則當如後世欽定御纂之書，頒之學官，
> 以教士子矣。而當時造士止有禮樂詩書，則以易，但有卦爻而無文
> 辭，故不可與禮樂詩書，並立爲教。當時但以卜筮之書而已，至孔
> 子闡明其義理，推合於人事，於是易道乃著。（第六章）

又說：

> 據孔疏之說文王作卦爻辭，及文王作卦辭，周公作爻辭，皆無明文
> 可據，是非亦莫能決。今據西漢古義以斷，則二說皆非是。（第五章）

又說：

> 然以爻辭爲文王作，止是鄭學之義；以爻辭爲周公作，亦始於鄭眾
> 賈逵馬融諸人，乃東漢古文家異說，若西漢今文家說皆不如是，史

遷揚雄班固王充但云文王重卦，未嘗云作卦辭爻辭。當以卦爻之辭
並屬孔子所作。蓋卦爻分畫於羲文，而卦爻之辭，皆出於孔子，如
此則與易歷三聖之文不背；箕子岐山東鄰西鄰之類，自孔子言之，
亦無妨。（第五章）

蓋皮氏經學立場，乃今文學派，主張六經皆孔子所作，是以強調孔疏之謬，
而引各種說辭，以證卦爻辭，皆孔子所作。〔註3〕

（二）餘 論

正如《周易正義》序所言：「王輔嗣之注，獨冠古今；……先以輔嗣爲本。」
是以全書之體例，在撰作之時，即遂以王注爲標準；龔鵬程《孔穎達周易正
義研究》說：

所謂本之王注者，除宗王外，尚有申王、補王、正王諸例。〔註4〕

然因本書「因成眾人之手，前後矛盾、脫衍羨，或違背自己所立義例的，也
不在少數，其間難免也有隨意附會之處。」〔註5〕皮錫瑞引焦循之說，言孔穎
達之不能申明王弼之說；皮氏曰：

焦循論王弼易學極允。周易補疏敘曰：「易之有王弼，說者以爲罪浮
桀紂，近之說漢易者屏之不論不議者也。歲壬申，余撰易學三書漸
有成；夏月啓書塾北窗，與一二友人看竹中紅薇白菊，因言易及趙
賓解箕子爲荄茲，或誚其說曰：『非王弼輩所能知也。』余笑而不答，
或曰何也？余乃取王弼注示之曰：『弼之解箕子，正用趙賓說；孔穎
達不能申明之也。』」（二十三章）

蓋王弼易注，亦有取於漢儒注易之旨，並非全然言理。再者王注以老入易，
亦是明顯可見，而孔疏亦加以延用；陳澧譏其「能掃棄釋氏之，而不能屏絕
老莊列之說，此其病也。」，〔註6〕與孔疏序：「必以仲尼爲宗。」之宗旨相砥
觸，亦見其矛盾之處。清儒劉毓崧作《周易舊疏考正》考之《周易正義》，發
現此疏，不僅非出於一人之手，且亦延襲六朝語句，是以體例雜亂（《皇清經
解續編》卷一千三百四十五）；皮錫瑞《經學歷史》云：

〔註3〕參閱拙文「論三易」之章節前部份。
〔註4〕參閱拙文「孔子作卦爻辭」之章節，有詳細之論述。
〔註5〕參閱其文葉53～55，大國研所集刊第24號。
〔註6〕李師威熊言，引自《中國經學發展史論》上冊，葉258。文史哲出版，民國
77年12月初版。

議孔疏之失者，曰彼此互異，曰曲徇注文，曰雜引讖緯。案著書之例，注不駁經，疏不駁注；不取異義，專宗一家。……惟彼此互異，學者莫知所從；既失刊定之規，殊乖統一之義。（〈經學統一時代〉）

皮氏之意，即是劉氏所指；朱子語類論諸經正義，以易經正義爲最下，良有以也。《四庫提要》論《周易正義》曰：

疏家之體，主於詮解註文，不欲有所出入，故皇侃禮疏或乖鄭義，穎達至斥爲狐不首丘，葉不歸根，其墨守專門，固通例然也。至於詮釋文句，多用空言，不能如諸經正義，根據典籍，源委粲然，則由王注掃棄舊文，無古義之可引，亦非考證之疏矣。（〈易類〉）

今考其時，前有陸德明《經典釋文》，同時有李鼎祚《周易集解》，均爲收集前儒諸家之說，《提要》言「無古義之可引」之說，實非確言。〔註7〕

皮氏易學，其重點以在以指導人生，所謂「通經致用」是也；孔穎達之疏，雖爲朝廷明定之標準範本，然其在皮氏易學之範疇衡量下，有合乎者，有不合乎者；皮氏並不因其爲傳統、權威，而一概從之；《續四庫提要》論皮氏易學，曰：「統觀皮氏此書，凡論經傳緣起者，時有愚誣之談；評漢宋學者，頗多持平之論；不以彼一害此一，亦初學者所宜參考也。」（〈易類〉）皮氏論《周易正義》，實有其可信之處也。

二、對李氏《周易集解》之肯定

自魏、晉以來至隋、唐，易學多偏重於以玄學解易之王弼注。上有好書，下必有甚焉者矣。復以時代經長期之戰亂，漢易幾喪亡殆盡。雖北朝專崇鄭氏易學，南朝亦復有之，唯至隋唐則專崇王韓易注。因此唐代易學，雖鄭氏易亦無傳者，故《隋志》謂今殆絕矣。鄭氏如此，況孟京荀虞之易耶，幸有唐玄宗肅宗時，資州李鼎祚生於其間，精通象數六壬五行之學，撰成集解一書，集子夏等三十六家之說，而解之，故曰集解。其諸家有不足者，亦以己意述之，其所述者多加一「案」字以別諸家之易注。〔註8〕《四庫提要》云：

〔註7〕《東塾讀書記》卷四：「上繫，易簡而天下理得矣。孔疏云：列子云，不生物而物自生，不化物而物自化。老子云，水至清則無魚，人至察則無徒。又莊子云，馬翦剔羈絆所傷多矣。孔疏能掃棄釋氏之說，而不能屏絕老莊列之說，此其病也。且所引莊子，尤非經意；如其說，必不翦剔羈絆，而後馬之理得乎。」引自《皇清經解續編》卷九百四十八。

〔註8〕參閱徐芹庭《易學源流》頁612。唯其只言北朝崇鄭學，而不及南朝。今依簡師博賢之說補之；詳見簡師《今存南北朝經學遺籍考》第一章。

鼎祚唐書無傳，始末未詳，惟據序末結銜，知其官爲祕書省著作郎。
據袁桷清容居士集，載資州有鼎祚讀書臺，知爲資州人耳。朱睦樫
序，稱爲祕閣學士，不知何據也，其時代亦不可考。

又《四庫提要》定《周易集解》爲十七卷，其又云：

其書仍用王弼本，惟以序卦傳散綴六十四卦之首，蓋用毛詩分冠小
序之例。

又云：

蓋王學既盛，漢易遂亡，千百年後學者得考見畫卦之本旨，惟賴此
書之存耳。是眞可寶之古笈也。

是知《周易集解》之編纂重心，即明漢易考畫卦之本旨，是象數之學也。

李鼎祚之《周易集解》實有其學術立場；蓋孔穎達《周易正義》頒佈天
下，以王弼注爲底本，棄漢學諸家；重義理而捨象數矣。李道平《周易集解
纂疏》曰：

使象數可廢，則聖人之言爲無稽，而羲文之假象數以垂訓者，反等
於駢拇附贅。（序）

陳澧《東塾讀書記》亦曰：「蓋（孔疏）不喜虞氏之學也，此李氏所以作集解
與之埒立也。」（卷四）由此可知李鼎祚之用心，不僅在與《周易正義》之對
立，其目的，在憫易學聖道之失落，而企圖標示漢易之重要性。

李鼎祚《周易集解》曰：

鄭則多參天象，王乃全釋人事。且易之爲道，豈偏滯于天人者哉！
致後學之徒，紛然淆亂，各脩局見，莫辨源流。天象遠而難尋，人
事近而易習，則折楊黃華，嗑然而笑，方以類聚，其在茲乎！（序）

李氏認爲鄭學多參天象，而王注全釋人事，由天象可得人事之表現依據，由
人事則頓失其源；是以李氏重視鄭學，而指王注乃世俗小曲。晁公武、王應
麟依此，則以爲李氏學爲鄭學〔註9〕然陳澧《東塾讀書記》遍考其書，而以其
爲虞氏學，非鄭學也，陳澧曰：

李鼎祚集解云：「王鄭相沿，頗行于代；鄭則多參天象，王乃全釋人
事。且易之爲道，豈偏滯於天人者哉！」此李氏於鄭王，皆有不滿
之意也。（自注：《郡齋讀書志》、《困學紀聞》皆謂李鼎祚宗鄭學，
誤矣。）又云：「集虞翻荀爽三十餘家，刊輔嗣之野文、補康成之逸

象。」李氏於鄭所說爻辰皆不采，是其卓識；至鄭注無逸象，乃鄭
學之謹嚴，何必補乎！且既云刊輔嗣之野文，而又云：「自然虛室，
生白吉祥至（誤作止）止，坐忘遺照。」微妙元通，深不可識，卑
達觀之士，得意忘言；此與輔嗣何以異乎！（卷四）

又曰：

集解多采虞氏說，但以諸家佐之耳；如艮卦惟采鄭康成一條，李氏
自作案語二條，餘皆采虞氏。漸卦惟采干寶一條，餘皆采虞氏。兌
卦李氏案語二條，餘皆采虞氏。其專重虞氏可見矣。中孚，豚魚吉。
李氏云：「案坎爲豕，訟四降初，折坎稱豚，初陰升四，體巽爲魚，
中、二，孚、信也；謂二應變五，化坤成邦，故信及豚魚矣。虞氏
以三至上，體遯，便以豚魚爲遯魚，雖生曲象之異見，乃失化邦之
中信也。」澧案此虞氏異見，李氏能不阿好曲從，然其所自爲說，
則純似虞氏，可見李氏本虞氏學也。（同上）

陳澧以《周易集解》多采虞翻說，以艮卦爲證，僅取鄭玄一條，李氏自注二
條，餘者均爲虞氏說；是以陳澧云李鼎祚之易學，本於虞翻也。皮錫瑞論李
氏易學，亦曰：

錫瑞案張氏舉鄭荀虞，而斟酌其得失，皆有心得；其於鄭義取其言
禮，不取其言爻辰，與李鼎祚集解采鄭集，不采其言爻辰者，同一
卓識。（十三章）

是知李氏對鄭學有所取捨，反不如對虞氏學，多加曲從，皮氏之說，可證陳
澧之見，實爲確論。李鼎祚又言：「刊輔嗣之野文，補康成之逸象。」皮錫瑞
對此亦有所說：

案漢人於說卦言象之外，別有逸象，又有出於逸象之外者，穿鑿誠
如顧氏所譏，故王弼盡埽其說，易略例曰，義苟在健，何必馬乎？
類苟在順，何必牛乎？爻苟合順，何必坤乃爲牛？義苟應乾，何必
乾乃爲馬？而或者定馬於乾，案文責卦，有馬無乾；則僞說滋漫，
難可紀矣。互體不足，遂及卦變；變又不足，推致五行。一失其原，
巧愈彌甚。縱復或值，或義無所取。王氏駁諸家說極明快，而其注
有偏矯太過者，如渙象曰，利涉大川，乘木有功也。據孔疏先儒皆
以此卦坎下巽上，以爲乘木水上涉川之象，坎水巽木明見於易，而
王注云，乘木即涉難也，並明見易象者，亦不取，故人譏其蹈虛。

李鼎祚集解序曰，集虞翻荀爽三十餘家，刊輔嗣之野文，補康成之
逸象。李氏蓋以王不取象而多空言，故欲刊其野文，而補以逸象，
然康成注易不用逸象，正是嚴謹，又何必補，王矯漢儒之失太過，
李矯王氏之失又太過也。（二十二章）

蓋皮氏論易學本義理以說，然又有其「象數」之觀點，是以有此一說。〔註10〕
然皮氏經學立場主漢學，其易學部份，又特別標榜張惠言、焦循；張惠言重
視虞氏學，堪稱顓門之學；焦循采虞氏與荀爽之優點，而有旁通之創舉；諸
如此說，其根據均由《周易集解》保存漢學舊說，是以皮錫瑞，對此書是持
肯定態度，皮氏引《四庫提要》爲說：

四庫提要曰：弼之說易，源出費直，直易今不可見，然荀爽易即費
氏學，李鼎祚書尚頗載其遺說。（十五章）

是李氏之功，不可抹滅也。李道平：

古人之說易也慎，後人之說易也憪；古人之說易也言象數，而義理
在其中；後人之說易也言義理，而象數因之以隱。（同上）

蓋漢易之說，亦有其據，李道平之說，堪爲漢易諍臣矣。今皮錫瑞肯定《周
易集解》，實可說乃在肯定漢易，肯定今文家之說也。

第二節　宋代易學

一、言理不言數之《程傳》

　　程頤（西元 1033～1107 年）注易，世稱《易程傳》，其序言稱「元符二
年」作（西元1099年），是知爲程頤晚年之作。楊時《程傳》跋曰：「先生道
學足爲世師，而于易尤盡心焉。」（《中國歷代經籍典》卷六十引）是知程子
對易學，爲其學問之最大用心。〔註11〕程頤曰：

至微者，理也；至著者，象也；體用一源，顯微無間，觀會通以行
其典禮，則辭無所不備。故善學者，求言必自近，易於近者，非知
言者也。予所傳者辭也，由辭以得意，則有乎人焉。（《易程傳序》）

〔註10〕皮氏易學，對義理與象數之調合，請閱拙文「象數與義理」一節。
〔註11〕考歷代學者，鄭玄、蘇東坡、程頤注易多在晚年，且在流放之後；是否意
　　　　謂易本「五經之原」，需要更多的學術涵養，及歷經憂患之後，方能有精闢
　　　　之解！

由辭以得意，是爲程子易學之重心也。皮錫瑞論程子易學，亦標榜此說，其曰：

> 若欲先明義理，當觀王注而折衷於程傳，亦不失爲易之正傳。（二十一章）

是知《易程傳》在皮氏易學心目中之地位，是屬於所謂「易學正傳」也。

（一）言「理」在切事

紀昀《四庫提要》曰：

> 聖人覺世牖民，大抵因事以寓教：詩寓於風謠，禮寓於節文，尚書春秋寓於史，而易則寓於卜筮。故易之爲書，推天道以明人事者也。左傳所記諸占，蓋猶太卜之遺法：漢儒去古未遠也，一變而爲京焦，入於機祥，再變而爲陳邵，務窮造化，易遂不切於民用；王弼盡黜象數，說以老莊，一變而胡瑗程子，始闡明儒理，再變而李光楊萬里，又參證史事，易遂日啓其論端，此兩派六宗，已互相攻駁。（《易類總敘》）

紀昀以王弼、程子歸於義理派；此說黃宗羲亦認同，黃宗羲《易學象數論》：

> 然而魏伯陽之參同契，陳希夷之圖書，遠有端緒，世之好奇者，卑王注之淡薄，未嘗不以別傳私之。逮伊川作易傳，收其崑崙旁薄者，散之於六十四卦中，理到語精，易道於是而大定矣。（序）

蓋以王弼注易雖說以老莊，程子注易闡明儒理，二家精義，或有所異，然同取義理，不取祥異解易則類同，故黃宗羲、紀昀以王程二家連說，有其理據。程子亦嘗論王弼易曰：

> 易有百餘家，難爲偏者，如素未讀，不曉文義，且須看王弼、胡先生、荊公三家，理會得文義，且要熟讀，然後可有用心處。（遺書十九）

是知王弼注之精到處，深爲後人所稱讚，程子特加標榜，不無道理。皮錫瑞稱二家爲：

> 王注程傳，說易主理，固不失爲易之正傳。（二十二章）

蓋二家之爲「易之正傳」，在明義理、切人事也；皮氏所論在此，程子稱王弼亦在此。然程子有不取王注之處。程子教人讀王注，非贊成王弼以老莊觀點解說易理，其評論王弼派易學說：

> 自孔子贊易之後，更無人會讀易。先儒不見于書者，有則不可知，見于書者皆未盡。如王輔嗣、韓康伯，只以老莊解之，是何道理。（外

書）

又說：

> 王弼註易，元不見道，但只以老莊之意解說而已。（遺書一）

所謂「無人會讀易」，不僅批評漢儒以來之易學，未能識孔子之精神，且亦指近人蘇軾之《東坡易傳》。〔註12〕蓋從漢儒以來之易學家，均巧立各種名目，名爲注易，實爲誇耀才學；以陰陽災異之說，博取君王之誠心，並進而獵取功名；然其下場，不離落漠，甚致一死。然時風所至，習非成是，難脫巢臼。王弼以其慧識，掃象譏互，回孔子易學精神之一端。〔註13〕程子贊王注，在於掃象譏互；評其不識易理者，在以老莊入易；乃程子之明識也。

程頤持孔子贊易說，其注易之自期心甚強，觀其《易傳‧序》可知；程子曰：

> 聖人之憂患後世，可謂至矣。去古雖遠，遺經尚存；然而前儒失意
> 以傳言，後學誦言而忘味，自秦而下，蓋無傳矣。予生千載之後，
> 悼斯文之煙晦，然俾後人沿流而求源，此傳所以作也。

程子以孔子易學表現在「辭」，「由辭以得意」，是其體會。程子在答《張閎中書》中有一明確答案，曰：

> 有理而後有象，有象而後有數；易因象以知數，得其義則象數在其
> 中矣。必欲窮象之隱微，盡數之毫忽，乃尋流逐末，術家之所尚，
> 非儒者之所務也。（中略）理無形也，故因象以明理，理見乎辭，則
> 可由辭以觀象。故曰得其義，則象數在其中矣。（遺書）

蓋象數隱微難識，論者所取，毫無理據；然以辭爲說，以辭觀象，論據有得。故程子論易學，非摒去象數，蓋須由「辭以得意」，而此辭之內容，是爲儒門精神，故其重點在切入事。

（二）不取圖書學

程子生當宋圖書學興盛之時，與周惇頤游學，與邵雍爲懿戚；而此二家均爲圖書學之研究者，然程子評論其學派曰：

> 聖人之道，如河圖洛書，其始止于畫上便出義。後之人既重卦，又

〔註12〕如蘇氏釋坎象：「維心亨，乃以剛中也。」曰：「水之所以至柔而能勝物者，維不以力爭而以心通也。不以力爭故柔外，以心通故剛中。」即是取老子義。且文中多以王注爲說。

〔註13〕詳見拙文「王弼」段。

繫辭求之，未必得其理。（遺書十五）

又說：

> 聖人見河圖洛書而畫八卦，然何必圖書，只看此兔，亦可作八卦，
> 數便此中可起，古聖人只取神物之至著者耳，只如樹木，亦可見數。
> （同上）

此是說，任何事物中都存在陰陽之象和陰陽之數，無河圖洛書，亦可畫出八卦。因此程頤亦對劉牧提出批評，曰：

> 牧又謂乾坤與坎離男女同生，曰非也。譬如父母生男女，豈男女與
> 父母同生？既有乾坤，方三索而得六子。若曰乾坤生時，六子生理
> 同有，則有此理。謂乾坤坎離同生，豈有此事？既是同生，則何言
> 六子耶？（同上）

程子以「說卦」乾坤父母說，批評劉牧之說法。程子又與邵雍易數學展開辯論，程頤曰：

> 某與堯夫同里巷居三十餘年，世間事無所不論，惟未嘗一字及數耳。
> （外書十二）

又言：

> 堯夫之學，先從理上推意言象數。言天下之理須出于四者，推到理
> 處曰，我得此大者，則萬事由我，無有不定。然未必有術，要之亦
> 難以治天下國家。其爲人則直是無禮不恭，惟是侮玩，雖天地亦爲
> 之侮玩。（遺書二上）

以數學解易，則「萬事由我，無有不定」，世間事轉成自由心證，毫無標準可言；是以程子不與邵雍論數。皮錫瑞由此讚賞程子「言理不言數」，皮氏云：

> 程子與邵同時，又屬懿戚，不肯從受數學，其著易傳，專言理不言
> 數。（十七章）

蓋斯言確是，以數學非孔門精義，論之無據；胡渭《易圖明辨》曰：

> 伊川不列（圖書）於經首，固所以尊聖人，亦所以全陳邵也。（題辭）

蓋聖人作易，宋儒作數學，用心不同，二者釐清，不以數學證聖人之旨，故程子不受，斯乃程子之慧識。

朱震曾分析宋圖書學傳承，其曰：

> 國家龍興，異人間出，濮上陳摶以先天圖傳种放，放傳穆修，修傳
> 李之才，之才傳邵雍；放以河圖洛書傳李溉，溉傳許堅，堅傳范諤

昌，諤昌傳劉牧；修以太極圖傳周敦頤，敦頤傳程頤程顥……。(《漢
上易集傳序》)

蓋以周惇頤傳太極圖于程氏兄弟。朱熹堅持此說，欲以確立太極圖之師承；
然全祖望不認同此說，其曰：

予謂濂溪誠入聖人之室，而程子未嘗傳其學，則必欲溝合之，良無
庸矣。(《宋元學案序》)

全祖望以太極圖源於道家者，而程子之一生職志在排斥佛道，故不能有學於
此圖。然程子問學於周子，是又確然，二程弟子楊時說：

子謂門弟子曰：「昔吾受易于周子，使吾求仲尼顏子之所樂。要哉此
言，二三子志之。」(《二程全書——粹言》)

是知乃從周惇頤處，亦學孔門之易理，而非道家太極；朱子、全祖望各持一
端，未見全貌。蓋程頤易學言理不言圖書，正見其間多所附會，雖時代成風，
然亦有其慧識展現；皮錫瑞贊程子易學，克就程子之言理，揚儒門精義，而
不取數學，皮氏曰：

故程子於易頗推王弼，然其說理非王弼所及，且不雜以老氏之旨，
尤為純正。顧炎武謂見易說數十家，未見有過於程傳者，以其說理
為最精也。(十七章)

故程子易學不僅承王注言義理，更棄老莊、歸儒門，是說「理」尤為純正。
然朱熹卻云：

程先生易傳義理精，字數足，無一毫欠缺，只是於本義不相合，易
本是卜筮之書，程先生只說得一理。(《語錄易綱領》)

皮錫瑞亦補充曰：

王注程傳，說易主理，固不失為易之正傳，而有不盡滿人意者；則
以王注言理不言象，程傳言理不言數也。(二十二章)

蓋皮氏認為周易本身即涵有象數，〔註14〕求象數以解易，不失其途，然不應
牽強附會，輾轉比附；程子言理雖精，然有所捨棄，是其不足之處。而朱子
認為與周易本義不合，必兼言數，方是正宗。然程子本義，以儒家之理，以

〔註14〕 皮錫瑞說：「平心論之，說易不可盡掃象數，亦不可過求之象數；象數已具於
易，易之言象詳於說卦，乾為馬，坤為牛，及乾為天，坤為地之類是也。易
之言數，詳於繫辭傳，天一地二天數五地數五之類者。易之言象已具，則不
當求象於易之外；易之言數已具，則不當求數於易之先。」見二十二章。拙
文在《象數與義理》有所討論，皮氏之言仍未為確論。

對抗佛老，乃其用心所在；而以「理」言，可謂已有此功能，其曰：

> 易，變易也。隨時變易以從道也。其爲書也，廣大乘備，將以順性命之理，通幽明之故，盡事物之情，而示開物成務之道也。（《易傳序》）

其用心是在人事，故以實用、明晰爲其治學重點，深爲皮錫瑞所贊賞。

二、對宋「圖書學」淵源及承傳之批評

（一）圖書學之淵源

易學發展至宋時，因緣際會，有所謂「圖書學」之說；〔註15〕此名詞乃清儒對宋易學之汎稱。《四庫提要》言經學六變，「要其歸宿，則不過漢學宋學兩家互爲勝負」（《經學總敘》），在易類總敘亦言易學兩派，蓋指漢易、宋易也。是知清儒對學術之理解如此。所謂「圖書學」蓋指演「數」之作；劉牧《易數鉤隱圖》：

> 夫卦者聖人設之，觀於象也；象者形上之應。原其本則形由象生，象由數設，舍其數則無以見四象所由之宗矣。是故仲尼之贊易，必舉天地之極數，以明成變化而行鬼神之道。則知易之爲書，必極數以之其本。詳夫注疏之家，至於分經析義，妙盡精研，及乎解釋天地錯綜之數，則語惟簡略，與繫辭不偶，所以學者難曉其義也。今採摭天地其偶之數，自太極生兩儀而下，至於復卦，凡五十五位，點之成圖；於逐圖下，各釋其意，庶覽之者易曉耳。（自序）

善夫其旨，是知宋儒演「數」，本爲使後學者，得以明曉「易」義。蓋〈繫辭傳〉上有文曰：

> 天一、地二、天三、第四、天五、地六、天七、地八、天九、地十。
>
> 天數五，地數五，五位相得而各有合。天數二十有五，地數三十。
>
> 凡天地之數五十有五，此所以成變化而行鬼神也。
>
> 大衍之數五十，其用四十有九。……（依朱子之排列）

〔註15〕宋儒之特殊機緣在對抗佛老，佛老之特色在提供人類另外一個思想空間，老子言「無」，佛陀曰「空」，是以學者愛其神祕。然正當佛老興盛，卻是社會最敗壞之時，是以宋儒之挺立，以儒學自居，企圖挽回人心之衰敗；故取《中庸》、《大學》、《易傳》三書，順承孔孟之後，以補天人之際之探討。是以神妙易學，以抗佛老，是其用心。詳見王邦雄先生〈中庸在中國思想史上的地位〉一文，收入《儒道之間》。

此說本言古代揲著之法；分二、掛一、揲四、歸奇、再扐，當爲古代占筮家相傳之手法，〔註16〕本無任何哲理，然宋儒爲了神妙易學，以繫辭爲解釋圖書而作，故改變繫辭順序，以合乎其主張；劉牧更明示此理，創邵雍之前。然宋圖書學並非突然竄起，其亦有所承，皮錫瑞云：

> 漢人有圖書之學，宋人亦有圖書之學，宋人之圖書，亦出於漢人之圖書。公羊疏曰：「六藝論言六藝者，圖所生也。春秋言依百二十國史何，答曰：王者依圖行事，史官錄其行事，言出圖書，豈相妨奪。」俞正燮曰：「百二十國史仍是圖書，古太史書雜處取易于河圖，則河圖餘九篇，取洪範于洛書，則洛書餘六篇，皆圖書也。」錫瑞案漢時圖書即是讖緯，讖緯篇多以圖名，則當時必有圖。韓徠《禮器碑》云：「秦項作亂，不尊圖書。」此碑多引緯書，其稱圖書必是讖緯。易緯或以圖名篇，卦氣出稽覽圖，則所云坎離震兌爲四正卦，餘六十卦，每月五卦，卦六日七分，當日必有圖以明之，是讖緯即是圖書之明證。（十七章）

皮氏以漢人已有圖書之學，並舉《公羊疏・讖緯》爲證，以〈讖緯〉篇名，多以圖立名，雖今不得見，然「讖緯」即圖書，應無所疑，故皮氏斷言「宋人之圖書，亦出於漢人之圖書」；近代學者杭辛齋《學易筆談》亦云：

> 然趙宋以前，雖未有先天之圖，而乾坤坎離震巽艮兌之卦位，固散見於漢人之易注。荀慈明之升降，虞仲翔之納甲，細按之殆無不與先天之方位相合。即以經文上下二篇之卦論之，上經首乾坤終坎離，非四正之卦乎，下經首上兌下艮之咸、上震下巽之恆，非四隅卦乎；至說卦天地定位山澤通氣之一章，兩兩對舉，更無論矣。（卷二　先天卦不始於邵子）

是知宋人以圖書說易，實遠有所承。然漢人之說另有其意，非宋儒所理解，黃宗羲《易學象數論》云：

> 按漢儒孔安國、劉歆皆以八卦爲河圖，洪範本文爲洛書；鄭玄依緯書則云：河圖有九篇，洛書有六篇。自唐以前，皆祖其說，無有異同。……歷考諸家，皆以爲天地之數，初未嘗以此爲河圖也。……歷考諸家，皆以九宮之數，初未嘗以此爲洛書也。圖書之所指既如彼，二數之稱名又如此，兩者判然不相及。至宋，而方士牽強扭合，

〔註16〕參閱戴君仁《談易・宋人圖書之學》一書。

儒者又從緣飾，以爲授受之秘，而漢唐以來之議論，一切抹殺矣。

……且圖書亦自有辨，天地之數，回命之爲圖，九宮之數，是亦一圖也，豈可爲書；漢儒圖則言畫，書則言文，猶致嚴於名實，此則不暇自掩其失矣。（卷一圖書二）

蓋「河出圖，洛出書，聖人則之。」本爲宋儒論易依據，然數是數，圖書是圖書，漢唐以來，無有相提並論者；且漢儒用字甚嚴，圖則言重，書則言文，名實之間，要求甚緊，至宋儒一反其說，以圖書均爲圖式之總稱，是有取於漢儒之說，又稍變之，實乃無根之證，故皮錫瑞譏之也。黃宗羲《易學象數論》又說：

欲明圖書之義，亦惟求之經文而已。六經之言圖書凡四：書顧命曰，河圖在東序。論語曰，河不出圖。禮運曰，河出馬圖。易曰，河出圖，洛出書，聖人則之。由是而求之圖書之說從可知矣。聖人之作易也，一則曰：仰則觀於天文，俯以察於地理；再者曰，仰者觀象於天，俯者觀法於地，於是始作八卦；此章之意，正與相類。天垂象見吉凶，聖人象之者；仰觀於天也。河出土，洛出書，聖人則之者；俯察之地也。謂之圖者，山川險易，南北高深，如後世之圖經是也。謂之書者，風土剛柔，戶口扼塞，如夏之禹貢，周之職方是也。謂之河洛者，河洛爲天下之中，凡四方所上圖書，皆以河洛繫其名也。顧命西序之大訓，猶今之祖訓，東序之河圖，猶今之黃冊，故與寶玉雜陳；不然其所陳者，爲龍圖之蛻與，抑伏羲畫卦之稿本與，無是理也。孔子之時，世莫宗周，列國各自有其人民土地，而河洛之圖書，不至無以知其盈虛消息之數，故歎河不出圖；其與鳳鳥言之者，鳳不至爲天時，圖不出爲人事，言天時人事，兩無所據也。若圖書爲畫卦敍疇之原則，卦畫疇敍之後，河復出圖，將焉用之；而孔子歎之者，豈再欲爲畫卦之事耶。觀於論語，而圖書之爲地理益明矣。禮運出於漢儒，此可無論。（卷一圖書一）

黃宗羲引證詳實，以經文爲說，探求最早之意，所謂「圖書」者乃地理圖冊之屬，非畫卦之原由；宋儒復出，亦難辨其言。胡渭《易圖明辨》亦曰：

古者有書必有圖，圖以佐書之所不能盡也。凡天文地理，鳥獸草木，宮室車旗，服飾器用，世系位著之類，非圖則無以示隱賾之形，明

古今之制，故詩書禮樂春秋，皆不可以無圖。唯易則無所用圖，六
十四卦二體六爻之畫即其圖矣。（題辭）

李惇《群經識小》：

「河出圖，洛出書，聖人則之」，謂聖人因河圖而作易，可也；然伏
羲仰觀俯察，近取遠取，已不專恃河圖，至文王周公孔子，繫辭盡
言，其微言奧義，又豈圖之所能該耶！即謂易從圖出，而既有易則
圖不足言，所謂得魚忘筌也。（《皇清經解》卷七百一十九）

是知「易」不需圖書爲證，蓋其本質已具備圖書之意，陰陽二體、六爻排列、
六十四卦鋪排，何需他圖以證；再者，縱使「易」從圖書來，然其義理表現，
何必有圖書，方能明顯？是得魚可忘筌，得意可忘言也。宋儒引漢儒之說，
然擅改其意，故清儒譏之，良有以也。皮錫瑞引黃宗羲、胡渭等人之說，可
明圖書學謬論矣。

宋儒一則引漢儒之意，再則取魏伯陽《參同契》之說，而雜揉間用。魏
氏《參同契》云：

火記不虛作，演易以明之。偃月法爐鼎，白虎爲煞樞，汞白爲流
珠，青龍與之俱。舉東以合西，魂魄自相拘。上弦艮亦八，下弦
艮亦八；兩弦合其精，乾坤體乃成。二八應一斤，易道正不傾。（卷
上）

是伯陽之說，本爲丹家修煉之用，非以說易也。〔註17〕然宋儒陳摶引其說，
致使宋易蔚然成風，毛奇齡《西河文集》云：

此在陳摶授圖以前已行世者，是摶所爲圖，一本于道藏眞元品，一
本于圭峰禪源詮集，而總出於參同契。（《答馮山公書》）

又《西河文選》云：

是圖出於摶，而當時爲釋氏者亦爭傳之，要其本則實從魏伯陽參同
契中所稱水火匡廓、三五至精兩圖而合之爲一圖者也。（卷十太極圖
說遺議）

陳摶取《參同契》圖式，轉化爲說，經清儒抉識，而知其所承；是以皮錫瑞
云：

宋元明言易者，開卷即及先天後天，惟元陳應潤作《爻變義蘊》，始
指先天諸圖，爲道家借易理以爲修煉之術。（十七章）

〔註17〕簡師博賢著《虞翻易學研究》有詳細討論參同契之說，請參看。

是宋儒易圖書學淵源，乃雜揉諸家所成，而遠離孔子易學切人事、明義理之精神；顧炎武云：

> 希夷之圖，康節之書，道家之易也。自二子之學興，而空疏之人，迂怪之士，舉竄跡於其中以爲易，而其易爲方術之書，於聖人寡過反身之學去之遠矣。（《日知錄》）

蓋明識圖書學，與聖人寡過反身之學，實無任何牽連，然學者好其怪誕，竟取之入《易》，《易》反成方術之書；是以皮錫瑞譏圖書之學，實有其識也！

（二）圖書學之承傳

宋儒言圖書學者，始自陳摶；《宋史・本傳》曰：「摶好讀易，手不釋卷，常自號扶搖子，著『指元篇』八十一章，言導養及還丹之事。」是知其所謂易學與道教煉丹實有所繼承，朱子曰：

> 魏伯陽參同契，恐是希夷之學，有些是其源流。（《語類》六十五）

又說：

> 先天圖傳自希夷，希夷又自有所傳。蓋方士技術用以修煉，參同契所言是也。（《語類》一百）

蓋圖書學源自道教，乃宋儒不諱言也。陳摶解易之特色，在以圖式解說文字。邵伯溫《經世辨惑》曰：

> 希夷易學，不煩文字解說，止有圖以寓陰陽之數，與卦之生變。

今據宋明學者所說，大抵有「先天太極圖」、「龍圖」、「無極圖」等。雖無確實之證，然胡渭《易圖明辨》、黃宗炎《圖學辨惑》，均引證爲始出陳摶。朱震云：

> 國家龍興，異人間出，濮上陳摶以先天圖傳种放，放傳穆修，修傳李之才，之才傳邵雍；放以河圖洛書傳李溉，溉傳許堅，堅傳范諤昌，諤昌傳劉牧；修以太極圖傳周敦頤，敦頤傳程頤程顥……。（《漢上易集傳序》）

是學者已持之公論矣。皮錫瑞曰：

> 宋人圖書之學，出於陳摶，摶得道家之圖，刱爲太極河洛先天後天之說，宋人言易學者多宗之，周子稍變而轉易之，爲太極圖說，宋人之言道學者多宗之。（十七章）

今錄圖形於後：

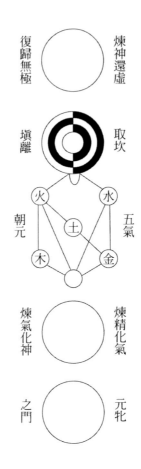

胡渭批評其圖,曰:

> 希夷、老氏之徒也,著指元篇,言導養還丹之事,則其能養生也可
> 知也。觀賈郭二,及預決亡日,則其能知來也可知矣。養生,魏伯
> 陽之學也;知來、管輅郭璞之術也。至所與游者多異人,化形之後
> 有異徵,則其為神仙者流又可知矣。先天圖於造化陰陽之妙,不無
> 所窺見,要之為道家之易,而非聖人之易,其可以亂吾經邪!(《易
> 圖明辨》卷十)

蓋不論陳摶言之多妙,其目的無非言及「養生」「知來」,已屬道教神仙之術,
實與孔子不言「怪、力、亂、神」之旨不合,且與經學之精神相悖,是以胡
渭不能無譏也。

周敦頤乃宋明道學之創始人,然其易學源自陳摶;其「太極圖說」實與
陳摶之「無極圖」相似,然周子以其儒學觀點,改變了陳摶煉丹之用;是以

朱子讚歎，開宋道學之宗祖。至清初宋學派，仍有延襲此說者，如陸世儀言：

　　周子太極圖全從繫辭出，不曾造作一毫。（《思辨錄輯要後集》）

然依清儒黃氏兄弟、胡渭等人之說，其來源亦與道教有關，故不得以此誣蔑聖學。皮錫瑞批評宋易圖書學，即是采此角度。今試觀其圖，與陳摶之圖比較之：

　　邵雍之學，上承陳周二家，《皇極經世》一書，更提供宋易一強有力之根據。其論太極、兩儀、四象、八卦之化生，有一完美理論，更是宋易推崇者所讚賞；〔註18〕邵雍《皇極經世》言：

　　太極既分，兩儀立象，陽上交於陰，陰下交於陽，而四象生矣；陽
　　交於陰，陰交於陽，而生天之四象；剛交於柔，柔交於剛，而生地
　　之四象，於是八卦成矣。八卦相錯，然後萬物生焉。是故一分為二，

────────────

〔註18〕朱熹贊曰：「邵氏先天之說，則有推本伏犧畫卦次第生生之妙，乃是易之宗祖，
　　　　尤不當率爾妄議。」（《答袁機仲書》）此言最為代表。

二分爲四，四分爲八，八分爲十六，十六分爲三十二，三十二分爲
六十四，故曰分陰分陽，迭用柔剛；故易六位而成章也。十分爲百，
百分爲千，千分爲萬，猶根之有幹，幹之有枝，枝之有葉，愈大則
愈少，愈細則愈繁；合之斯爲一，衍之斯爲萬。（卷七上）

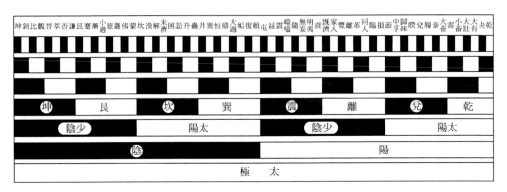

邵雍此說，乃漢唐易學所未見。如虞翻以卦變說，解釋兩儀生四象、八
卦；〔註19〕韓康伯則以有生于無，解釋太極生兩儀；〔註20〕孔氏正義則以太
極元氣說、五行說，來解釋太極生兩儀。〔註21〕邵雍不取諸說，獨以數的變
化，以數學解易。然邵雍之說，看似圓滿，實亦有其謬，黃宗羲《易學象數
論》：

> 某則據易之生兩生四生八，而後知橫圖之非也。易有太極，是生兩
> 儀，所謂一陰一陽者是也；其一陽也，已括一百九十二爻之奇；其
> 一陰也，已括一百九十二爻之偶；以三百八十四畫爲兩儀，非以兩
> 畫爲兩儀也。……兩儀生四象，所謂老陰老陽、少陰少陽是也；乾
> 爲老陽，坤爲老陰，震坎艮爲少陽，巽離兌爲少陰；三奇 $\equiv$ 者，
> 老陽之象，三偶 $\equiv\equiv$ 者，老陰之象，一奇二偶 $\equiv\equiv$，$\equiv\equiv$，$\equiv\equiv$ 者少陽
> 之象，一偶二奇 $\equiv\equiv$，$\equiv\equiv$，$\equiv\equiv$ 者少陰之象，是三畫八卦即四象也；
> 故曰，八卦成列，象在其中矣，八卦以象告，此質之經文，而無疑

〔註19〕 虞翻注云：「四象四時也，兩儀謂乾坤也；乾二五之坤，成坎、離、震、兌，
震春、兌秋、坎冬、離夏，故兩儀生四象。」又云：「乾二五之坤，則生震、
坎、艮，坤二五之乾，則生巽、離、兌，故四象生八卦；乾坤生春，艮兌生
夏，震巽生秋，坎離生冬者也。」引自《周易集解纂疏》卷八。

〔註20〕 韓康伯註云：「夫有必始於無，故太極生兩儀也；太極者，無稱之稱。」引自
《周易正義》卷七。

〔註21〕 孔穎達正義云：「太極謂天地未分之前，元氣混而爲一，即是太初太一也。」
又云：「兩儀生四象者，謂金木水火稟天地而有。」見卷七。

者也。……四象生八卦者，周禮太卜經卦皆八，別皆六十四，占人以八卦占筮之八，故則六十四卦，統言之，皆謂之八卦也。蓋內卦為貞，外卦為悔，舉貞可以該悔；舉乾之貞，而坤乾、震乾、巽乾、坎乾、離乾、艮乾、兌乾該之矣，以下七卦當然證之，於易曰，八卦定吉凶；若三畫之八卦吉凶何從定乎？曰包犧氏始做八卦，其下文自益至夬，所取之十卦已在其中，則八卦之該六十四亦明矣。由是言之，太極兩儀四象八卦，因全體而見，蓋細推八卦（即六十四卦）之中，皆有兩儀四象之理，而兩儀四象，初不畫於卦之外也；其言生者，即生生謂易之生，非次第而生之謂；康節加一倍之法，從此章而得，實非此章之旨，又何待生十六生三十二，而後出經文之外也。（卷一先天圖）

黃宗羲以〈繫辭傳〉之說為據，蓋〈繫辭傳〉只言「易有太極，是生兩儀，兩儀生四象，四象生八卦。」並無生十六、生三十二之說；且《周禮》只言「經卦皆八，別皆六十四」亦無十六、三十二化生之說，故明指邵雍之說，毫無所據。近代學者王瓊珊《易學通論》亦評曰：

案邵子舍奇偶而言陰陽，以黑白表之，似亦可通。因見繫辭兩儀四象八卦之數恰為以二為公比之等比級數，遂思得此二分法。紙上作圖，留其下之全白為太極。太極之上作第一矩形，黑白其半為兩儀。兩儀之上作第二矩形（長寬同前），中分之，又各黑白其半為四象。作第三矩形（長寬同前），四分之，又各黑白其半成小方形八由此一說，即見其病，第二矩形分成四象猶可說也，若謂第三矩形分成八卦即不通矣。其太極可生兩儀，其兩儀可生四象，其四象獨不能生八卦。其八卦須由上層八小方格之分線引長至第一矩形之底邊，將兩儀四象皆分為八，以黑為陰爻，白為陽爻，合直下之三小方格成一卦，始得。由四象分得之八小方格，僅可視為八卦之上爻，不能滿足四象生八卦之義。八卦須由各小方格直下分割四象兩儀而合計之，理如可通，則亦可分割太極為八而合計之矣，如是則一卦且有四爻也。且如乾卦，下爻則陽之四分一也，中爻則老陽之二分一也，上爻為何陽乎？二分法之不可通如此。（第七章）

是邵雍獨以見天地之奧祕者，在後世學者觀點，實不得自圓其說；蓋邵雍之說，毫無所據，非聖人治學精神所在；皮錫瑞云：

　　邵子精於□□（二字缺文，疑爲數學二字）著《皇極經世》書，亦
　　爲學者所宗。程子與邵同時，又屬懿戚，不肯從受數學。（十七章）
皮氏雖未正面批評邵雍易學，然而以肯定程子易學，稱程子「言理不言數」，
以反面評邵雍之學實有待商確。

　　朱子作《周易本義》，在其書前羅列易圖，延承陳摶以來至邵雍之解易之
圖。其後，《周易本義》爲官定科舉之書，致使學者以易圖爲伏羲所創，歷經
文王、孔子所增，成爲易學中主要根據；此書一出，後學者信之不疑，以爲
「易」爲圖書，蔚然成風矣。

　　《周易本義》書前雖羅列九種易圖，然而朱子卻自說：

　　魏伯陽參同契，恐是希夷之學，有些是其源流。（《語類》六十五）

又說：

　　先天圖傳自希夷，希夷又自有所傳。蓋方士技術用以修煉，參同契
　　所言是也。（《語類》一百）

是已明識易圖之源流，自方士修煉之用，非孔門義理之學，然而朱子何以又
自行在其書羅列易圖九篇，並冠以書前？清儒王懋竑《白田雜著》，以朱子之
文集、語類，鉤稽參考，見與易圖之說多相矛盾，信其爲門人所依託，非朱
子自列也。王懋竑曰：

　　易本義九圖非朱子之作也，後之人以啓蒙依仿爲之，又雜以己意而
　　盡失其本指者也。朱子於易有本義、有啓蒙，其見於文集語錄講論
　　者甚詳，而此九圖未嘗有一語及之。九圖之不合於本義啓蒙者多矣，
　　門人豈不見此九圖者，何以絕不致疑也。朱子於本義，敘畫卦，約
　　略大傳之文，故云：自下而上，再倍而三，以成八卦；三畫已具，
　　八卦已成，則又三倍其畫，以成六畫；而於八卦之上，各加八卦，
　　以成六十四卦。而不敢參以邵子之說。至啓蒙則一本邵子。而邵子
　　所傳止有先天圖（原注：即六十四卦方圓圖也），其伏羲八卦圖、文
　　王八卦圖，則以經世演易圖推而得之。同州王氏漢上朱氏易皆載伏
　　羲八卦圖、文王八卦圖，啓蒙因之。至朱子所自作橫圖六，則注大
　　傳語及邵子語於下，而不敢題云伏羲六十四卦圖，蓋其慎重如此。
　　今乃直云伏羲八卦次序圖、伏羲六十四卦次序圖、伏羲八卦方位圖、
　　伏羲六十四卦方位圖，是孰受之，而孰傳之耶？（《易本義九圖論》）

皮錫瑞認同王懋竑之論證，皮氏引《宋史儒林傳》之記載，云：

　　考宋史儒林傳：易學啟蒙，朱子本屬蔡元定創稿，非所自撰，晦菴
　　大全集中載答劉君房書：「啟蒙本欲學者且就大傳所言卦畫筮數推
　　尋，不須過爲浮說，而自今觀之，如河圖洛書，亦不免尚有剩語。」
　　至於本義卷首九圖，王懋竑白田雜著，以文集語類，鉤稽參考，多
　　相矛盾，信其爲門人所依附，則九圖亦非朱子所自列也。朱子嘗疑
　　龍圖是僞書，以康節之學爲易卦別傳，持論至確。特疑程子易傳不
　　言象數，以致後來有九圖之附益。（十七章）

是知，朱子作爲宋易學集大成者，其對於圖書學之說詞，有所保留，採存疑
之態度，實學者風範也；然其後學者，無謂附益，雖經清儒釐正，然影響民
間迷信風氣，至今未衰，動輒謂風水、算命等等出自周易；實則迷信自迷信，
周易自周易，兩者不相關聯，胡渭曰：

　　吾謂先天之圖與聖人之易，離之則雙美，合之則兩傷。（《易圖明辨
　　題辭》）

善夫其言也！

　　宋圖書學之源流，既知上承漢儒之說，又雜揉道教煉丹之意，本極易見
出其謬誤所在，然宋儒學術環境，必須與佛老相抗，故神乎易旨，倡談先天
後天；後又經朝廷頒爲科舉必試之科，致使學者奉爲圭臬，從未疑其學術性；
雖有元儒陳應潤作《爻變義蘊》，始指先天諸圖，爲附易之作，然時風如此，
難以糾正；直至清儒，或以思想，或以考據，群策群力，始指正宋儒長久以
來，易學之謬誤；如黃宗羲《易學象數論》曰：

　　夫卦之方位，已見帝出乎震一章，康節舍其明明可據者，而於未嘗
　　言方位者，重出之以爲先天，是謂非所據而據焉。（先天圖二）

又曰：

　　康節因先天圖，而創爲天根月窟，即參同契：乾坤同戶、牝牡之論
　　也，故以八卦言之者，指坤震二卦之間爲天根，以其爲一陽所生之
　　處也；指乾巽二卦之間爲月窟，以其爲一陰所生之處也。
　　康節之意，所謂天根者，性也；所謂月窟者，命也；性命雙修，老
　　氏之學。其理爲易所無，故其數與易無與也。（〈天根月窟〉）

又如胡渭《易圖明辨》：

　　古者有書必有圖，圖以佐書之所不能盡也。凡天文地理，鳥獸草木，
　　宮室車旗，服飾器用，世系位著之類，非圖則無以示隱賾之形，明

古今之制，故詩書禮樂春秋，皆不可以無圖。唯易則無所用圖，六
十四卦二體六爻之畫即其圖矣。（題辭）

此二家乃皮錫瑞特加贊譽之學者，由其所持理據，宋儒復出，難辯其旨矣！
今皮錫瑞一者無宋儒學術之壓力，再者無科舉應試之慮，故能以客觀立場，
論宋圖書學之謬。

三、朱子易說尚未定論

　　皮錫瑞批評朱子，不僅談其《周易本義》前列圖書九式不可信，更論其
以「易本卜筮之書」之說，亦不可取。依朱子之意：

易本卜筮之書，後人以爲止于卜筮。至于王弼用老莊解，後人便只
以爲理，而不以爲卜筮，亦非。想當初伏羲畫卦之時，只是陽爲吉，
陰爲凶，無文字，某不敢說，竊意如此。後文王見其不可曉，故爲
之作彖辭。或占得爻不可曉，故周公爲之爻辭。又不可曉，故孔子
爲之十翼，皆解當初之意。（《語類》卷六十六）

今考歷代易學家之說，以伏羲作易，文王作卦爻辭，或文王作卦辭、周公作
爻辭，孔子作十翼之說最爲普遍，〔註22〕尤以清儒王夫之「四聖同揆」說，
作爲先秦聖人，易學之一脈相傳。朱子此論，雖是因襲成說，然實有其玄用
意之處。朱子以爲四聖作周易經傳，內容各有不同，朱子曰：

易之爲書，更歷三聖而制不同。若庖犧氏之象，文王之辭，皆依卜
筮以爲教，而其法則異。至於孔子之贊，則又一以義理爲教而不專
卜筮也。是豈其故相反哉！俗之淳灕既異，故其所以爲教爲法者不
得不異，而道則未嘗不同。（文集）

蓋時代演變，人心精神亦隨之改變，是以聖人隨之改變對周易之解釋，以符
合時下人心之需求。朱子又說：

蓋易本卜筮之書。故先王設官掌于太卜而不列于學校，學校所設詩
書禮樂而巳。至孔子乃于其中推出所以設卦觀象之旨，而因以識夫
吉凶進退存亡之道。（文集）

朱子以卦爻辭爲占筮之辭，未具任何哲理，直到孔子作十翼，方推衍出人生
義理；是以說四聖對周易之理解，各有不同，學者讀易之法，應先將四聖之
說區分，朱子曰：

〔註22〕請參見拙文第三章第二節「孔子易學」段，有列舉諸賢之說。

　　孔子之易，非文王之易；文王之易，非伏羲之易；伊川易傳又自是

　　程氏之易也。（《語類》卷六十七）

又說：

　　須是將伏羲畫底卦做一樣看……孔子說的做一樣看，王輔嗣、伊川

　　說底各做一樣看。（同上）

朱子對已往學者認爲周易經傳之形成，乃經傳不分，傳是爲解經而作之說，在朱子手中作一大轉變，實爲易學史上之一大突破；然皮錫瑞頗不以爲然，以朱子之說，尙有待商榷也。

　　皮錫瑞以朱子〈答袁機仲書〉及〈本義圖說〉二文爲據，作一說明。朱子〈答袁機仲書〉曰：

　　據邵氏說，先天者，伏羲所畫之易也；後天者，文王所演之易也。

　　伏羲之易，初無文字，只有一圖以寓其象數，而天地萬物之理，陰

　　陽始終之變具焉。文王之易，即今之周易，而爲孔子所爲作傳者也；

　　孔子既因文王之易以作傳，則其所論固當以文王之易爲主，然不推

　　本伏羲作易畫卦之所由，則學者必誤認文王所演之易便爲伏羲始畫

　　之易，只從中半說起，不識向上根原矣，故十翼之中，如八卦成列，

　　因而重之，太極兩儀四象八卦，與天地山澤雷風水火之類，皆本伏

　　羲畫卦之意；而今新書原卦畫一篇，亦分兩儀，伏羲在前，文王在

　　後，之聖人作易之本，則當考伏羲之畫。若只欲知今易書文義，則

　　但求之文王之經，孔子之傳足矣。兩者初不相妨，而亦不可以相雜。

　　來教乃謂改爲邵氏解釋，而於易經無所折衷，則恐考之有未詳也。

〈本義圖說〉曰：

　　右易之圖九，有天地自然之易，有伏羲之易，有文王周公之易，有

　　孔子之易；自伏羲以上，皆無文字，只有圖畫，最宜深玩，可見作

　　易本原精微，文王以下，方有文字，即今之周易，然讀者亦宜各就

　　本文消息，不可便以孔子之易，爲文王之說也。

蓋皮錫瑞對「經」之看法，以孔子手訂，或是孔子所作爲一標準；凡非在此標準內，一律不得爲「經」〔註23〕今朱子在孔子易學之上，提出有「天地自然之易，伏羲之易，文王周公之易」，致使混亂「經」說，是以皮氏駁議。皮錫瑞云：

〔註23〕請參見拙文第二章第三節「經學立場」。

錫瑞案朱子此說與經學大有關礙,六經皆出孔子,故漢初人以爲文王但重卦而無辭,卦辭爻辭皆孔子作,其後乃謂文王作卦爻辭,又謂文王作卦辭,周公作爻辭,孔疏遂以文王周公作者爲經,孔子作者爲傳,則已昧於經傳之別,孔子之制作,疏遂以文王周公作者爲經,孔子作者爲傳,則已昧於經傳之別,而奪孔子之制作,以歸之文王周公矣。然易歷三聖,道原一揆,猶未始歧而二之也。自宋陳邵之圖書出,乃有伏羲之易,與文王之易,孔子之易,分而爲三;朱子此說,更增以天地自然之易,判而爲四,謂不可便以孔子之易,爲文王之說;又謂不可誤認文王所演之易,爲伏羲始畫之易;則是學易者,於孔子之明理切人事者,可以姑置勿論,勿先索之杳冥之際,混沌之初,即使眞爲上古之傳,亦無裨於聖經之學。矧其所謂伏羲者非伏羲也,乃陳邵之書也,且非儒家之言,乃道家之旨也。

（十八章）

朱子引邵雍「伏羲先天卦」,「文王後天卦」之說,殊不知邵子此說,遠有承續,乃魏伯陽《參同契》道教煉丹之旨;今宋儒以道教之說,置於孔聖之上,使聖學淆亂,其智反不如漢魏學者矣!皮錫瑞云:

夫以道家之旨解易,固不始於宋人,虞翻明引參同契,是道家之旨也;王弼以老氏注易,亦道家之旨也。然二人但以道家之旨,雜於儒家之中,宋人乃以道家之書,加乎孔子之上。以圖書之學說易,亦不始於宋人,卦氣爻辰出於讖緯,亦圖書之學也;然漢人以讖緯爲孔子所作,說雖近誣,尚不失爲尊聖。宋人乃以羲文列孔子之上,說尤近誣,而聖更不尊矣!學如孔子,亦云至矣,不當更求之於孔子之上;時代如孔子,亦云古矣,不當更推之於孔子之前。世去孔子一二千年,聖學之僅存不過什一千百,乃於其僅存者視爲未足,必遠求之荒渺無徵,飾僞欺人,迭相祖述,怪圖滿紙,迷誤後學。(同上)

蓋宋儒學術共識乃欲上續孔孟眞精神,然在易學理解方面,卻提出孔子之上另有「經」書,此與皮錫瑞之基本立場,嚴重衝擊,是以皮氏大加評判。且朱子學術地位相當鞏固,皮氏恐後學者不知,受權威迷惑,故有此說明。

然個人學術之養成,非一成不變,年少之說與晚年之轉變,蓋屬可能之事,此爲學問之進步,非個人主張矛盾。朱子學通五經,識遍諸子,其言論

著作之盛，堪稱大家中之大家；《四庫提要》云：

> 然考朱子語錄，有曰某作易本義，欲將文王卦辭大概略說，至其所
> 以然之故，於孔象辭中發之，如此乃不失文王大意，但未暇整頓爾
> 云云，是朱子於本義，蓋欲有所改定而未能，則後人辨訂，亦未始
> 非朱子之志也。（《周易函書提要語》）

是朱子已知其年前所作之書，有修改必要，蓋尚未成定論矣！《朱子語類》
曰：「先天圖傳自希夷，希夷又自有所傳，蓋方士技術用以修煉。」（卷一百）
是朱子亦知陳摶、邵雍之學，與道教甚有關聯，實不可以此置聖學之上，故
皮錫瑞亦說：「朱子非不知先天圖不可信，答袁機仲，蓋未定之說，不可不辨。」
（十八章）指示後學者，勿讓朱子未定之說予以誤導。

第三節　清儒易學

一、駁圖書學之功臣

（一）黃宗羲

黃宗羲（西元 1610～1695 年），生於明神宗萬曆三十八年，卒於清康熙
三十四年。宗羲生于明末清初，社會正處於大動盪之際，有感於明代之腐敗，
身遭亡國之痛，竭力反對有明以來空談性命之學風，提倡「經世致用」之學，
力求以學術來指導政治；是以其論學，均求實際有證，以區別宋明「自由心
證」之學風。在其易學部份，著有《易學象數論》，其重點即在對象數學之批
評，從歷史衍流之角度，考易學源流，論證長久以來，所依附之象數之學，
非《周易》經傳之本來面貌，正如《四庫提要》所言：

> 世儒過視象數以為絕學，故為所欺。今一一疏通之，知其于易了無
> 干涉。（本書提要）

又說：

> 蓋易至京房，焦延壽而流為方術，至陳摶而歧入道家。學者失其初
> 旨，彌推衍而膠輷彌增，宗羲病其末流之支離，先糾其本原之依托。
> （同上）

黃宗羲考象數學源流，一一抉發疏通，知其與「易」了無干涉。皮錫瑞稱「黃
宗羲論易取王注與程傳，漢之焦京、宋之陳邵，皆所不取，說及平允」（二十
章標題）；蓋黃宗羲易學取向，有所同於皮錫瑞經學精神，是以皮氏之稱，其

來有自。再者，黃宗羲之時代背景與皮錫瑞之時代背景，有其相似之處，是以皮氏之視黃氏，在情感方面，有同於社會之「憂患意識」，在學術方面，亦明顯主張以「學術指導政治」；故易學主張，皮錫瑞認同黃氏之說也。

　　黃宗羲《易學象數論》共六卷，前三卷其內容爲「圖書」、「先天圖」、「納甲」、「卦氣」、「卦變」、「互卦」、「蓍法」、「原象」。後三卷其內容爲「太玄」、「乾鑿度」、「潛虛」、「洞極」、「洪範」、「皇極」、「六壬」、「太一」、「遁甲」、「衡運」等。《四庫提要》以前三卷講象，後三卷講數，故其書稱爲《易學象數論》。黃宗羲所論上述項目，包括從漢易至明代易學家的各種說法，列其圖式，探其源流，論其得失。《四庫提要》又云：

　　蓋宗羲究心象數，故一一能洞曉其始末，而盡得其瑕疵，非但據理
　　空談不中窾要者比也。（本書提要）

所謂「據理空談」者，乃黃宗羲對於宋儒圖書學之觀點。今據其序文中，可知黃氏之易學用心也。黃宗羲說：

　　夫易者，範圍天地之書也，廣大無所不備，故九流百家之學，俱可
　　竄入焉。自九流百家借之以行其說，而於易之本意反晦矣！（序）

蓋各時代之學者，爲了誇飾易學，故創立種種名目，名爲解易，實爲附易立說；是以解人愈多，而《周易》之本義愈難明識，考其原因，實乃九流百家之學，均已竄入易學之中，故易學之眞正面目，反而難識也。黃宗羲又云：

　　漢儒林傳，孔子六傳至菑川田何，易道大興；吾不知田何之說何如
　　也；降而焦京，世應、飛伏、互體、五行、納甲之變，無不具者，
　　吾讀李鼎祚集解，一時諸儒之說，蕪穢康莊，使觀象玩占之理，盡
　　入淫瞽方技之流，可不悲夫！（同上）

又云：

　　其時康節上接种放穆修李之才之傳，而創爲河圖先天之說，是亦不過
　　一家之學耳；晦菴作本義，加之於開卷，讀易者從之，後世頒之學官，
　　初猶兼易傳並行，久而止行本義，於是經生學士信以爲羲文周孔本
　　意。其道不同，所謂象數者，又語焉而不詳，將夫子之韋編三絕者，
　　須求之賣醬箍桶之徒，而易學之榛蕪，仍如焦京之時矣。（同上）

一者，批評傳統漢易之一無可取之處，完全在賣弄迷信之術；再者，批評宋圖書學，從邵雍起，獨創河圖先天之說；後經朱熹作《周易本義》又取之置於書前；經朝廷頒爲科舉應試之書，後世學者誤以爲河圖先天之說，即爲伏

義、文王、孔子之本義，致使易學之眞正本義，在度迷於圖書學中。依黃宗羲之意，在易學史上，可眞正理解易學本意者有兩人，一爲王弼，一爲程頤；黃宗羲云：

> 有王輔嗣出而注易，得意忘象，得象忘言；日時歲月，五氣相推，
> 悉皆擯落，多所不關，庶幾潦水盡而寒潭清矣。顧論者謂其以老莊
> 解易，試讀其注，簡當而無浮義，何曾籠絡玄旨，故能遠歷於唐，
> 發爲正義，其廓清之功，不可泯也。（同上）

蓋王弼針對漢易，掃象譏互，以純粹義理，講求人生之用，故能在唐代編修易學中，從各家中，脫穎而出，成爲《周易正義》之主要依據。黃宗羲又云：

> 逮伊川作易傳，收其昆侖旁薄者，散之於六十四卦中，理到語精，
> 易道於是而大定矣。（同上）

程頤與邵雍同時，上又有陳摶，是宋圖書學正發煌之時；然程子言易學，談理不談數，而其理均與孔子儒家精神，習習相關。是以黃氏稱贊王弼、程子，實際上，是在釐清易學之本來面貌，劃清迷信術數與易學比附。黃宗羲所處滿清時代，在易學方面，朝廷仍以朱子之《周易本義》爲科舉依據，而黃宗羲以義理學派觀點，明指朱子書中容納圖書象數之學，以亂經傳，不合孔門義理，從宋代以至於當時之易學觀點，完全推翻，黃宗羲云：

> 自科舉之學一定，世不敢復議，稍有出入其說者，即以穿鑿誣之。
> 夫所謂穿鑿者，必其與聖經不合者也。摘發傳注之訛，復還經文之
> 舊，不可謂之穿鑿也。（同上）

是知宗羲之推翻，乃是有憑有據之推翻，是復還易學之本來面目之舉也。

皮錫瑞稱許黃宗羲，其《易學通論》之論義理大旨，均采黃氏之意，而最主要之精神，評論宋圖書學，均以宗羲之意爲主，故本文之綱目稱黃氏爲「駁圖書學之功臣」也。

（二）胡　渭

皮錫瑞稱許黃宗羲，蓋其詆止圖書學，使之圖書學之源流始末能表白於學術上；然而早在黃氏之前，顧炎武即已明言圖書學之不可信，顧氏《日知錄》言：

> 聖人之所以學易者，不過庸言庸行之間，而不在乎圖書象數也。今
> 之穿鑿圖象，以自爲能者，畔也。（卷一）

顧炎武以《論語》記載孔子有關於易之話爲根據，並考察孔子學術之用心，

斷言宋圖書學，絕對不能合乎儒學要求。甚至早在宋時之歐陽修、元時之陳應潤均以提出異議，〔註 24〕然而未能撼「圖書學」在易學史上之地位；直至胡渭《易圖明辨》出，使「圖書學」之本源，了然於易學界，蓋「圖書學」實與《易》無關也。《四庫提要》云：

> 毛奇齡作《圖書原舛編》，黃宗羲作《易學象數論》，黃宗炎作《圖書辨惑》，爭之尤力；然皆各據所見，抵其罅隙，尚未能窮溯本末，一一抉所自來。渭此書……使學者知圖書之說，雖言之有故，執之成理，乃修煉術數二家旁分易學之支流，而非作易之根柢，視所作禹貢錐指，尤爲有功于經學矣。（本書提要）

是以皮錫瑞論「圖書學」，亦根據胡渭之說，而加以論述。

胡渭（西元 1632～1714 年）號東樵，浙江德清人。其所著《易圖明辨》共有十卷，即：一、辨河圖洛書，二、辨五行九宮，三、辨周易參同契、先天太極，四、辨龍圖和易數鉤隱圖，五、辨啓蒙圖，六、辨先天古易，七、辨後天之學，八、辨卦變，九、辨象數流弊。除了「先天古易」以兩卷處理外，其餘各一卷。所論各問題，皆追本溯源，條分縷析，史料精詳，考據嚴謹，爲研究圖書之學發展歷史提供了重要之線索。〔註 25〕依胡渭在其《易圖明辨·題辭》中所言，可知其討論重點有二：一、河圖洛書中之圖式，用來解釋八卦者，乃後人所杜撰，與周易無關；二、邵雍的先天易學出於道教的煉丹術，亦非周易之本義。朱熹之《周易本義》中所列九圖，皆可廢除。是所謂「先天之圖與聖人之易，睢之則雙美，合之則兩傷。」蓋宋儒所說之圖書學，本是其時代學術下之產物，其用心在對抗當時佛老思想中之「空、玄」；然而，如要極力的稱其淵源，亦來自先秦聖人，以凸顯其立場，假使學術時代要求一過，勢必遭後世學者討論；勞思光嘗云：

> 倘宋儒只建立哲學理論，而不訴於孔孟，不言及道統，則可以不受歷史標準之裁判。但宋儒既自以爲所講乃孔孟之學，又依傳說及常識塑造道統。此二者皆涉及歷史，卻不能置歷史標準於不問矣。故若有重客觀研究之學興起，而只取宋儒學說在歷史標準之下種種缺點爲批評對象，則將只見宋儒一無是處，而不見其理論方面之意義。此即乾嘉學人所以皆力排宋學也。（《新編中國哲學史》三下）

〔註24〕見《易童子問》及《爻變義蘊》二書。
〔註25〕朱伯崑先生語，詳見《易學哲學史》卷四，頁 322。

胡渭能在前人反對圖書學的條件下，更加入有力證據，使「圖書學」之真相，大白於易學上，其「功不在禹下」。〔註26〕是以皮錫瑞取之，用來貶斥圖書學之不可信，蓋有其慧識也。

　　然而，胡渭在討論圖書學之時，仍依照前人之說，以伏羲作卦，文王周公作卦爻辭，孔子作十翼申述之；胡渭《易圖明辨》云：

> 伏羲之世，書契未興，故有畫而無辭；延及中古，情僞漸啓，憂患滋多，故文王繫彖，以發明伏羲未盡之意；周公又繫爻，以發明文王未盡之辭，一脈相承，若合符節；至於孔子，紹聞知之統，集群聖之大成，論者以爲生民所未有。（卷十）

此說與皮錫瑞經學立場不合，故皮氏在稱讚胡渭之時，仍不免提出反駁之意。蓋依皮錫瑞之經學基本主張：「經學開闢時代，斷自孔子刪定六經爲始。孔子以前不得有經。」（《經學歷史》第一章）又說：「易自孔子作卦爻辭、彖、象、文言，闡發羲文之旨，而後易不僅爲占筮之用。」（同上）是知卦爻辭爲孔子所作，不得爲文王、周公所作；否則與整個經學史有混亂之虞。因此胡渭採三聖相承之說，皮錫瑞不得不在讚許胡渭之同時，仍不免評論之；皮錫瑞云：

> 錫瑞案胡氏之辨甚明，以九圖爲易外別傳，尤確。特猶誤沿前人之說，以爲文王作卦辭，周公作爻辭，孔子作十翼，故但以爲孔子之說，不異文王周公之意；不知卦爻辭亦孔子之說也。（十九章）

並在標題上明識曰「論胡渭之辨甚確，若知易皆孔子所作，更不待辨而明」。是知皮錫瑞在整個易學史上，所欲辨明之處有其本末、輕重之分。雖然辨明圖書學之不可信，相當重要，然與「經學開闢斷自孔子始」、「卦爻辭爲孔子所作」相比，又不可相提並論矣；蓋後者乃基本問題，釐清之後，方能辨識圖書學不可信之處。是以皮錫瑞在稱讚胡渭爲駁圖書學之功臣，然而胡渭尚未能明識易學上之主要關鍵，是以皮錫瑞評論之，以增胡渭之說服力。皮氏亦爲胡氏之諍臣也！〔註27〕

〔註26〕梁啓超說：「像周濂溪太極圖說朱子易本義一類書，其支配思想界的力量，和四書五經差不了多少，東樵這種廓清辭闢，眞所謂『功不在禹下』哩。」見《中國近三百年學術史》，頁71。臺灣中華書局民國76年2月臺11版。

〔註27〕皮氏之說，以卦爻辭爲孔子所作，經近代學者之證明，已不可信。是以皮氏自認在補胡渭之不足，亦非明確。

二、初學易者之指引

（一）張惠言

1. 承續惠棟之說

皮錫瑞《易學通論》於清儒易學，最標榜張惠言及焦循，皮氏曰：

> 自宋至今，能治專家之學如張惠言，通全經之學如焦循者，實不多
> 覯，故後之學易者必自此二家始。（二十八章）

又云：

> 張氏著周易虞氏義，復有虞氏消息、虞事易禮、易事、易言、易候，
> 篤守家法，用功至深，漢學顓門，存此一線。治顓門者，當治張氏
> 之書，以窺漢易之旨。（二十一章）

是知皮錫瑞之用心，在由張氏之研究，從虞翻易學，以窺漢易。蓋漢魏易學
流傳之今，只存《王弼易注》爲惟一完本；雖有李鼎祚《周易集解》、陸德明
《經典釋文》間收漢魏諸家之學，然俱非全本，故不能無憾也。張惠言處輯
佚學風大盛之時，故亦有所思漢易之全貌，其《周易虞氏義》序曰：

> 翻之學既世，又具見馬鄭荀宋氏書，考其是否，故其義爲精；又古
> 書亡而漢魏師說可見者十餘家，然唯鄭荀虞三家，略有梗概可指說，
> 而虞又較備，然則求七十子之微言，田何、楊叔、丁將軍之所傳者
> 舍虞氏之注，其何所自焉。（《皇清經解》卷一千二百一十八）

蓋《周易集解》收虞氏易最多，陳澧稱李鼎祚易學即虞氏易學，〔註 28〕故張
惠言由此書入手，先求虞氏易，以上知七十子之微言。張惠言《周易虞氏義》
序：

> 翻之言易，以陰陽消息，六爻發揮，旁通升降，歸於乾元用九而天
> 下治。依物取類，貫穿比附，始若瑣碎，及其沉深解剝，離根散葉，
> 暢茂條理，遂於大道，後儒罕能通之。（同上）

此說最符合皮氏易學之要求，張氏其「歸於乾元用九而天下治」一語，正與

〔註 28〕陳澧曰：「集解多采虞說，但以諸家佐之耳；如艮卦惟采鄭康成一條，李氏
　　　　自作案語二條，餘皆采虞氏。漸卦惟采干寶一條，餘皆采虞氏。兌卦李氏案語
　　　　二條，餘皆采虞氏。其專重虞氏可見矣。中孚，豚魚吉。李氏云：「案坎爲豕，
　　　　訟四降初，折坎稱豚，初陰升四，體巽爲魚，中、二，孚、信也；謂二應變五，
　　　　化坤成邦，故信及豚魚矣。虞氏以三至上，體遯，便以豚魚爲遯魚，雖生曲象
　　　　之異見，乃失化邦之中信也。」澧案此虞氏異見，李氏能不阿好曲從，然其所
　　　　自爲說，則純似虞氏，可見李氏本虞氏學也。」見《東塾讀書記》卷四。

皮氏「論伏羲做易垂教在正君臣父子夫婦之義」之精神相合；是以皮氏稱許張惠言，是其知用以人事也。

　　張惠言之言漢易，其前有惠棟。惠棟家學頗盛，其治易基礎亦由家學而來，惠棟《易漢學自序》有云：

> 惟王輔嗣以假象說易，根本黃老，而漢經師之義，蕩然無復有存者矣，故宋人趙紫芝有詩云：輔嗣易行無漢學，元暉詩變有唐風；蓋實錄也。棟曾王父樸菴先生，嘗閔漢學之不存也，取李氏易解所載者，參眾說而爲之傳；天崇之際，遭亂散佚，以其說口授王父，王父授之先君子，先君子于是成易說六卷，又嘗別撰漢經師說易之源流而未暇也；棟趨庭之際，習聞餘論，左右采書，成書七卷。（《清儒學案》卷四十三引）

是知惠氏家族，以漢學爲說；惠棟者，集其家學大成者。今舉惠棟《周易述》之例爲說：

> 乾卦注：八純卦，象天，消息四月。
>
> 坤卦注：八純卦，象地，消息十月。
>
> 屯卦注：坎宮二世卦，消息內卦十一月，外卦十二月。
>
> 蒙卦注：離宮四世卦，消息正月。
>
> 師卦注：坎宮歸魂卦，消息四月。
>
> 明夷卦注：坎宮游魂卦，消息九月。

　　其內容是依孟喜卦氣說、京房入宮卦變說，以六十四卦代表一年十二月陰陽消息的變化過程。其對周易經傳的注疏，亦有京房的納甲、五行；易緯之九宮、八卦方位，鄭玄之互體、五行生成、爻辰；荀爽的乾升坤降說、中和說；虞翻的卦變、納甲。〔註29〕惠氏雖特別贊揚虞氏易說：

> 唯是易含象，所託多途，虞氏說經，獨見其大；故兼采之以廣其義。
>
> 　（周易述──坤）

然觀上例，是知雜糅漢易各家之條例以釋，是以張惠言《周易虞氏義》序評曰：

> 清之有天下百年，元和徵士惠棟始考古義孟、京、鄭、虞氏，作易漢學，又自爲解釋，曰周易述。然惙拾于亡廢之後，左右采獲，十

〔註29〕朱伯崑語，見《易學哲學史》卷四惠棟節。

無二三，其所述大抵宗彌虞氏而未能盡通，是旁徵他說以合之。蓋從唐五代宋元明，朽壞散亂，千有餘年，區區修補收拾，欲一旦而其道復明，斯固難也。

皮錫瑞亦說：

> 惠棟爲東南漢學大宗，然生當漢學初興之時，多采慸而少會通，猶未能成一家之言，其易漢學采及龍虎經，正是方外爐火之說，故提要謂其「慸拾散佚，未能睹專門授受之全」，則惠氏書亦可從緩。（二十一章）

是知前修未密，漢易之發揚，有待張惠言之補強也。

2. 證補虞氏易義

張惠言精研漢易，欲由虞翻易學以上求田何、楊叔、丁將軍之旨；其著作有《周易虞氏義》、《周易虞氏消息》、《虞氏易事》、《虞氏易禮》、《虞氏易言》、《虞氏易候》、《易義別錄》、《周易鄭氏易》、《周易荀氏九家易》、《易圖條辨》等。張惠言雖兼論其他漢易學家，然其以虞翻爲漢易之正宗，張惠言《周易虞氏義》序曰：

> 古書亡而漢魏師說可見者千餘家。然唯鄭、荀、虞三家略有梗概，可指說，而虞又較備。然則求七十子之微言，田何、楊叔、丁將軍之所傳者，捨虞氏之注，其何所自焉？故求其條貫，明其體例，釋其疑滯，信其亡闕，爲虞氏九卷；又表其大指，爲消息二卷。

是爲追求虞氏易之一貫系統性；諸如虞翻易說「卦變」，有「二陽四陰之卦來自臨、觀例」，「二陰四陽之卦來自遯、大壯例」，「三陰三陽來自泰否例」；然獨缺一陽五陰、一陰五陽自復、剝、姤、夬例，故虞氏於師卦、同人卦、大有卦注闕，而於比卦云：「師二之五。」履卦云：「謂變訟初爲兌也。」小畜卦云：「需上變爲巽。」謙卦云：「乾上九來之坤。」蓋不從一陰一陽之例也。故錢大昕《潛研堂集》譏其自紊其例也。〔註30〕張惠言《虞氏消息》則曰：

> 復、姤、夬、剝無生卦，陰陽微不能變化。（卷一）

胡祥麟《虞氏易消息圖》因申惠言之說，胡氏曰：

> 復　䷗　此下無生卦者，復陽七不能生物也；與姤旁通。
>
> 剝　䷖　剝之下無生卦，乾元退處於上，不能生卦也。

〔註30〕詳見「答問」，《皇清經解》卷四四三。

姤　䷫　姤不能生卦，其陰微也。姤之陰八，巽八也。

夬　䷪　夬下無生卦，陰爲陽夬，不能生也。（《續經解》卷九二九）

依簡師博賢之意，張胡二氏未必能知虞翻之本意，〔註31〕然其證補虞氏義之用心，明晰可識。

　　虞翻注言二卦旁通者二十，皆從相反相成之理，以互通其義；然李銳《周易虞氏略例》云：「餘卦無取乎旁通，故注不言旁通。」（旁通七）此說非是，張惠言曰：

> 蹇、睽雖不言旁通，然蹇五注云睽兌爲朋，是旁通睽也。睽注云五應乾五，伏陽，與鼎五同；乾五伏陽則是蹇五。故此二卦與豫、小畜、萃、大畜同爲旁通，注闕耳。（同上引）

簡師博賢亦曰：

> 考睽象傳云：「二女同居，其志不同行。」睽䷥與蹇䷦旁通，蹇上體爲坎；虞注云「坎爲志」。此以旁通卦之坎，通睽象傳之「志」也。蹇象傳曰：「見險而能止。」蹇與睽旁通，睽上體爲離；虞注云：「離見。」是通睽體之離，以明蹇象之「見」字也。說者皆據互體爲說，不知易辭固有旁通相受之義也。（同註 32 文）

此說可證張惠言之說，乃深知虞氏之意，故特爲標之；其餘諸卦，可等同視之也，蓋注闕耳。

　　李氏集解所收虞翻注，並未完整，張惠言則補充敘述；如乾初九爻，集解未引，張惠言依虞氏義，疏曰：

> 乾爲龍，陽精變化之象。文言注云，坤亂于上，君子勿用，隱在下位。（《周易虞氏義》）

〔註31〕簡師曰：「蓋以陰陽老少，九六爲動、七八爲靜之說，藉明復、姤下無生卦；所以獨缺一陰一陽之例也。此易緯之說，恐非虞氏義也。乾鑿度云：『陽動而進，變七之九；陰動而退，變八之六。』案七爲少陽，九爲老陽，陽盈也；八爲少陰，六爲老陰，陰盈也。盈極則變，理之常也，故七八者陰陽之靜也，九六者陰陽之動也（沈該易小傳序），是其義也。考焦贛易林，一卦變爲六十四卦，已見一陰一陽自姤、復之例；故李恕谷周易傳註曰：『漢焦延壽有一陰一陽自姤、復，五陰五陽自夬、剝之說。』（論卦變）而虞氏注豫卦云：『復初之四。』是豫由復來也（是虞氏不取一陰一陽之例，非不知有復姤之說也）。胡云復陽七不能生物，洵非虞義也。李林松周易述補曰：『仲翔之卦一例，疑其爲未定之說；故半農亦以爲鑿。（卷五）是爲定評。』」詳見《虞翻易學研究》，收入《魏晉四家易研究》一書。

「文言注云」，指虞氏注「遯世無悶」句：「坤亂于上，故不見是，悶憂也。」
是說乾卦與坤旁通，坤卦初變爲陽，一陽初生于下，坤上而震下；坤爲亂，
震爲龍，初九居下，表示龍隱在下位，以示君子勿用。又乾九二爻，張氏亦
補充云：

> 陽息至二，兌爲見，故稱見龍。易有三才，初二地道，故上地在田。
> 大人謂二，有君德，當升坤五。時舍于田之正，體離，物皆相見，
> 與五同義。

蓋張氏所依據之體例，有卦氣說，旁通說，卦變說，升降說，互體說以及取象
說等。其中主要原則是以乾通坤，或以陽通陰，即以陽生于坤卦六位的程序，
解釋乾卦六爻爻辭同其爻象的聯係，以此揭示虞氏易中陰陽消息之義。就其對
虞翻注的補充和解釋說，力求遵循虞氏的體例和注解，〔註32〕正見其用功之處。

3. 張氏易學為初學者所宜急治

張惠言精研虞氏易之外，並進而旁及漢魏其他易學家，其《易義別錄》
序云：

> 余於易取虞氏，既已推明其義，以鄭荀二家注文略備，故條而次之；
> 自餘諸家，雖條理不具，然先王之所述大義要指，往往而有不可得
> 而略也。乃輯釋文、集解及他書所見，各爲別錄，義有可通，附著
> 於篇，因以得其源流同異；若夫是非優劣，亦可考焉。

蓋有孟喜、姚信、翟元、蜀才、京房、陸績、干寶、馬融、宋衷、劉表、王
肅、董遇、亡王世將、劉子珪、子夏易傳等家；幾乎可得漢魏易學之大概矣。
又鄭玄、荀爽乃易學重鎮，故張惠言亦用相當大之心力研究之，張惠言《虞
氏易事》：

> 夫理者無跡，而象者有依。捨象而言理，雖姬孔靡所據以辯言正辭，而
> 況多歧之說哉！設使漢之師儒，比事合象，推爻附卦，明示後之學者有所依
> 逐，至於今，曲學之響，千喙一沸，或不至此。雖然，夫易廣矣，大矣，象
> 無所不具，而事著於一端，則吾未見漢儒之言之略也。（卷一）

蓋漢儒依象言理，是理中有其根據；倘若漢易諸家之說不亡佚，而流傳
至今，則當不至有後學者，如宋儒之「自由心證」，是知漢易所以是急治之因
也。《周易鄭荀義敍》曰：

〔註32〕略引同注 30 文，張惠言節。

昔者虙犧作十言之教曰，乾坤震巽坎離艮兌消息；鄭易贊易實述之，至其說經，則以卦爻無變動，謂之象，夫七八者象，九六者變，經用九用六，而辭皆七八，名與實不相應，非虙犧之旨也。爻象之區既隘，則乃求之於天，乾坤六爻，上繫二十八宿，依氣應宿，謂之爻辰，若此則三百八十四爻，其象十二而止，殆猶溓焉，此又未得消息之用也。然其列貴賤之位，辨大小之序，正不易之倫；經綸創制，吉凶損益，與詩書禮樂相表裏，則諸儒未有能及之也。荀氏之說消息，以乾升坤降，萬物始乎泰，終乎否；夫陰陽之在天地，出入上下，故理有易有簡，位有進有退，道有經有權，歸於正而已。而荀氏言陽常宜升而不降，陰常宜降而不升，則姤遯否之義，大于既濟也，然其推乾坤之本，合于一元，雲行雨施，陰陽和均，而天地成位，則可謂得易之大義者也。虞氏考日月之行以正乾元，用九則天下治，以則四德，蓋與荀同源，而閎大遠矣。王弼之說，多本鄭氏，而棄其精微；後之學者習聞之，則以爲費氏之義如此而已；其盈虛消息之次，周流變動之用，不詳於繫辭象象者，概以爲不經。若觀鄭荀所傳卦氣、十二辰、八方之風、六世、世應爻，互卦動，莫不彰著。劉向有言，易皆祖田何，大義略同，豈特楊叔丁將軍哉！

此敘，皮錫瑞則有所批評，皮氏曰：

錫瑞案張氏舉鄭荀虞，而斟酌其得失，皆有心得；其於鄭義取其言禮，不取其言爻辰，與李鼎祚集解采鄭集，不采其言爻辰者，同一卓識。惟以卦氣十二辰之類，亦祖田何，則未必然。孟京以前，言易無有主卦氣十二辰之類者，不可以後人之說誣前人，而以易之別傳爲正傳也。（十三章）

蓋惠棟、張惠言之研究漢易，其最大缺失，即把漢易均作合理解釋，用以上推田何、七十子之大義，更進而作爲孔子易學之本義，此說本不可信，然而其以堅持者眾多，聚集成爲一「吳派」學風；皮錫瑞易學之最大長處，就在不爲清儒漢學家所誤，故能區分何者爲「易學正傳」，何者爲「易學別傳」。其實，吳派學風早在同時之人，就有人提出非議，如清儒方東樹《漢學商兌》言：

如惠氏、江氏之言，則門戶習氣之私太甚，姑勿與深論是非之精微，祇盡袪魏晉以來儒說而獨宗漢易，此非天下之至蔽者，斷不若是之披。學易而專主張游魂、歸魂、飛伏、爻辰、交互、升降、消息、

納甲等說，此非天下之至邪者，斷不若是之離。謂漢人所說皆伏羲、
文王、孔子三聖人之本義，此非天下之至愚者，斷不若是之誣。夫
以京孟之邪說，駕之商瞿，因復駕之孔子，誕誣甚矣。恐子十翼具
在，有一語及于納甲、飛伏、爻辰等說哉？漢儒之易，謂兼存一說
則可，謂三聖之本義在此，則不可。（卷下）

是知張惠言亦難辯其辭矣。然其精研虞氏易學，疏通漢魏諸家學，使後學者，
得以稍窺砍堂奧，進而以此研究，亦爲有功於後矣。

皮錫瑞贊張惠言，而張惠言又以虞翻易學爲其學問顓門，言其爲後學者
應所急治，是皮氏爲間接贊虞氏學也；然皮錫瑞又說：

然者虞氏間有違失，非必盡出於孟矣。虞氏引參同契日月爲易，又
言夢道士飲以三爻，則其學雜出道家，故虞氏雖漢易大宗，亦有當
分別觀之者。（十二章）

是以《續四庫提要》譏云：

皮氏於清儒易，獨舉張惠言焦循二家，以爲治易之法。焦本自名其
家，張則專述虞氏；既以虞爲外道矣，復謂張氏所發明，得存漢學
之什一於千百，視前此所述，不無矛盾。（本書提要）

良有以也。然皮錫瑞不取圖書學，乃以出自道家修鍊之士，對人事義理毫無
所助；且非出自孔門，更不值一顧。今知虞氏易學旁及道家，故言「當分別
觀之」；然張惠言雖精言虞氏易，但是，亦旁及其他漢魏諸家，是由此體悟漢
學之門徑，蓋漢學在皮氏心中是衡量經學之標準；〔註33〕而皮氏一再言漢易
有正傳、有別傳，是已知區分孰是孰非，故言虞氏易「當分別觀之」，是分虞
氏易學，不可等同視之；《續四庫提要》之語未見其是。

張惠言作《易圖條辨》以證圖書學之不可依信，此論深穫皮錫瑞贊同，
皮氏曰：「張惠言『易圖條辨』駁詰精審，足箴先儒之失。」（十七章）是知

〔註33〕 皮錫瑞說：「唯漢人知孔子維世立教之義，故謂孔子爲漢定道，爲漢制作。當
時儒者尊信六經之學可以治世，孔子之道可爲弘亮洪業，贊揚迪啓之用。朝
廷議禮、議政、無不引經，公卿大夫士吏，無不通一藝以上。雖漢家制度，
王霸雜用，未能盡行孔教；而通經致用，人才已爲後世之所莫逮。」（〈經學
開闢時代〉）
又說：「孔子道在六經，本以垂教萬世，惟漢專崇經術，猶能實行孔教。雖春
秋太平之義，禮運大同之象，尚有未逮，而三代後政教之盛，風化之美，無
有如兩漢者。降至唐、宋，皆不能及。尊經之效，已有明徵。」（〈經學極盛
時代〉）故知皮氏對漢學之觀點。詳見拙文皮氏「經學立場」一節。

皮錫瑞之稱讚張惠言氏蓋可由此明晰：一、張惠言標榜漢學；二、張惠言反對宋圖書學。斯此二點，與皮氏學問相切，故皮氏云「張惠言之學是初學者所宜急治」也。

（二）焦　循

1. 焦循易學啟蒙

前文已論及「焦循易學對皮氏之啓發」，蓋焦循之易學史重要觀念，均爲皮氏所引用。是以明晰焦氏易學，有助於進一步辨識皮氏之易學。

焦循易學之淵源有二：時代反應及家承啓示。蓋惠棟一派專崇漢學，唯漢易爲說，鄙棄其餘諸家之說，錢基博《周易解題及其讀法》說：

> 惟惠張二家，咸以漢易之亡，歸獄王弼；獨甘泉焦理堂循，明其不然。（〈漢以後周易之學者及其解說〉）

是知惠氏等人，亦采晉人之說，漢易之亡佚，仍罪於王弼。然焦循不隨此說，其作《周易補疏》，言王弼之學亦源自漢學，不獨惠張不識，孔穎達、晉人諸說，亦不知王弼也；焦循《周易補疏》敘云：

> 東漢末，以易學名家者，稱荀劉馬鄭；荀謂慈明爽，劉謂景升表，表之學受於王暢，暢爲燦之祖父，與表皆山陽高平人，燦族兄凱爲劉表女婿，凱生業，業生二子，長宏次弼，粲二子既誅，使業爲粲嗣，然則王弼者，劉表之外曾孫，而王粲之嗣孫，即暢之嗣元孫也。弼之學蓋淵原於劉，實根本於暢。（《皇清經解》卷一一四七）

焦循正有取於時人之不識，而作一廣汎研究，而得知王弼之學；此爲焦循易學之時代反應。再者，考焦循易學之用心，在解釋其父所提之問題：

> 循承祖、父之學，幼年好易。憶乾隆丙申（案里堂時十四歲）夏，自塾中歸。先子問日所課若何？循舉小畜彖辭，且誦所聞於師之解。先子曰：「然。所謂『密雲不雨，自我西郊』者，何以復見於小過之六五？童子宜有會心，其思之也。」循於是反復其故，不可得。推之同人、旅人之「號咷」，蠱、巽之「先甲後甲」、「先庚後庚」，明夷、渙之「用拯馬壯吉」，益憤塞鬱滯，悒悒於胸腹中，不能自釋。聞有善說易者，就而叩之，無以應也。（《易通釋自序》）

是知其父之啓發，有以導引焦循易學之研究方向。蓋焦循之取王弼注易六書

之法，及家學啓示，而有一套完整條例，其間亦有相互應合；是以其時代反
應之說，亦是在補證其條例也。

2. 周易經、傳之連貫性

對於易學，承父親啓發之焦循，似懂非懂，從此專研易學，以解父親之
問，並企圖一解千年來注易者之困惑；里堂云：

> 乙巳（案時年二十三）丁憂，輟舉子業，乃偏求說易之書閱之，於
> 所疑皆無發明。嘉慶九年甲子（案時四十二歲），授徒家塾，念先子
> 之教。越幾三十年，無以報命，不肖自棄之罪，曷以逃免？竊謂卦
> 起於包義，八卦成列，因而重之，命之以名。文王以其簡而不易明
> 也，繫以象辭。周公以其簡而不易明也，繫以爻辭。「密雲庚甲」，
> 以爻辭釋象辭也。「笑號馬壯」，爻辭自相釋也。然而猶不易明，我
> 孔子韋編三絕而後贊焉。且不一贊而至於十贊，佐也，引也；佐文
> 王周公之辭，引而申之也。包義之卦，參伍錯綜，文王周公之繫辭，
> 亦參侮錯綜，故小畜、蠱、明夷之辭，互見於小過、巽、渙之辭也。
> 文王周公之辭，以參伍錯綜繫之，孔子十翼，亦參伍錯綜贊之，所
> 以明易之道者備矣。（《易通釋自序》）

焦循雖偏考諸家之說，然無一家足以解其困惑，甚至有讀讀書愈多，而迷惑
愈深之嘆，乃轉以自求，而由經、傳之「參伍錯綜」漸悟所謂諸卦旁通之義；
里堂云：

> 循家三世習易。循幼秉父教，令從十翼求經。然弱冠以前，第執趙
> 宋人說；二十歲從事於王弼、韓康伯注；二十五歲後，進而求諸漢
> 魏，研究於鄭、馬、荀、虞諸家者，凡十五年；年四十一始盡屏眾
> 說，一空己見，專以十翼與上下兩經，思其參互融合，脈絡緯度，
> 凡五年，三易其稿。四十五歲時，三月八日，病寒，十八日昏絕，
> 至二十四日復甦。妻子啼泣，戚友唁問，一無所知；惟雜卦傳一篇，
> 朗朗於心。既甦，默思此傳實爲贊易至精至要之處，二千年說易之
> 人置之不論，或且疑之；是固我孔子神爽昭，以循有志於此經，所
> 以昏瞀之中，開牖其中，陰示厥意。於是科第仕宦之心盡廢，不憚
> 寒暑，不與世酬接，甫於參伍錯綜中，引申觸類，悟得易之所以爲
> 逆數，以往來旁通，成天地之能，定萬物之命。盡改舊稿，著爲三
> 書：一曰通釋，二曰圖略，三曰章句。（《雕菰集》卷二十四）

焦循意謂孔子贊十翼，即是知文王、周公定卦爻辭之意，而此根據啓示，乃由〈雜卦傳〉中之內容，由此體驗出三聖之贊易之精要處，其精要處即在經、傳文辭中的參伍錯綜，引申觸類，往來旁通；焦循又說：

> 夫孔子之傳，所謂翼也，贊也。文在於此而意通乎彼，如人身之絡，與經聯貫，互相糾結，鍼一穴而府藏皆靈。執一章一句以求其合，宜乎三隅雖舉，仍不能以一隅反也。明乎其所爲翼、所爲贊，則以象象序雜諸傳，分割各係經句下者，非也。（李鼎祚割序卦傳附於每卦，錢士升易揆又割雜卦傳分係）疑說卦雜卦兩傳非孔作者，非也。
>
> 觀傳可以知經，亦觀經乃可知傳；不知經傳互相參補，舍經文而但釋傳者，亦非也。（《易圖略》卷六〈原翼第七〉）

以雜卦傳之文啓示，參伍錯綜，把經、傳視爲一套完整之體，從中明識何以經文兩卦互見；並指則前人，如李鼎祚割裂十翼之完整性，把序卦分散置於本卦前，破壞其完整性；又如前人以說卦、雜卦判爲非孔子所作，亦非，蓋亦破壞十翼之完整性；由於前人不知十翼之完整性，是以研究周易，一直無貼切之解釋；至此焦循之父所提問題，由此明晰，而焦循企圖解千年來易學之疑惑，亦告明確。

　　周易經、傳之合貫性是焦循易學之主要關鍵，由此出發，才有其所謂「旁通」「時行」「相錯」「比例」。皮錫瑞易學，拙文雖言即是焦循易學對其之啓發；然皮氏主張卦爻辭爲孔子所作，又說象辭、象辭、文言爲孔子作，其餘諸傳是爲門下弟子，或再傳弟子所作，且言「十翼之說於古無徵」（第七章）是不信十翼之說全爲孔子所作；而皮氏稱焦循爲通學，是學者所宜急治；至此皮氏與焦循之說，有其根本之衝突，取消經、傳之合貫性，則焦循易學之根本精神，亦遭不存之譏。皮氏易學，乍看雖似即焦循易學，然焦循最根本處，並不爲皮氏所識，是知皮氏之言「焦循易學爲學易者所宜急治」（二十一章）乃門面話，皮氏亦不知焦循也。

3. 焦循易學基本條例

　　焦循生平治易之所得，盡萃於「易學三書」，即《易圖略》、《易章句》、《易通釋》，皮錫瑞言：

> 學者先玩章句，再考之通釋、圖略，則於易有從入之徑，無望洋之

歟矣。(二十一章) 〔註34〕

是知焦循之易學重點,盡在於斯。焦循《易圖略》敘曰:

> 余學易所悟得者有三:一曰旁通;二曰相錯;三曰時行。此三者皆
> 孔子之言也。孔子所以贊伏羲文王周公者也。夫易猶天也,天不可
> 知,以實測而知,七政恆星,錯綜不齊,而不出乎三百六十度之經
> 緯;山澤水火,錯綜不齊,而不出乎三百八十四爻之變化。本行度
> 而實測之,天以漸而明;本經文而實測之,易亦以漸而明,非可以
> 虛理盡,非可以外心衡也。余初不知其何爲相錯,實測經文傳文,
> 而後知比例之義,出於相錯。不知相錯,則比例之義不明。余初不
> 知其何爲旁通,實測其經文傳文,而後知升降之妙,出於旁通。不
> 知旁通,則升降之妙不著。余初不知其何爲時行,實測其經文傳文,
> 而後知變化之道,出於時行。不知時行,則變化之道不神。未實測
> 於全易之先,胸中本無此三者之名。既實測於全易,覺經文傳文有
> 如是者,乃孔子所謂相錯;有如是者,乃孔子所謂旁通;有如是者,
> 乃孔子所謂時行。測之既久,益覺非相錯非旁通非時行,則不可以
> 解經文傳文,則不可以通伏羲文王周公孔子之意。十數年來以測天
> 之法測易,而此三者乃從全易中自然契合。

所謂旁通、相錯、時行,皆取自易傳,是以焦循言此三者皆孔子語。蓋焦氏
把周易經、傳視爲一完整單位,由此以驗取其證據。何澤恆說:

> 謂所悟皆時測經文傳文而後知之。所謂「實測」,乃借天文觀測之法
> 以說易。蓋天體運行,可本行度以實際觀測其種種變化之規律。而
> 易之錯綜變化,亦猶天之運行,故亦可由易辭之本身以實測其卦爻
> 之變動。如是,則經傳之文辭僅如天文之行度座標,其自身將不含
> 義理。(《雕菰樓易學探析》)

何先生此說,簡明扼要,把「實測」二字,作一說明;且焦循《與朱椒堂兵
部書》亦說:

> 卦畫之所之,其比例齊同,有似九數。其辭則指其所之,亦如句股
> 割圓,用甲乙丙丁子丑等字指其變動之跡。吉凶利害,視乎爻之所

〔註34〕 王瓊珊《易學通論》:「案治焦氏易,當先玩其圖,然後讀其章句,考之通釋;
如先玩章句,將茫乎不知所謂。皮氏乃反說之。」見第八章「易圖下」。蓋王
瓊珊之說爲是。

之。泥乎辭以求之，不當泥甲乙丙丁子丑之義以索算數也。（《雕菰
集》卷十三）

以傳統由卦爻辭之辭義，識卦爻之本象義之法，一舉否定；卦爻辭只不過是
一種符號罷了，如同數學代號。焦循並進一步說歷代學者之非，即是以卦爻
辭視為義理表現，致使人言言殊，焦循《易通釋》敘曰：

> 惜乎！漢魏諸儒不能推其所聞，以詳發聖人之蘊，各持其見，苗秀
> 雜揉，坐令老莊異端之流出而爭之矣。循既為洞淵九容之術，乃以
> 數之比例，求易之比例，向未所疑，漸能理解。〔註35〕

焦循對其創穫，實乃深具信心，謂歷代易學者如早研出經、傳之連貫性，則
可知孔子易學之眞證用心，如此一來，歷代之紛爭可免，而老莊異端之思想，
亦不致竄入聖學之中；焦循對其條例實深具信心矣！〔註36〕

4. 以轉注、假借徵實於周易經、傳

焦循生當乾嘉學風之世，經學考據之風，在戴震師友標榜下，蔚然成為
一股潮流。東原主研經先通訓詁，訓詁明而後義理明，東原曰：

> 故訓明則古經明，古經明則賢人聖人之理義明，而我心之所同然者
> 乃因之而明。賢人聖人之理義非他，存乎典章制度者是也。（文集卷
> 十一題惠定宇先生授經圖）

東原治學所及影響者甚多，諸如大家者段玉裁，王念孫父子，治學承此途徑，
其小學考據之成就，亦並為後人所稱許。焦循處此一學風，論學最推重東原，
在《寄朱休承學士書》一文中嘗言：

> 循讀東原戴氏之學，最心服其孟子字義疏證。說者分別漢學宋學，
> 以義理歸之宋。宋之義理誠詳於漢，然訓故能識羲文周孔之義理。
> 宋之義理，仍當以孔之義理衡之，未容以宋之義理，即定為孔子之
> 義理也。（《雕菰集》卷十三）

〔註35〕所謂「洞淵九容」之說，依何澤恆先生之解釋：見元李治測圓。治，字仁卿，
　　　　號敬齋，登金進士第，金亡北渡，講學著書，秘演算術。本傳見元史卷一百
　　　　六十、新元史卷一百七十二。……「洞淵」一詞，其為書名抑人名，今已不
　　　　可考。「九容」云者，則句股形（案即三角形）九種容圓（案猶切圓）之法也。
　　　　說見《測圓海鏡序》。
〔註36〕所謂旁通、相錯、時行，在焦氏書中有明確之解釋。近人何澤恆先生《雕菰
　　　　樓易學探析》有一詳細之說明與解釋，由於三條例之說明，篇幅甚多，拙文
　　　　不贅舉。何先生之文收入《焦循研究》一書，大安出版社。

即私淑東原訓故明而後義理明之意。是以焦循作《論語通釋》，不惟其書之體例做諸《孟子字義疏證》，內容亦欲補東原之所未備。

焦循更進而以六書之轉注、假借，以徵實於周易，其「易話」引《韓詩外傳》之語為證，即是訓詁之學的活用，焦循「易話」曰：

> 韓詩外傳：「易曰：『困于石，據于蒺藜，入于其宮，不見其妻，凶。』此言困而不疾據賢人者，昔者秦穆公困於殽，據五羖大夫蹇叔公孫支而小霸；晉文以困于驪氏，疾據咎犯趙衰介子推而遂為君；越王勾踐困於會稽，疾據范蠡大夫種而霸南國；齊桓公困於長勺，疾據管仲寧戚隰朋而匡天下；此皆困而知疾據賢人者也，夫困不知疾據賢人而不亡者，未嘗有也。」以疾據賢人，解據于蒺藜，則借蒺為疾，由此可悟易辭之比例。漢書儒林傳稱韓嬰亦以易授人，推易意而為之傳，於此可見其一端。余於其以疾解蒺，悟得經文以假借為引申；如借祇為底，借豚為遯，借豹為約，借鮒為附，借鶴為雀，借羊為祥，借袂為夬，皆韓氏有以益我也。

又《與朱椒堂兵部書》曰：

> 易之道，大抵教人改過，即以寡天下之過；改過全在變通，能變通即能行權，所謂使民宜之，使民不倦；窮則變，變則通，通則久，聖人格致誠正，修齊治平，全於此一以貫之，則易所以名易也。論語孟子已質言之，而卦畫之所之，其比例齊同，有似九數。其辭則指其所之，亦如句股割圓用甲乙丙丁子丑等字，指其變動之跡，吉凶利害，視乎爻之所之；泥乎辭以求之，不啻泥甲乙丙丁子丑之義。以索算數也，惟其中引申發明，其辭之同有顯而明者，（如密雲不雨，自我西郊，小過小畜同。先甲三日，先庚三日，蠱與巽同。其冥升冥豫，敦復敦艮敦臨，同人于郊，需于之類，多不勝指數。）又多用六書之轉注假借，轉注如冥即迷，顚即窒，喜即樂；假借如借乳繻為需（《說文》），借蒺為疾（《韓詩外傳》），借豚為遯（黃款說）借祀為巳（虞翻說），推之鶴即雀，祥即牽羊之羊，祿即即鹿之鹿，礿即納約之約，拔即寡髮之髮，昧即歸妹之妹，肺即德積之積，沛即朱紱之紱；彼此訓釋，實為兩漢經師之祖，其聲音相借，亦與三代金石文字相孚；非明九數之齊同比例，不足以知卦畫之行，非明六書之假借轉注，不足以知象辭爻辭十翼之義。

蓋由「變通」中之音訓與字形中之關係，以探求轉注，或同音假借之必然性；歸爲其意之正字，則經傳之本意，怡然順暢，並可旁通於他卦，而構成經、傳一體之連慣性，再度受到應證。皮錫瑞對於焦循以六書之法，徵實於周易，最爲推崇，皮氏曰：「論焦循以假借說易本於韓詩發前人所未發。」（二十四章標題）是知乾嘉考證而開啓研究周易之一道大門。

　　焦循由其易學條例，配合六書轉注、假借之徵實，致使達到其「參伍錯綜，可證周易經、傳，爲一部嚴謹著作；焦循歸納出相當多之證據，在《易圖略》中云：

　　辭之引申，尤爲神妙無方，條而別之，亦約有數類：

1. 易之爲書，本明道德事功，則直稱其爲道爲德爲事爲功是也。
2. 立十二字爲全書之綱：元、亨、利、貞、吉、凶、悔、吝、厲、孚無咎是也。
3. 由綱而爲之目，如遇、交、求、與、艱、匪、笑、譽等是也。
4. 於卦位、爻位，標以辨之，如大、小、內、外、遠、近、新、舊、君子、小人是也。
5. 即卦名爲引申，如夬、履、困、蒙、觀、頤、咸、臨是也。
6. 以卦象爲引申，如冰即乾，龍即震，說卦傳所云是也。
7. 以一辭兼明兩義，如坤爲母，母從手爲拇，則兼取艮；巽爲雞，既別其名爲翰音，則兼引申「飛鳥遺之音」之「音」是也。
8. 以同辭爲引申，如「用拯馬壯」，明夷與渙互明是也。
9. 以同辭而稍異者爲引申，蠱象「先甲三日，後甲三日」，巽九五稱「先庚三日，後庚三日」是也。
10. 以一字之同爲引申，如「頻復」、「頻巽」、「甘節」、「甘臨」是也。
11. 以一字之訓詁爲引申，「迷」之訓爲「冥」爲「晦」，「久」之訓爲「永爲」長，「成」之訓爲「定」爲「寧」是也。
12. 以同聲之假借爲引申，如「豹」爲「約」之假借，「羊」爲「祥」之假借，「祀」爲「巳」之假借，「牀」爲「戕」之假借是也。（比例圖第五）

　　至此，焦循易學，成功的可解釋周易任何問題；皮錫瑞是讚同焦循最力者，皮氏曰：

　　凡此等皆專執一義，必不可通者，必以假借之義通之，而後怡然理順，渙然冰釋，學者試平心靜氣以審之，當信其必非傅會矣。（二十四章）

以專執焦循條例之各一種，或許有解不通之時，倘若把其條例，融會貫通，則深知其為可信矣，是以皮錫瑞之讚賞也。惟求全易無一字能逸出其理論之外，則有時不免乎穿鑿；郭嵩燾《養知書屋集》譏其：「焦氏之弊，在以易從例。」（卷七）後來學者，亦有對焦氏易學提出質疑者，如王瓊珊《易學通論》：

> 信如焦氏說，則聖人作易，幾於限字作文，其拘礙且甚於限韻賦詩矣。且焦氏之說止於揣測聖人作辭用字之意，於經文之奧義則無所發明。（第八章易圖下）

又說：

> 焦子為易經之蠹蟲而已矣。彼終身藏於經中，全經遂百孔千瘡，斷爛不可讀矣。（同上）

又如黃壽祺《易學群書平議》：

> 循所破漢儒卦變、半象、納甲、納音、卦氣、爻辰之非，咸能究極其敝；至其所自建樹之說，則又支離穿鑿，違於情理，實有漢儒諸術過之而無不及焉者。……豈非明於燭人而暗於見己乎！（卷四）

蓋「以易從例」，郭嵩燾氏已提出焦氏病原之所在；然其旁通比例之創見，亦有其貢獻；吾人不應全盤推翻，亦應體會焦循之用心所在，如同皮錫瑞引焦循易學，而不言經、傳合一，即是客觀態度。蓋焦氏用心，在「易為聖人教人改過之書」之實際應用也；事實上，皮錫瑞之讚同焦循易學，最主要的，亦是在此重點。

5. 周易為教人改過之書

焦循研易數十年，其研究所得之條例，乃從經、傳相貫，而獲得此一結論；焦循云：

> 史記孔子世家，稱孔子讀易韋編三絕，非不能解也。正是解得其參伍錯綜之故；讀至此卦此爻，知其與彼卦彼爻相比例，遂檢彼以審之，由此及彼，又由彼及彼，千脈萬絡，一氣貫通，前後互通，端委悉見，所以韋編至於三絕。即此韋編三絕一語，可悟易辭之參伍錯綜。孔子讀易如此，後人學易，無不當如此。非如此，不足以知易也。（比例圖第五）

惟有孔子之睿智，上知伏羲畫卦之旨、文王周公作卦爻辭之意，知其在以「參伍錯綜」顯現《周易》一書之旨。其內涵賦有聖人治世之心。惟有從「旁通」「時行」「相錯」「比例」等條例，方能明識聖人本意；焦循《易圖略》：

易之一書，聖人教人改過之書也。窮可以通，死可以生，亂可以治，絕可以續，故曰爲衰世而作。達則本以治世，不得諉於時運之無可爲；窮則本以治身，不得謝以氣質之不能化。孔子曰：「假我數年，五十以學易，可以無大過矣。」此聖人括易之全而言之。又舉恆九三：「不恆其德，或承之羞。」斷之云：「不占而已。」占者，變也；恆者、久也；羞者、過也。能變通則可久，可久則無大過，不可久則至大過，所以不可久而至於大過，由於不能變通，變通者改過之謂也。此韋編三絕之後，默契乎羲文之意，以示天下後世之學易者，舍此而言易，詎知易哉。（〈時行圖第三〉）

戴君仁先生雖對焦循條例，不表贊同，然對於此點，亦持肯定態度，稱此段爲「精義入神」〔註37〕蓋焦循之研究重點即在此，而皮錫瑞對焦循之肯定，亦是由此引申，其第二章「論伏羲作易垂教在正君臣父子夫婦之義」，正是以焦循之說爲是。

然周易以卜筮之式，流傳於今，亦如朱子所言：「易爲卜筮作」實有其影響。對此，焦循提出其看法，在《易圖略》云：

易之用于筮者，假筮以行易，非作易以爲筮也。易爲君子謀，用易于卜筮則爲小人謀；此筮之道即易之道也，而寧有二哉。（〈原筮第八〉）

又說：

古之卜筮所以教人寡過也，而春秋時之占法，固已大謬乎聖人。彼辛廖、卜楚、歙卜、徒父、史蘇之徒，與後世京房、管輅、火珠林、飛伏納甲之法相同，豈知聖人作易之教者乎。（同上）

周易假筮以行，乃聖人之權宜措施；正如荀子所說：「君子以爲文，百姓以爲神。」（天論）教化之策，視民情而採不同之手段；在《易章句》云：

聖人作易，教人改過也。改過者改言動之過也。知者、仁者觀于易之辭，而言動之過可改。百姓之愚，以卜筮濟之，亦寡言動之過焉。

聖人之易爲君子小人言動而作也。（〈繫辭下〉）

由百姓之愚，教化成知者、仁者，再由此修身、寡言，以知世局之應用；舉周易之原理，以趨善避惡，焦循《易圖略》云：

〔註37〕見書《談易》十九章「張惠言與焦循」；此段雖是討論二人，實是針對皮錫瑞之說。蓋皮氏標榜此二家，然戴先生，則以爲此二家之著作，爲奇書，而並不是好書，且無細讀的價值。

－203－

　　昔人謂伏羲作十言之教，曰：「乾坎艮震巽離坤兌消息」；余謂文王作十二言之教，曰：「元亨利貞吉凶悔吝厲孚無咎」。元亨利貞，則當位而吉。不元亨利貞，則失道而凶。失道而消不久固厲；當位而盈不可久亦厲。因其厲而悔則孚；孚則無咎。同一改悔，而獨歷艱難困苦而後得有孚則爲吝；雖吝亦歸於無咎。明乎此十二言，而易可知矣。

又說：

　　惟凶可以變吉，則示人以失道變通之法；惟吉可以變凶，則示人以當位變通之法；易之大旨，不外此二者而已。（〈當位失道圖第二〉）

皮錫瑞服膺焦循易學，正是有見於焦氏易學之言「趨善避凶」，並有教化萬民，使往知者、仁者之途進步；其目的在有助於國家之強盛，亦合乎皮氏「今文學家」之主張，易爲群經之首，特此爲皮氏所標榜。

三、清儒復理術數之繆

　　皮錫瑞易學，不離「通經致用」之道，故而其主張在以「易爲指導人生義理作」，[註38] 爲社會秩序訂一基準，因此在基本上，皮錫瑞重視「義理」易學；然而《周易》在表現上，又有其特殊性，即是〈繫辭傳〉所說：「極其數，遂定天下之象。」「八卦成列，象在其中矣。」之象、數二種表現；正如《四庫提要》所云：

　　案盈虛消息，理之自然也，理不可見，聖人即數以觀之，而因立象以著之。以乾一卦而論，積一至六，自下而上者，數也；一潛二見三惕厲四躍五飛六亢者，理也，而象以見焉。至於互體變爻，錯綜貫串，易之數無不盡，易之理無不通，之象無不該矣！左氏所載即古占法，其條理可覆案也。故象也者，理之當然也，進退存亡，所由決也；數也者，理之所以然也，吉凶悔吝，所由生也。聖人因卜筮以示教，如是焉止矣。（《易類後語》）

蓋從卦爻象、數中，可從中獲悉聖人作卦之用心，亦可從中明識「理」之所在，因此《四庫提要》以爲象、數乃是易學之「理之當然」、「理之所以然」，是易學「義理」之根據。皮錫瑞述易學，有取於《四庫提要》之立場，因此

〔註38〕其說伏羲作易在垂教（第二章），孔子作易在發揚斯理（三、四、五、六章），又說漢初說易皆主義理（第十章），又言王弼程傳皆言理（二十二章）。是知皮氏易學重在「人生義理」。

皮氏雖贊同王弼、程傳二家之易學，均以義理貫穿，但亦有其不足之處也；
皮錫瑞曰：

> 王注程傳，說易主理，固不失爲易之正傳，而有不盡滿人意者；則
> 以王注言理不言象，程傳言理不言數也。（二十二章）

皮錫瑞又云：

> 易本卜筮之書，伏戲畫卦，文王重卦，皆有畫而無辭，其所爲通神
> 明之德，類萬物之情者，當時必有口說流傳；卜人筮人，世守其業，
> 傳其大義，以用以卜筮。學士大夫，憨有通其說者，但以爲卜筮之
> 書而已。至於孔子乃於卦爻各繫以辭，又作彖象文言以解其義，而
> 易本卜筮之用，不得專以空言說之，孔子欲借卜筮以教人，不能不
> 借象數以明義，若但空言說理，孔子自可別撰一書，何必託之於周
> 易乎。（同上）

聖人所欲託附之理秩甚多，因此以卜筮之書爲其表象，而內藏萬理；若純粹
講理，則聖人可直接講述之，何必再託之於卜筮！是知「象數」，乃「易學」
之所本有，不必因義理而摒棄象數；亦非如《四庫提要》所稱歷代易學「兩
派六宗」，如此壁壘分明矣。

　　皮錫瑞取象數之學，其象數之學定義亦嘗敘述之，皮氏言：「論象數已具
於易，求象數者，不當求象於易之外；更不當求數於易之先。」（二十二章標
題）其內容爲：

> 象數已具於易，易之言象詳於說卦，乾爲馬，坤爲牛，及乾爲天，
> 坤爲地之類是也。易之言數，詳於繫辭傳，天一地二天數五地數五
> 之類者。易之言象已具，則不當求象於易之外；易之言數已具，則
> 不當求數於易之先。（同上）

皮氏以此觀點，衡視易學史，而把言象者，歸之漢儒；言數者，歸之宋儒；
進而批評二家均遠離象數易學之定義，皮氏云：

> 所謂不當求象於易之外者，顧炎武日知錄曰：「夫子作傳，傳中更無
> 別象，苟爽虞翻之徒，穿鑿附會，象外生象，以同聲相應爲震巽，
> 同氣相求爲艮兌，水流溼火就燥爲坎離，雲從龍則曰乾爲龍，風從
> 虎則曰坤爲虎，十翼之中，無語不求其象，而易之大旨荒矣。」案
> 漢人於說卦言象之外，別有逸象，又有出於逸象之外者，穿鑿誠如
> 顧氏所譏。

是論漢「象」之不足取。皮氏又云：

> 所謂不當求數於易之先者，繫辭傳曰，河出圖，洛出書，聖人則之。
> 又曰，古者包羲氏之王天下也，仰則觀象於天，俯者觀法於地，觀
> 鳥獸之文，與地之宜，近取諸身，遠取諸物，於是始作八卦。是包
> 羲作八卦，並非專取圖書，況圖書自古不傳，秦不焚易，無獨焚其
> 圖書之理，何以漢儒皆不曾見，乃獨存於道家。自宋陳摶創說於前，
> 邵子昌言於後，其傳之者，或以河圖爲九，洛書爲十，或以河圖爲
> 十，洛書爲九，說又互異，而皆有圖無書。程子曰，有理而後有象，
> 有象而後有數，易因象以知數，得其義則象在其中矣，必欲窮象之
> 隱微，盡數之毫忽，乃尋流逐末，術家所尚，非儒者之務也，管輅
> 郭璞之學是已。故程傳言理不言數。朱子曰，程先生易傳義理精，
> 字數足，無一毫欠缺，只是於本義不相合，易本是卜筮之書，程先
> 生只說得一理。朱子以程傳不合本義以補程傳，而必兼言數，既知
> 龍圖是僞書，又使蔡季通入蜀求眞圖；既知邵子是易外別傳，又使
> 蔡季通作啓蒙，以九圖冠本義之首，未免添蛇足而冀佛頭，且曰，
> 有伏羲之易。是求數於作易之始也。有天地自然之易，是並求數於
> 作易之前也，皆未免賢知之過也。（俱同上）

是論宋「數」之不足取。皮氏至此把言象賦與漢儒之特色，言數爲宋儒之專長；象、數，成爲獨立個體，此實皮氏之謬矣！

簡師博賢《魏晉四家易研究》嘗言「象數」之意，曰：

> 夫盈天地者，莫非象也；而象無定住，是理有分殊矣。蓋風雷幻變，
> 以感而應；日月盈虧，以象而著。是知觀象於天者，不廢感、應之
> 思；而究其分殊之理也。聖人觀象畫卦者，蓋畫其感、應之思，而
> 著其分殊之理。然理不可見，以象見之；象不可明，以數明之。故
> 數具而象明，象明而理見，理見而卦成也。（《王弼易學研究》）

蓋「推卦爻之數以求象，是象由數出，而先數後象，故數變而象易。乾二五之坤成坎，而牛變爲豕；坎二至四互震爲龍，三至五震往艮來，而龍變爲狗；所謂推卦爻之數以求象，故數變而象易也。」（同上書——《虞翻易學研究》）是知象、數乃易學之表現，由象數易學以求周易之內涵本質，是其不二法門。皮氏不解斯理，而言象數二分，是不知漢儒矣。

然而，皮錫瑞論漢易，亦有可取之處；蓋漢儒雖知象數之學，爲解易之

正途，然時風流行，陰陽災異之說，迷漫朝野，致使入易以說，勢在必然，《四庫提要》：

> 易道廣大無所不包，旁及天文地理樂律兵法韻學算術，以逮方外之爐火，皆可援易以爲說，而好易者又援以入易，故易說愈繁。（《易類》）

漢儒頗多巧立名目，名爲解易，實爲誇飾其學；黃宗羲《易學象數論》亦云：

> 夫易者，範圍天地之書也，廣大無所不備，故九流百家之學，俱可竄入焉。自九流百家借之以行其說，而於易之本意反晦矣！漢儒林傳，孔子六傳至菑川田何，易道大興；吾不知田何之說何如也；降而焦京，世應飛伏互體五行納甲之變，無不具者，吾讀李鼎祚集解，一時諸儒之說，蕪穢康莊，使觀象玩占之理，盡入淫瞽方技之流，可不悲夫！（序）

黃宗羲之感嘆實有其據，漢易學者引用各種名目，把一部經書，「盡入淫瞽方技」，是以王弼一出，掃漢易、讖祥異，亦有其故，漢易之表現，實已難識周易本旨矣。至唐以王注爲要，作《周易正義》，致使漢易條例，亡佚而不復完存。然而漢易條例，非無一可取者，其中有「推易之正法」與「附易之立說」兩大類（簡師博賢語），而「附易立說」者，乃漢易學者誇飾其學，其說實無所據，是應辨識而掃之；至於「推易正法」，乃明識易理之所持，證卦與卦辭爲必然琯合，實不得棄之也；〔註39〕然而王弼不識其分類，舉而埽之，漢易不存矣！有清儒出，以復古爲職志，且輯佚之學大盛，〔註40〕復理漢易，使其條例，卓然可見。特別以惠棟所代表之吳派，其三世傳經，猶深學於易，著有「易漢學、周易述、易例、周易古義」，其價值在貶宋復漢，使久墜之漢儒學說，復活於吾人面前。然其恆梗「凡古必眞，凡漢必好。」（梁啓超語）之標準，致使漢儒一些陰陽災異之說，亦給予合理解釋，梁啓超《清代學術概論》有一中肯評論：

> 棟以善易爲名，其治易也：於鄭玄之所謂「爻辰」、虞翻之所謂「納甲」、荀諝之所謂「升降」、京房之所謂「世應」、「飛伏」，與夫「六

〔註39〕簡師博賢云：「凡自六畫變易之際，以探象求辭於卦爻之中，而證易辭實卦所蘊有者，是皆象數所宗，推易之正法。……若夫推本卦爻而雜配外物，以比附取義者，則皆象數旁支，無當易旨也。」見《魏晉四家易研究》自序。

〔註40〕參閱李新霖《清經今文學述》第二章第二節「今文之輯佚」，頁43～46。台北師大國研所民國66年碩士論文。

日七分」、「世軌」諸說，一一爲之疏通證明，汪中所謂「千餘年不傳之絕學」者也。以吾觀之，此其矯誣，與陳摶之《河圖洛書》有何差別，然彼則因其宋人所誦習也而排之，此則因其爲漢人所倡導也而信之，可謂大惑不解。（十）

清儒方東樹《漢學商兌》亦言：

> 如惠氏、江氏之言，則門戶習氣之私太甚，姑勿與深論是非之精微，祇盡祛魏晉以來儒說而獨宗漢易，此非天下之至蔽者，斷不若是之披。學易而專主張游魂、歸魂、飛伏、爻辰、交互、升降、消息、納甲等說，此非天下之至邪者，斷不若是之離。謂漢人所說皆伏羲、文王、孔子三聖人之本義，此非天下之至愚者，斷不若是之誣。夫以京孟之邪說，駕之商瞿，因復駕之孔子，誕誣甚矣。恐子十翼具在，有一語及于納甲、飛伏、爻辰等說哉？漢儒之易，謂兼存一說則可，謂三聖之本義在此，則不可。（卷下）

惠棟等人，雖輯佚有助於漢易之復現，然不論內容，一概視之，是以不能無議；且漢易數家，〔註41〕彼此又有互異，而惠棟並未能全面釐釋，致使所謂「漢易」，僅是區區一隅，梁啓超言：

> 篤守家法，令所謂「漢學」者壁壘森固，旗幟鮮明，此其功也。膠固、盲從、褊狹、好排斥異己，以致啓蒙時代之懷疑的精神，批評的態度，幾天閼焉，此其罪也。清代學術，論者多稱爲「漢學」，其實前此顧黃王顏諸家所治，並非「漢學」，後此戴段二王諸家所治，亦並非「漢學」，其「純粹的漢學」，則惠氏一派，洵足當之矣。夫不問「眞不眞」，惟問「漢不漢」，以此治學，安能通方，況漢儒經說，派別正繁，其兩說絕對不相容者甚多，欲盲從其一，則不得不駁斥其他，棟固以尊漢爲標幟者也，其釋「箕子之明夷」之義，因欲揚孟喜說而抑施讎、梁邱賀說，乃云「謬種流傳，肇於西漢」（《周易述》卷五），致方東樹摭之以反辰（《漢學商兌》卷下），然則所謂「凡漢皆好」之旗幟，亦終見其不貫澈而已。（同上書引）

皮錫瑞氏是以稱惠棟「多采慠而少會通」，曰：

〔註41〕依皮錫瑞之說「漢初說易，皆主義理，切人事，不言陰陽術數」之義理派；又依漢書儒林傳，是知漢易又有立學官、不立學官之同流分枝；民間亦有費高二家。是以言漢易多家。

惠棟爲東南漢學大宗，然生當漢學初興之時，多采慗而少會通，猶
未能成一家之言，其易漢學采及龍虎經，正是方外爐火之說，故提
要謂其「慗拾散佚，未能睹專門授受之全」，則惠氏書亦可從緩。（二
十一章）

又說：

焦京之易，出陰陽家之占驗，雖應在事後，非學易之大義；陳邵之
易，出道家之修練，雖數近巧合，非作易之本旨，故雖自成一家之
學，而於聖人之易，實是別傳而非正傳。俞琰曰：「先天圖雖易道之
緒餘，亦君子養生之切務。」又曰：「丹家之說，非出於易，不過依
倣而託之者，初非易之本義，因作易外別傳以明之。」俞氏深於丹
家，明言陳邵之圖，爲易外別傳，乃彼道家自認不諱；吾儒家猶據
以說易，斯可謂大惑矣。近世學者於陳邵之圖，闢之不遺餘力，而
又重理焦京之說，是去一障又生一障。（二十二章）

是皮氏稱許惠棟貶宋圖書學，然又復理漢易孟、焦、京之陰陽災異之說，是
去一障又生一障，故主張惠棟之書，後學者可以從緩。〔註42〕

　　皮錫瑞之所謂「象數易學」，言「論象數已具於易，求象數者，不當求象
於易之外；更不當求數於易之先。」（二十二章標題）以評漢易之得失，並進
一步評清儒之得失；明確的顯現出漢易之謬論處，此正是皮氏易學，以「義
理」爲重之精彩，亦是其「通經致用」之基本用心。

〔註42〕焦循在《易圖略》一書中，亦偏斥納甲納音卦氣爻辰之失，其曰：「納甲卦氣，
皆易之外道，趙宋儒者闢卦氣用先天，近人知先天之非矣，而復理納甲卦氣
之說，不亦唯之與阿哉！」（〈論卦氣六日七分下第九〉）

附錄《周易本義》圖書九式

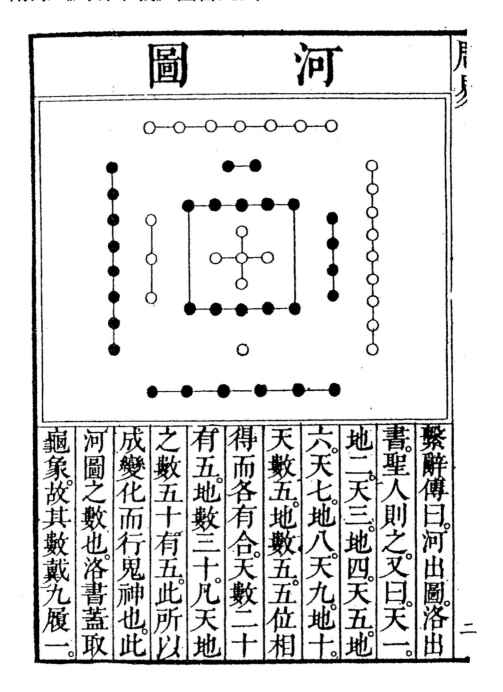

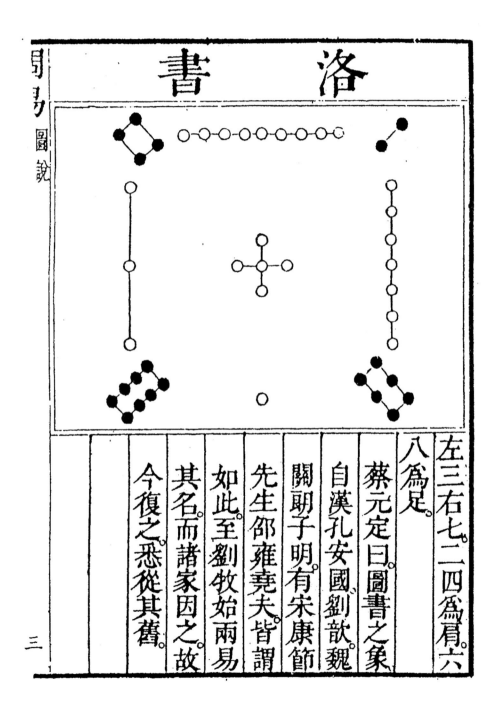

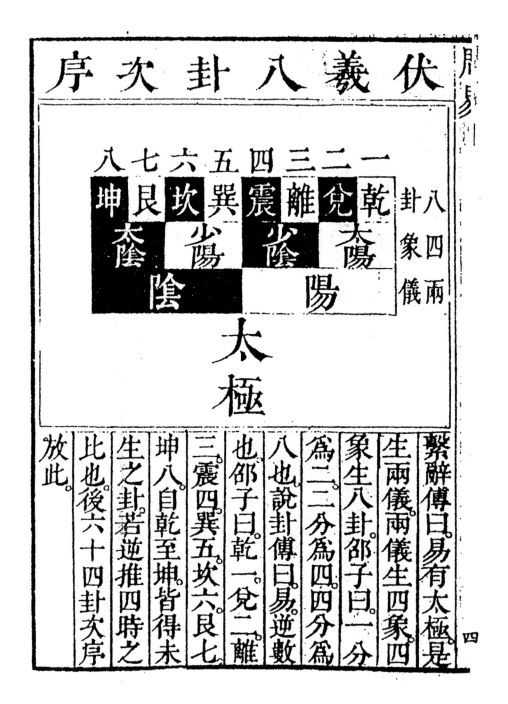

伏羲八卦次序

八	七	六	五	四	三	二	一	八卦
坤	艮	坎	巽	震	離	兌	乾	四象
太陰		少陽		少陰		太陽		兩儀
陰				陽				

太極

繫辭傳曰易有太極是生兩儀兩儀生四象四象生八卦邵子曰一分為二二分為四四分為八也說卦傳曰易逆數也邵子曰乾一兌二離三震四巽五坎六艮七坤八自乾至坤皆得未生之卦若逆推四時之比也後六十四卦次序放此。

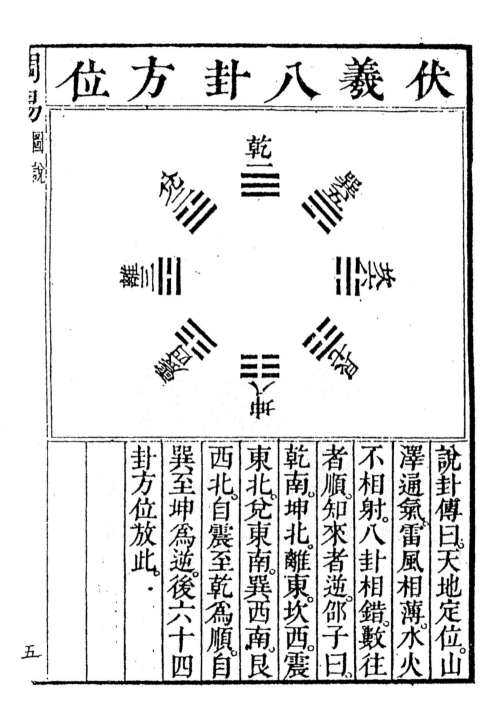

伏羲八卦方位

說卦傳曰天地定位山
澤通氣雷風相薄水火
不相射。八卦相錯數往
者順知來者逆邵子曰
乾南坤北離東坎西震
東北兌東南巽西南艮
西北自震至乾為順自
巽至坤為逆後六十四
卦方位放此．

周易圖說

五

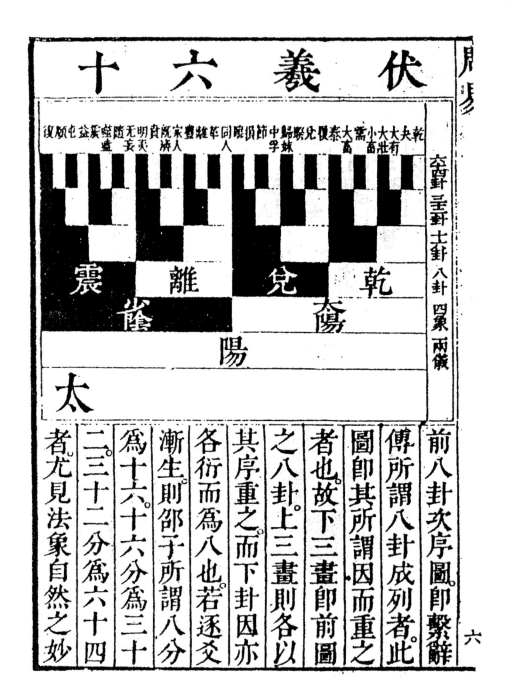

前八卦次序圖即繫辭傳所謂八卦成列者此圖即其所謂因而重之者也故下三畫即前圖之八卦上三畫則各以其序重之而下卦因亦各衍而為八也若逐爻漸生則郎于所謂八分為十六六分為三十二三十二分為六十四者尤見法象自然之妙

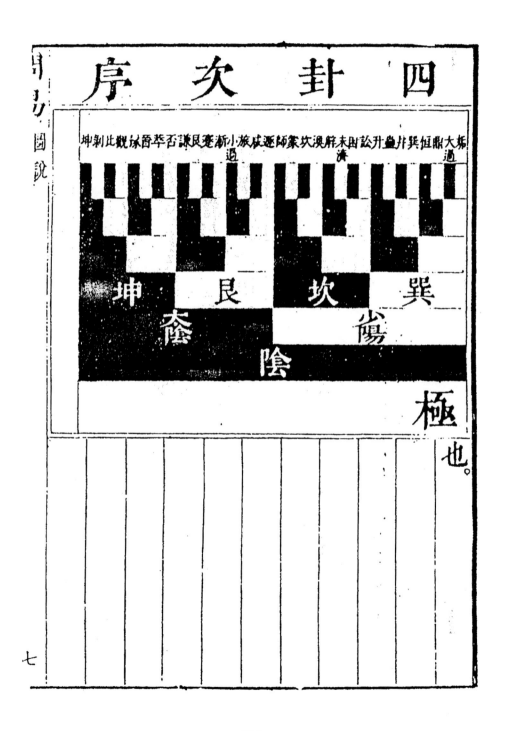

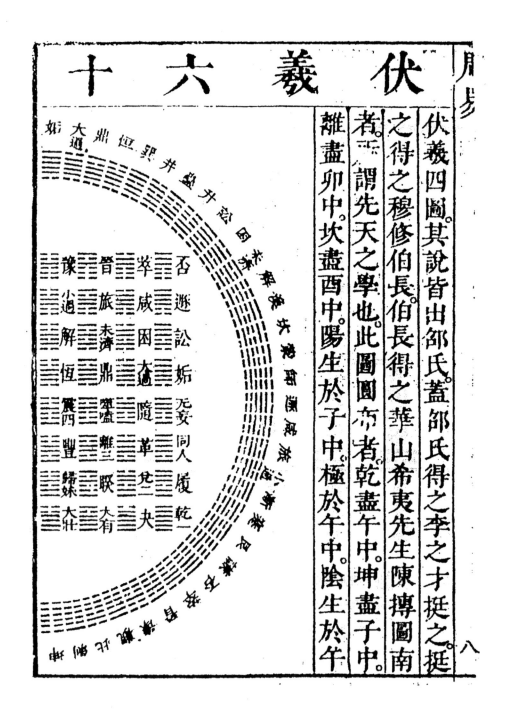

四卦方位

乾夬大有大壯小畜需泰履兌睽歸妹中孚節損臨同人革離豐家人既濟賁明夷無妄隨噬嗑震益屯頤復

坤剝比觀豫晉萃否謙艮蹇漸小過旅咸遯師蒙坎渙困訟升蠱井巽恒鼎大過姤

中極於子中。其陽在南其陰在北方布者乾始於西北。

坤盡於東南。其陽在北其陰在南。此二者陰陽對待之

數圓於外者為陽方於中者為陰圓者動而為天方者

靜而為地者也。

文王八卦次序

乾父　艮坎震

坤母　兌離巽

震長男　得乾初爻

坎中男　得乾中爻

艮少男　得乾上爻

巽長女　得坤初爻

離中女　得坤中爻

兌少女　得坤上爻

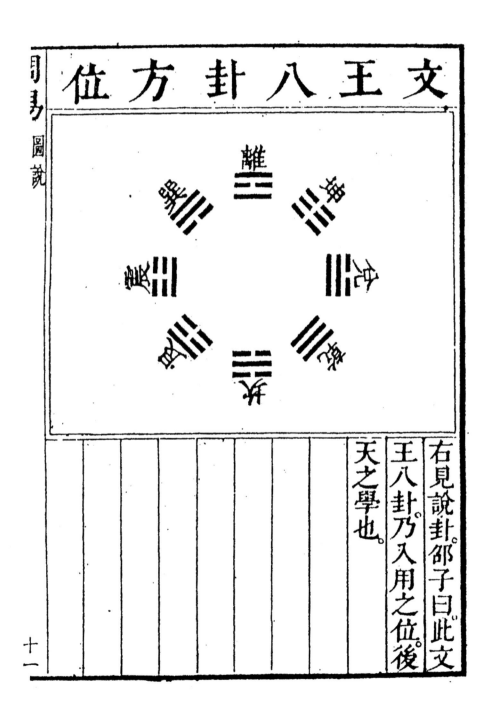

文王八卦方位

易圖說

右見說卦。邵子曰此文
王八卦乃入用之位後
天之學也。

既濟	隨	恒	井	困	咸	否	漸	旅	渙	未濟
賁	噬嗑		蠱	未濟	旅			咸		困
	益			渙	漸					
					否					

豐　節損　歸妹　泰　凡四陰四陽之卦各十有五皆自大壯觀而來。二陰二陽圖已見前　大畜需大壯　睽兌　中孚　離革　家人　无妄　周易圖說

十五

屯	升	解	坎	小過	蹇	萃	遯	訟	巽	鼎	周易
頤			蒙		艮	晉				大過	
						觀					十六

震　明夷　臨

凡五陰五陽之卦各六皆自夬剝而來。一陰一陽。圖已見前。

大有　夬　小畜　履　同人　姤　比　剝　豫

引易圖說

十七

—223—

右易之圖九。有天地自然之易。有伏羲之易。有文王周公之易。有孔子之易。自伏羲以上皆无文字只有圖畫最宜深玩。可見作易本原精微之意。文王以下方有文字即今之周易。然讀者亦宜各就本文消息不可便以孔子之說爲文王之說也。

謙

師

復

第六章　結　論

　　皮錫瑞《易學通論》一文篇幅雖甚少，然其討論範圍，從伏羲作易，至清儒對歷代易學之討論，作一總結，所欲闡明之易學問題，可謂甚廣。蓋其用心，在告其諸生，對於易學之基本觀念，應有明確掌握；今據拙文之分析，可得皮氏易學主張，蓋有數端：（一）漢易是崇、（二）譏貶圖書學、（三）象數、義理並舉，然以義理勝之、（四）不當崇信僞書、（五）詁訓〈卦爻辭〉，以假借、轉注明之。

　　皮氏之所以有此易學主張，探其究竟，皆源於「孔子易教」也。所謂「孔子易教」乃云：（一）卦爻辭爲孔子所作、（二）孔子作卦爻辭，主旨在明義理、切人事。皮氏以此治學標準，斯有上述之基本主張，故可得是說：（一）蓋漢人說易，著重義理與術數。崇漢易者，明孔子易教也；術數者，孔子不言，且無助於人生義理之展現，故應以僞書視之，學者勿採信。（二）圖書學之主張者，以圖書乃聖人作易之根據，有圖書方有易經，皮錫瑞以爲此舉在誣蔑孔子，降孔子學術地位，是宋圖書學者，不知「孔子易教」之用心，故皮氏譏貶之。

　　皮錫瑞論易學，先置「孔子易教」爲標準，再以此標準，衡視歷代易學者之論述，而給予判斷說詞。今考皮氏「孔子易教」此一價值標準何來，則與其經今文學立場有關矣。今文學家之經學立場，皆以六經出自孔子刪定，是以經書內涵孔子之「微言大義」。然「微言大義」後學者不易明識，是以今文學者極欲明之，揚孔學精意，以告世人；皮錫瑞《經學通論》序文云：

> 錫瑞竊以爲尊孔必先明經。前編《經學歷史》以授生徒，猶恐語焉
> 不詳，學者未能窺治經之門徑，更纂《經學通論》以備參考。

易學通論乃其中之一卷，故其斯意，亦在明孔子之「微言大義」；是所謂「明經」在於「尊孔」，而「尊孔」之目的，則在於救國矣！

皮錫瑞所處時代，乃是中國歷史上，最具新舊交替之時。西洋人不僅船堅砲利，而其文化思想，更具有臨駕本土文化之優勢。傳統上之中國學問，處此交會，學者正思之因應之道；所謂「中學爲體，西學爲用」、「國粹派」、「保皇黨」、「革命黨」等政治主張或學術主張，均在思考中國之前途問題；蓋中國已處存亡接續之邊緣矣！

皮錫瑞處此特殊時代，因而有特殊之治學用心。皮氏以經「今文學派」自居，其特色在「通經致用」。蓋「經」乃聖人之著作，聖人已深知日後時代所欲發生之事，學者只要明識「經」書之「微言大義」，並進而推展之，則無論修身、治國、平天下之事，均能迎刃而解。而作「經」之聖人，則爲孔子也。皮錫瑞《經學通論》序文說：

> 大旨以爲一當知經爲孔子所定，孔子以前不得有經。二當知漢初去古未遠，以爲孔子作經，說必有據。三當知後漢古文說出，乃尊周公，以抑孔子。四當知晉宋以下，專信古文尚書、毛詩、周官、左傳。而大義微言不彰。五當知宋元經學雖衰，而不信古文諸書，亦有特見。六當知國朝經學復盛，乾嘉以後，治今文尤能窺見聖經微旨。

皮錫瑞又說：

> 執此六義，以治諸經，乃知孔子以萬世師表之尊，正以其有萬世不易之經，經之大義微言亦甚易明。（同上）

蓋皮氏之經學觀念，歸納可得出：一、經書由孔子所作，非由孔子手訂，不得稱經；二、「通經致用」，致用之道即在人生義理；三、西漢經今文學家，最能體會孔子之義，故能設計治國之道，後人應體察之。皮氏有此觀念，是以其衡視易學史上之問題，亦由此理解。重視漢易，以漢初學者，說易皆能上承孔門義理，是爲「易之正傳」；漢武以降，參與陰陽災異，不得以此混淆易學，是稱之爲「易之別傳」。宋儒治學，雖不信古文說，然其治易，以圖書置於卦爻之上，亦混淆聖人作經之學術進程。至清儒鼇識，譏宋圖書學，明漢儒易學義理，使孔門精義，大白於學界，學者循之「微言大義」，則治國、救國之道，反掌折枝也。

雖然，皮錫瑞之易學遭後人予以評譏，如「卦爻辭爲孔子作」以及「象

數易學」，因而在易學史上一直不甚受學者重視。但是其所提出「論陰陽災變
爲易之別傳」、又說「論易說多依托不當崇信僞書」，把易學劃分成正傳以及
別傳，並要求學者莫讓僞書給迷惑，以致於誤識眞正易學本義。其所說之觀
點，實是「放諸四海皆準」「歷經百世而不惑」，比起一些暢談迷信、比附之
術，更具有其學術價值矣！然而，皮錫瑞以經今文學派論學，倡言聖人作
「易」，其旨在切人事、明義理，後學者僅依其學理，即可治國，甚至平天下；
皮氏堅信此旨，並爲其旨，找尋理據，遂又取於「讖緯」之說，皮氏云：「當
時儒者以爲人主至尊，無所畏憚，借天象以示儆。」不惜引妄論以自解，是
其論學矛盾之處；然其矛盾，實又與所處時代相切合，蓋鼇識聖學以抗西學，
是其最大用心，故其謬處，亦由此衍生出矣！再者，經書之「微言大義」乃
孔子所賦與，而孔子之根據何在，「微言大義」之所以能救亡圖存根據又何在
等基源問題，皮氏均以爲「理之所當然」，而無須驗證說明，是又爲其謬處矣！

參考書目

一、專書部份

（一）易類專書

1. 《易學通論》，皮錫瑞，台灣商務。
2. 《周易鄭玄注》，王應麟，藝文出版社。
3. 《周易略例》，王弼，商務四庫。
4. 《周易集解纂疏》，李道平，廣文書局。
5. 《周易正義》，孔穎達，中華書局。
6. 《周易釋文》，陸德明，學海出版社。
7. 《橫渠易說》，張載，廣文書局。
8. 《易童子問》，歐陽修，廣文書局。
9. 《易程傳》，程頤，文津出版社。
10. 《東坡易傳》，蘇軾，廣文書局。
11. 《周易本義》，朱熹，河洛出版社。
12. 《船山易學》，王夫之，廣文書局。
13. 《易學數象論》，黃宗羲，廣文書局。
14. 《易圖明辨》，胡渭，藝文皇清經解。
15. 《周易述》，惠棟，藝文皇清經解。
16. 《易例》，惠棟，藝文皇清經解。
17. 《易漢學》，惠棟，藝文皇清經解。
18. 《易義別錄》，張惠言，藝文皇清經解。

19. 《周易虞氏義》，張惠言，藝文皇清經解。

20. 《周易虞氏消息》，張惠言，藝文皇清經解。

21. 《虞氏易禮》，張惠言，藝文皇清經解。

22. 《周易鄭氏義》，張惠言，藝文皇清經解。

23. 《虞氏易事》，張惠言，藝文皇清經解。

24. 《虞氏易候》，張惠言，藝文皇清經解。

25. 《虞氏易言》，張惠言，藝文皇清經解。

26. 《易圖條辯》，張惠言，藝文皇清經解。

27. 《虞氏易消息圖說》，胡祥麟，藝文皇清經解。

28. 《周易虞氏略例》，李銳，藝文皇清經解。

29. 《周易平議》，俞樾，藝文皇清經解。

30. 《周易爻辰申鄭義》，何秋濤，藝文皇清經解。

31. 《易學三書》，焦循，廣文書局。

32. 《先秦漢魏易例述評》，屈萬里，學生書局。

33. 《左傳國語的周易說通解》，高亨，長安出版社。

34. 《易學哲學史》，朱伯崑，藍燈出版社。

35. 《易學通論》，王瓊珊，廣文書局。

36. 《先秦易學史》，高懷民，自印本。

37. 《兩漢易學史》，高懷民，自印本。

38. 《漢易十六家易注闡微》，徐芹庭，五州出版社。

39. 《周易鄭氏學》，胡自逢，文史哲出版社。

40. 《魏晉南北朝易學考佚》，黃慶萱，幼獅文化公司。

41. 《魏晉四家易研究》，簡師博賢，文史哲出版社。

42. 《魏晉七家易學之研究》，徐芹庭，成文出版社。

43. 《易學論叢》，章太炎等，廣文書局。

44. 《古史辨》（第三冊），顧頡剛編，藍燈出版社。

45. 《談易》，戴君仁，開明書店。

46. 《六十年來之易學》，徐芹庭，正中書局。

47. 《朱熹易學析論》，曾春海，輔大出版社。

48. 《讀易小識》，朱曉海，文史哲出版社。

49. 《周易古義》，楊樹達，河洛出版社。

50. 《周易題解及其讀法》，錢基博，台灣商務。

51. 《易傳之形成及其思想》，戴璉璋，文津出版社。

（二）通　論

1. 《十三經注疏》，藝文出版社。
2. 《十三經概論》，蔣伯潛，學海書局。
3. 《群經平議》，俞樾，台灣商務。
4. 《通志堂經解》，新文豐出版社。
5. 《清皮鹿門先生錫瑞年譜》，皮名振，台灣商務。
6. 《經學通論》，皮錫瑞，台灣商務。
7. 《經學歷史》，皮錫瑞，台灣商務。
8. 《中國經學史》，馬宗霍，台灣商務。
9. 《中國經學史》，本田成之，廣文書局。
10. 《中國經學發展史論》，李師威熊，文史哲出版社。
11. 《中國經學史的基礎》，徐復觀，學生書局。
12. 《漢學師承記》，江潘，台灣商務。
13. 《經學源流考》，甘鵬雲，學海書局。
14. 《經義叢抄》，朱彬編，皇清經解。
15. 《日知錄》，顧炎武，明倫書局。
16. 《讀書脞錄續編》，孫志祖，皇清經解。
17. 《東塾讀書記》，陳澧，《皇清經解續編》。
18. 《經學厄言》，孔廣森，皇清經解。
19. 《經義述聞》，王引之，皇清經解。
20. 《經傳釋辭》，王引之，皇清經解。
21. 《潛研堂文集》，錢大昕，皇清經解。
22. 《白田草堂存稿》，王懋竑，皇清經解。
23. 《考信錄》，崔述，世界書局。
24. 《新學偽經考》，康有爲，世界書局。
25. 《讀經示要》，熊十力，明倫書局。
26. 《今存南北朝經學遺籍考》，簡師博賢，黎明出版公司。
27. 《今存三國兩晉經學遺籍考》，簡師博賢，三民書局。
28. 《兩漢三國學案》，唐寅，華世書局。
29. 《宋元學案》，黃宗羲，世界書局。
30. 《明儒學案》，黃宗羲，世界書局。

31. 《清儒學案》，黃宗羲，世界書局。

32. 《清學案小識》，唐鑑，台灣商務。

33. 《漢書藝文志》，班固，鼎文書局。

34. 《隋書經籍志》，魏徵，鼎文書局。

35. 《直齋書錄解題》，陳振孫，廣文書局。

36. 《經義考》，朱彝尊，台灣商務。

37. 《四庫題要》，紀昀，台灣商務。

38. 《續四庫題要》，柯劭忞，台灣商務。

39. 《中國歷代經籍典》（易類），陳夢雷，中華書局。

40. 《偽書通考》，張心澂，明倫書局。

41. 《國學概論》，程發軔，正中書局。

42. 《清代學術概論》，梁啟超，台灣商務。

43. 《中國近三百年學術史》，梁啟超，台灣中華。

44. 《中國近三百年學術史》，錢穆，台灣商務。

45. 《中國思想史》，錢穆，學生書局。

46. 《中國哲學史》，馮友蘭，藍燈書局。

47. 《新編中國哲學史》，勞思光，三民書局。

48. 《中國哲學原論篇》，唐君毅，學生書局。

49. 《中國人性論史》，徐復觀，台灣商務。

50. 《兩漢思想史》，徐復觀，學生書局。

51. 《世說新語考據》，余嘉錫，華正出版社。

52. 《朱子語錄》（四、五冊），黎靖德編，華世書局。

53. 《章氏叢書》，章炳麟，世界書局。

54. 《劉申叔先生遺書》，劉師培，大新書局。

二、期刊論文部份

1. 《王弼及其易學》，林麗真，臺大碩士論文，1976 年 6 月。

2. 《清代經今文學述》，李新霖，師大碩士論文，1977 年 6 月。

3. 《春秋左傳劉歆偽作竄亂辨疑》，方炫琛，政大碩士論文，1979 年 6 月。

4. 《孔穎達周易正義研究》，龔鵬程，師大碩士論文，1979 年 6 月。

5. 《劉申叔先生之經學》，陳慶煌，政大博士論文，1981 年 6 月。

6. 《惠棟易例研究》，江弘遠，師大碩士論文，1988 年 6 月。

7. 《宋易大衍學研究》，江弘毅，台大博士論文，1991 年 6 月。

8. 《象傳「時」義之研究》，賴惠美，中山碩士論文，1993 年 6 月。

9. 《皮錫瑞經學史觀及其經學問題之探討》，許英才，政大碩士論文，1992 年 6 月。